民間故事論集

金榮華 著

三民書局

國家圖書館出版品預行編目資料

民間故事論集／金榮華著.——初版二刷.——臺北市；三民，民2007
面；　公分
ISBN 957-14-2587-7　(平裝)

1. 民間傳說—論文，講詞等

539.507　　86004624

© 民間故事論集

著作人　金榮華
發行人　劉振強
著作財產權人　三民書局股份有限公司
臺北市復興北路386號
發行所　三民書局股份有限公司
地址／臺北市復興北路386號
電話／(02)25006600
郵撥／0009998-5
印刷所　三民書局股份有限公司
門市部　復北店／臺北市復興北路386號
重南店／臺北市重慶南路一段61號
初版一刷　1997年6月
初版二刷　2007年6月
編　號　S 031410
基本定價　陸　元
行政院新聞局登記證局版臺業字第〇二〇〇號

ISBN　957-14-2587-7　(平裝)

http://www.sanmin.com.tw　三民網路書店

邱序

一、天南地北的兩則民間故事

(一)東北范察的故事

相傳明宣德皇帝時（一四二六～一四三五），東北一帶，有三個部落，便是鄂多里（又稱建州衛）、忽剌溫（又稱女真衛）、海西（又稱海西衛）。宣德皇帝想利用以毒攻毒的計策，使三個部落，相互攻伐，自相殘殺，以削弱他們的勢力，於是用建州衛的人去壓服海西衛和女真衛，並加封建州衛的都督，使他驕縱。因而百姓的生活便愈來愈艱苦。

後來，女真衛的指使心中不服，趁建州衛的都督在飲酒作樂時，派兵將他們全家殺害。事後查點人數，發覺少了都督最小的兒子范察。

范察到城外打獵，歸途中，忽聽大樹後有一群人在講話，便停了馬蹄側耳傾聽，才知道自己的家人都被殺害，他們正在尋找范察的下落。

范察於是策馬逃亡，他發現後面有大批人馬在追趕，於是他棄馬躲入叢林中，自己忙脫下衣服，覆蓋在頭上，並折樹枝偽裝，這時，一群烏鵲便停在他頭上的樹枝，還在不停的喧噪。追趕的人，認為那邊不可能有人躲藏，因此范察終於脫逃，避過一劫。當時范察才十二歲。後來他便是努爾哈刺（即愛新覺羅）的祖先，是清代的開國國君❶。

這則范察的故事，至今仍然流傳在東北的民間，甚至清乾隆的御製詩，尚有〈詠漢玉鳩頭竹杖〉：

叢薄曾稱護東索，杖頭飾以賜耆年；
古今事有偶同者，喜鵲欲因比例焉。❷

當年項羽追殺劉邦，也有類似的故事，劉邦躲入叢林中，鳩鳥停在他的上面，故乾隆〈詠漢玉鳩頭竹杖〉的詩，便以之與范察頭上的烏鵲相比。烏鵲救了范察一命，才有日後奠基立國的命脈。從此滿清皇族，門前都立有一支索羅杆，用以祭天，每祭必放米穀碎肉，以飼烏鴉或喜鵲❸，這種民俗，原來是因烏鵲救了滿清先祖范察的緣故。

㈡香港望夫石的故事

在九龍與沙田之間，有一座獅子山隧道，人們坐車經過時，總會指看獅子山上的一尊望夫石。她身

---

❶ 見《清宮十三朝演義》，許嘯天著，文化圖書公司出版。
❷ 見《高宗御製詩》，商務印書館影印文淵閣《四庫全書》本。
❸ 見《滿族大辭典》「索羅杆」條，遼寧大學出版。

旁牽著一個小孩，背上還背著一個小孩，鵠立山頭，望著海上，等待她的丈夫歸來。

傳說有一戶人家，有一對兄妹，一日村上來了一位算命先生，對這位哥哥說：「你將來的妻子，便是你的妹妹。」他聽了之後，心中忐忑不安，認為自己不會做出亂倫的事，但又恐果然如算命先生所說的。於是，有一天，他把妹妹帶到山上，將妹妹在脖子上砍了一刀，便匆匆離去，並告訴村人，他的妹妹上山被老虎吃掉，還傷心了好一陣子。

過了十幾年，這位哥哥經媒妁之言，娶了一門媳婦，婚後，夫婦相敬如賓，恩愛燕爾，還生下兩個小孩子。有一次，他們夫婦在閒談時，提到她脖子上有一刀疤，他才發現自己的妻子，就是他的妹妹。於是他決心離開妹妹，自己到南洋去，從此一去不再回來。

這位癡心的妻子，每天帶著兩個小孩，在山頭等候丈夫歸來，還不知道她的丈夫便是她的親哥哥呢！如今這位妻子，久立山頭，遂化為石，也就是我們所看到的鵠立獅子山上的望夫石。

唐人李白曾有〈望夫石〉詩：

> 髣髴古容儀，含愁帶曙輝。露如今日淚，苔似昔年衣。有恨同湘女，無言類楚妃。寂然芳靄內，猶若待夫歸。❹

李白這首〈望夫石〉，寫盡丈夫久出不歸妻子的心情，詩中用「湘女」一詞，是指堯之二女，舜之二妃，

❹ 見《李白全集編年注釋》，安旗主編，巴蜀書社出版。

從舜南征三苗，道死沅湘之間。其次用「楚妃」的典故，是指春秋時息侯夫人息嬀。楚文王滅息，以息嬀歸，雖已生二子，以國亡夫死之痛，不共楚王言語。

香港望夫石的故事，又與唐人傳奇小說中的〈定婚店〉，有類似之處。而〈定婚店〉為無名氏之作，也可視為唐人的民間故事。

二、我所知道《民間故事論集》中的點滴

金榮華教授所著《民間故事論集》，是他歷年來所寫的有關民間文學的論文，共二十四篇，他曾經帶隊做田野調查，到臺東採集卑南族的民間故事，也到金門去採集當地的民間故事，他也去過陝西、敦煌好幾次，去絲路尋奇，去敦煌收集資料，也曾到韓國去講學，收集到韓國的民間故事〈春香傳〉。他每到一個地方，或有意去某些地方遊覽，都能與當地的學者討論民間文學，或採集到民間故事，這種鍥而不捨的研究精神，實在令人羡慕和欽佩。

由於我也喜愛民間文學，尤其是民歌，我也寫過漢樂府、魏晉南北朝的吳歌西曲、唐敦煌曲子詞之類的文章，喜愛唐人敦煌卷子、唐人民歌，他每次從絲路回來，我會詳細地詢問有關敦煌的現況，莫高窟的資料，以及鳴沙山、月牙泉的景色和路上所遇到一些有趣的事。尤其是鳴沙山和月牙泉，可謂是大地的神奇，鳴沙山又稱白龍堆，是一堆沙堆聚成的小山，遠看像一條白龍盤踞在敦煌，而小小的月牙泉，從唐代至今，一千多年來，在沙漠間也不會涸竭，你能不讚歎大地的天工和神妙！

我也曾在民間文學研討會中，擔任過他所寫的〈遼寧省所見 AT 706 型故事試探〉這篇論文的特約

討論人，一般人對民間故事AT的分類法，不甚熟悉，我曾半開玩笑地說，它好比搭國際航線，如華航的 CI 602 班機，或亞航的 EG 201 班機。其實中國民間文學界還沒有現成的民間故事分類法，而是採用世界民間文學界的 AT 分類法。什麼是 AT 分類法？一九一〇年芬蘭學派代表人阿爾奈 (A. Aarne, 1867–1925) 發表了《故事類型索引》，這是現在流行的 AT 分類法的始祖。他把故事情節相似者歸於一個類型，然後根據其內容來分為幾個大類。

民間文學的領域極廣，它包涵了民族的經驗、知識和智慧，舉凡古代神話、民間傳說、民間故事、童話、笑話、民歌、民間曲藝，甚至謎語、諺語等，都屬民間文學的範圍。近幾年來，我國的民間文學百花盛開，不少學者投身其間，金教授便是其中之一，我們還成立了民間文學學會，定期召開學術研討會，使民間文學在國內開花結果。

三、金教授的小檔案

我認識金榮華教授，是在民國四十六年，當時我就讀臺灣師大國文研究所一年級，而他正是大學部三年級，一方面是由於愛好新文藝，另一方面是由於喜好打籃球，在這樣共同的愛好上結為朋友，如今已將近四十年，歲月易得，人生聚散不定，但天下知心好友，又有幾人？我們有共同的愛好，愛好敦煌學、現代文學，共同發起成立民間文學學會、唐代學會，也曾一起合編過《中國文學史初稿》。一起看過華岡的紗帽山，一起吃飯聊天，從青年到白頭。

下面一段，便是金榮華教授的小檔案，金榮華，江蘇無錫人，一九三六年生，臺灣師大國文研究所畢業，美國威斯康辛大學碩士、法國巴黎大學研究，現任中國文化大學中文研究所教授，兼任中文系主任、中文研究所所長。專長敦煌學、民間文學、現代文學、中國文學史，著有：《敦煌文物外流關鍵人物探微》、《中國文學史初稿》、《敦煌吐魯番論集》、《比較文學》、《中暹交通史事論叢》等。而今他的新書《民間故事論集》將出版，要我為他的新書寫序，我能說不嗎？是為序。

邱燮友

應序

一

金榮華教授是我三十多年的老朋友了。這十年來，他在臺北，我在高雄，一南一北，雖然道路阻隔，但合作的事情卻很多，遇到不急的事，書信往還，急迫的就一通電話，聊上十幾分鐘，如晤一室，真可謂「海內存知己，天涯若比鄰」。尤其我們年齡差距不大，沒有代溝，對事物的看法，往往相同。加上我們又是同鄉，鄉音鄉語，交談起來，更別有一番親切。

榮華是國際知名的民間文學學者，這些年來，以推動民間文學的採集、整理、研究為己任。我在民國七十五年回臺，任教高雄師大，他就跟我談起，國內很多專門學術，都有學會，聯絡同好，共同切磋研究，唯獨民間文學則告闕如。於是約了邱燮友兄等共同發起，籌備中華民國民間文學學會的成立。學會理事長，本來榮華兄是最適當的人選，但他功成不居，謙稱他在文化大學擔任所、系的行政工作太忙，恰好那時王忠林兄也回臺與我同校教書，於是大家便公推忠林擔任創會的理事長。至於學會的秘書長，則由對民間文學素有研究的汪志勇教授擔任。

學會成立後，每次舉行學術研討會，或高雄、或臺北，榮華都一定參加，並有論文發表。此外他以文化大學中文所、系的名義，獨立舉辦了很多研討會和座談會，邀請多位大陸的民間文學專家學者與會，海峽兩岸的民間文學家，在會議上溝通交流，莫逆於心，榮華厥功甚偉。他也曾率領學會的成員，乃至文化大學中文所、系的師生，到各處去從事民間文學的採集和整理，如去金門、去臺東、去大陸的西北等，榮華可說無役不與，在這方面來說，我自覺慚愧，跟榮華相比，差得太多。當然榮華由此也累積了許多的經驗，發表了許多論文，如本書第一輯的各篇即是。可見，天下是沒有白流的汗水的。

二

我生平不喜歡旅行，尤怕車馬的勞頓，所以每次榮華約我出去實地考察，我都「鞠躬」謝絕，民國八十一年夏，榮華再三邀約，由高雄師大與文化大學的師生，合組一團，到大陸陝西、甘肅、青海三省去作採集工作，我固辭不獲，只有隨團前往。

記得那次大陸之行，行程的次序是由陝入甘至青，剛好與三省的貧富成反比，物質的條件愈來愈差，地勢又愈來愈高，到了天蒼蒼、地茫茫的青海，主辦單位青海省公路局在西寧郊外擺下全羊大宴，我卻於此時病倒，頭痛如裂，腹瀉不止，連甜茶都沒有喝一口，遑論拿起羊腿大口嚼肉的豪情了。

那晚上，青海公路局在禮堂舉行歡迎晚會，局長用書面稿朗讀歡迎詞。我被推致謝詞，因為一路上所見修築的路工，竟有不少是「婦女」同志，我即以讀萬卷書、行萬里路為大意，說了一些個人的觀感，在高地空氣稀薄的環境，走路都不容易，遑論修路。以此轉折，表達我們能在平坦的路面上旅行的感謝。

事實上也的確如此，我們這一團二十餘人，相繼發病，至回臺之日，得病者計十之八九。大約近年來臺灣經濟發展，生活水準提高，在中國人中，已經變成「精緻」的一族，跟大自然漸漸脫離關係，只能以磚瓦玻璃與外界相隔絕，而要用機器過「空氣調節」的生活。因此偶適風塵，莫不病倒。當然也有例外的，榮華就屬於十之一二不病的人。故其後到大通縣去採集花兒會的歌謠，就全靠他一個人指揮跟張羅了。

榮華天性愛旅行，自從他在臺灣師大國文研究所畢業後，即去法國巴黎留學，以後又到夏威夷檀香山、美國大陸、加拿大、墨西哥。周遊列國，席不暇暖。回臺在文化大學任教後，每年寒暑假一定出國，或去歐美，或去東南亞，或去大陸，甚至還到韓國去擔任客座教授。每次外出，都不忘民間文學的採集工作，所以在臺的民間文學學者，若論採集工作的經驗，乃至採集所得，反映在研究上的，以我所知，幾乎無人可與他相比。榮華好運動，善籃球。好動的性格，與強健的體魄，正是他從事民間文學採集和研究的本錢。

榮華採集民間文學，風塵僕僕，不辭勞苦。但一回臺灣，卻喜歡幽居在陽明山頂，無事不太愛下山來。我有時因事去臺北，跟他大多以電話聊天，有時一談達數小時，抱著話筒，無所不談。卻很少在一起吃一頓飯。原因是陽明山上下山都不容易，得費一兩個小時，遇到塞車時則往往倍之。臺北市車水馬龍，宛似個大停車場，要求車暢其流，戛戛乎其難哉！他認為他下山或我上山，只為一飯之聚，未免勞民傷財，勞民指的是浪費時間，傷財則也很好解釋，來回的計程車資，也足夠吃一客菲利牛排了。所以榮華的生活，是勤於跑國外，為的是採集，在國內則大多深居簡出，過其「晨鐘暮鼓」的研究生活。他的一篇篇民間文學的論文，就是在如此情況下產生的。

三

榮華兄的《民間故事論集》，共分四部分。第一部分以中國故事的研究為主，包括古代的神話，以及現代的金門、臺東卑南族、遼寧、陝北等地的民間故事研究，殿以〈文革前後中國大陸民間故事的採集和整理〉一文。其中我特別感覺親切和有興趣的，則是〈神話省思三則〉。

〈神話省思三則〉的第一則是〈精衛填海〉。榮華兄由「精衛填海」談到「愚公移山」，由「愚公移山」談到「愚公盤山」，他的省思是這則神話雖是一個悲劇，但卻悲壯地表現了「知其不可為而為之」的執著。

我對這則神話故事，感到親切，是因我本身跟這則故事，有一段「古」的。

民國七十九年間，高師大舉行結業典禮，在各校實習的同學回校座談教學心得，前半部時間由校長主持，張校長訓話後，就授命教育學院張院長光甫說話，張教授學識口才俱優，他說了一則〈鸚鵡救火〉的佛經故事，所費時間短而含意卻極深，他勉勵同學勿輕視自己，要學鸚鵡救火的故事，來擔負薪火相傳的大業。

張教授話畢後，由我代表人文教育學院說話，我當時靈機一動，就說了〈精衛填海〉的故事。〈精衛填海〉是我國古代的神話故事，因此結尾上跟佛經故事〈鸚鵡救火〉不同。鸚鵡救火最後感應了天神釋提桓因，為降大雨，火即得滅。這則故事因有宗教的氣息，不免強調「神力」的偉大。而〈精衛填海〉故事沒有這樣的結尾，無形中卻強調了「自力」。

後來我把這段講話，鋪陳了一篇演講稿，在孔孟學會第二七六次研究會上演講，聽眾反應不錯，此稿後來在《孔孟月刊》二十八卷十二期上發表，題名〈從神話看中華文化的精神〉。

有這一段「緣故」，我讀了榮華兄的〈精衛填海〉的省思，心中不免戚戚焉，與有同感。

事實上，榮華兄的結語說：「一則簡單的上古神話，……如果在歷史上有符合的實例，而且人們對這些史實的態度又是肯定的，那麼這則神話所顯示的精神和意義，已經落實在人們的生活之中。在這種情形下，這則神話所表現的精神和意義，實在已是這個民族的精神和其行為價值觀的一部分了。我想，這也是今天研究神話的一種意義吧。」的確，研究神話，推而言之，研究民間文學，把它與民族精神聯結起來，以此探測民族的文化，以及立國的精神，不但是富有意義，也可以說是研究民間文學學者的一種責任，和一種時代的使命。

個人在〈從神話看中華文化的精神〉中，也有一段相似的話：

> 就我所舉好些神話的例子，可以充分說明我國文化中那種「知其不可為而為之」的精神。這種精神，可以綿延不絕，世世代代，繼續下去。就像「愚公移山」神話中所說：「雖我之死，有子存焉。子又生孫，孫又生子，子又生子，子又生孫。子子孫孫，無窮匱也。……」我中華文化，綿延不絕，實際上就是這種精神的發揚，儒家的人本思想，主要的就是繼承這種精神，而加以發揚光大。儒家能作我國文化思想中的主流，也就是因為它跟這種精神相互契合。

可見我前面所說，個人與榮華兄的觀點，相互契合，實非虛語。而以民間文學而論，當然是榮華兄對我多有啟迪，匡我良深也。

四

《民間故事論集》的第二部分，包括三篇論文，其中〈從漢文資料看飛頭傳說之發展及其流行區域〉，是討論我國文獻中有關飛頭的傳說。其他兩篇，都屬於比較民間文學的範圍。〈中韓灰姑娘故事對口傳文學理論的印證〉是討論中、韓兩國同一類型故事的比較。榮華兄對比較文學本有很深湛的研究，他寫的《比較文學》已為大學中文系這一類型的課程中，很重要的一本參考書。我講授「民間文學研究」，或是「民間文學專題研究」這類課程，都向同學推荐《比較文學》作為參考書。各地民間文學的比較，可說是民間文學重要的一環，故而研究民間文學，實不能不研究比較文學。

三篇中的〈從印度佛經到中國民間——《賢愚經·檀膩羇品》故事試探〉，是佛經故事跟中國民間故事的比較研究。佛經是印度民間文學的寶庫，有名的《百喻經》有九十八則故事，全是印度古代的口傳故事，民國八十二年民間文學會與佛光山普賢寺聯合主辦首屆「佛教與民間文學學術研討會」，覺範法師發表〈百喻經研究〉，是大會最長的一篇論文，當然分量也很重。那次大會我沒有發表論文，因此很有餘暇注意學者們發表的論文，當時我就想到，《百喻經》中的故事在中國的流傳如何？同類型的故事，在流傳過程中，會發生哪些差異？這樣的研究工作，可能是很沈重的，因此我只是心嚮往之，卻不敢貿然嘗試去做。榮華兄把〈檀膩羇品〉的故事，依性質分成三個單元，這三個獨立單元，榮華兄也都在中國民間故事中找出同型的故事，然後從中探測它們演變的脈絡。

其中「兩婦爭兒」、「代人問詢，意外獲財」兩個單元，我個人特別感覺興趣，因為同類型的故事在中國故事中，流傳特別廣，影響也特別大。尤其是「兩婦爭兒」的情節，在中國民間故事中，往往跟清官判案合流，包公是其中的箭垛人物，而實際上，各種流傳的清官故事中，都有同類型的故事，因為清官若不能判分「人」、「物」究竟何所歸屬的問題，就不能稱為清官了。排解民間紛爭，這一類型是所有清官的「入門考試」。因此這樣類型的故事，我是較傾向於「本土說」的。榮華兄舉出東漢末年應劭《風俗通義》就有這一類型的故事，主審的清官，則歸於東漢的名臣黃霸。就是很好的一個證據。

至於「代人問詢，意外獲財」這一類型的故事，是非常合於我國固有的民族文化的。捨己為人，把自己放在第二位，這是合於仁義之道的。故「代人問詢」，就是為其所當為，這種做法，本沒有期待自己有什麼所得，但跟佛教的種善因、得善果的教義結合，自然便能「意外獲財」。所以這一類型的故事，在多種福報、勸人為善的意識下，便大大的流行了。所以個人的意見，此一類型的故事，充滿因果報應效果，自然是受了印度佛教的影響。試比較榮華兄所提范丹的故事，並加結語說：

至於在窮青年見到活佛時添入「問三不問四」或「問別人的就不能問自己的」波折，則不僅增加了故事的跌宕之趣，也提升了故事的教育意義；在技巧上，也就是所謂的「點鐵成金」吧。

即令不是「點鐵成金」，但「後學轉精」，當是絕不誇張的。由此也可看到，我國的民間文學，是如何吸收其他的養料，而在自己的土地上，開出燦爛的花朵。

五

第三部分收論文七篇，都是跟韓國有關的民間文學的論文。關公是我國民間信仰中最受崇拜的神明之一。我在〈神仙思想與民間文學〉一文中，曾指出佛教的觀世音，以及民間信仰的關公與呂洞賓，是民間香火最鼎盛的幾位神佛。關公受信徒崇敬，自然是民間普遍認為他「義薄雲天」的緣故。也是儒家所說的「義」，轉化成民間的「義」的結果。在歷史上關公是一個失敗的英雄，但在民間故事中，關公的青龍偃月刀和赤兔胭脂馬，則是永遠無敵的。在傳統戲劇中，每演關戲，後臺必須供奉神碼，而扮演關公的演員，更必須齋戒沐浴，上裝之後，獨處一室，培養情緒，以邀神佑。當時上海一新建舞臺，在演出關公麥城昇天之劇目時，竟遭失火，全院焚毀，且有人親見關公顯聖，此類傳說，在民間歷久不衰，此可見他在民間信仰中的地位，現在有些演員在演關戲之時，甚且照例赴關廟進香，討得神碼，在演出時，頭頂神碼，再戴頭盔，其崇敬之心，由此可見。凡此種種，也可見民間文學和民間宗教的關係，也可見民間文學在民間信仰及民間生活中所起的作用和力量。榮華兄寫〈漢城關廟的傳說和特色〉，更可見我國民間信仰的神明，隨著民族文化，傳播到鄰邦去的情形。

春香是韓國民間故事中很重要的一個女性人物。大陸因受北韓影響，在很多劇種中都將這個故事移植過來，如越劇中就有「春香傳」，由著名演員徐玉蘭和王文娟主演。我對「春香傳」的越劇，很有興趣，只因沒有它的劇本，所以無法作進一步的研究。榮華兄〈「春香傳」及其同類型故事之比較〉，用民間文學及比較文學的方法，研究其同類型的故事，對於同好，甚有幫助。至少我以後研究越劇的「春香傳」時，榮華兄的這篇論文將是我最好的參考資料。

民國七十六年冬，我在國立高雄師範學院（高雄師大前身）負責國文研究所的所務，已故的高仲華（明）師在所兼課，次年春是他八十歲誕辰，於是大家發起為他老人家出八秩榮慶論文集，我去信向榮華兄徵稿，榮華寄來的便是〈兔子和烏龜——韓國民間故事研究〉，在這則故事中，榮華兄舉出古印度的《五卷書》及三份漢譯佛經《六度集經》、《生經》、《佛行本集經》中，都有相似的故事，此外舉出在中國的漢族、蒙族、藏族，在猶太民族中，以及在亞洲的日本、菲律賓、印尼、印度，歐洲的拉脫維亞、匈牙利，美洲的波多黎各，非洲東部的桑士巴海島等地，也都流傳著這個故事，把各地同類型的民間故事加以比較，進而說明韓國這一則民間故事的意義，層次非常清明。榮華兄在此文中並且有一個很好的結論，他認為在韓國當時絕對君主專制體制的社會中，這則借用人間政治制度的動物故事，用龍王暗射愚昧而專制的君主，用烏龜表現幹練盡忠的大臣，用白兔表現被壓迫的弱者，則執筆改寫故事的，當是曾經官海滄桑的在野士人。

我因負責論文集的編務，所以對榮華兄的這篇論文印象深刻，他在附記中並引述《金德順和她所講的故事》一書，金德順出生於二十世紀初（一九〇〇年），出生地是韓國的慶尚北道，一九三〇年才移居我國東北。她口傳的故事，成為我國朝鮮族非常重要的民間文學的文獻。因此榮華兄在研究其他韓國民間故事時，常與此書相比較，而每在異同之處，有他精闢的見解。

六

第四部分共收論文三篇，〈談孝——就所知民間故事印證其演進，並論AT 980、980A和980B三型故事之分類〉，這是今（民國八十五）年六月，在中華民國民間文學學會與天台聖宮明道會聯合主辦的「傳統文化與現代社會學術研討會」上，榮華兄所發表的論文。我曾發表〈孝道與民間宗教〉的文章，敘述孝道思想，在我國源遠流長，在先秦諸子中，儒家是最崇尚孝道思想的，故有「孝的宗教」之稱。然儒家欲子弟事親孝，完全以子弟之責任立言，至於子弟不孝，有何果報？則略而不言。而民間宗教勸人行孝，說以因果報應，蓋既有上天神佛，則冥冥之中，報應不爽，其鼓勵及制裁之能力加強，說服信徒之能力，也相應增強。所以歷代以來，我國孝道思想，維繫不墜，與其說是帝王推行孝治的力量，不如說是民間宗教推行孝道不遺餘力來得更切實些。

榮華兄的〈談孝〉，則是說明孝並不是人類的天性，而是經過長時期的學習才具有的。在人類的生活發展史中，在先前一定有過跟其他動物相衝突鬥爭的歷史，其時生產工具不良，生產方法不善，生活不易，一些老年體衰要靠別人扶養者，勢必被其他人類遺棄，或者有些年老體弱者會自棄以成全其子女，這種「棄老」的行為一定是很流行的。

其後生活條件改善，人類得以「善終」，於是「棄老」的行為便會停止，人類漸漸講求善待老人之道，便發展成孝道的思想。

榮華兄以佛經《雜寶藏經》中兩則棄老的故事，以及其他我國及歐亞各國同類型的故事，印證各民族對於「棄老」行為的覺悟和消除。這篇論文所作的工作，即是把民間文學透過人類社會學的印證，以與我國傳統文化相結合。那次學術研討會論孝的文章，有三、四篇，具見研討會的論文集，但大都自傳統的文化出發，作考查與省思。如謝一民教授的〈孝之體認與實踐——消除社會亂源之本〉、鮑國順教授〈孝道傳統的考察與省思〉等都是。而以民間故事來作印證的，唯榮華兄的〈談孝〉，因此當宣讀論文時，即引起與會學者的注意，討論熱烈，得到極佳的回響。

這篇文章另有一個特色，就是檢討阿爾奈—湯普遜(Aarne-Thompson)的AT分類中，有關這一類型故事980、980A、980B的分類問題。AT分類和湯普遜的情節單元索引為世界各國民間文學的學者所沿用，眾所稱善，但是並非十全十美的。因此榮華兄除在這篇論文對其分類略作檢討外，並另有專文收在本書的第四部分中，題為〈對湯普遜《民間文學情節單元索引》中歸類排列的幾點商榷〉。榮華兄的論點很精湛，但事關專門學說，而且文章具在本書，個人也不多作介紹了。

只是另外有一點可以說的，丁乃通氏有《中國民間故事類型索引》(北京，中國民間文藝出版社，一九八六年)，榮華兄屢次跟我提到頗有可商榷之處，卻未見本書收有此論文，想是榮華兄尚未執筆。對大多數應用丁氏索引的學者而論，若有榮華兄鴻文，以釋眾疑，豈不甚佳？這也是我讀本書，深覺遺憾的。

不過這小小的遺憾，也因有了〈論民間故事之整理與整理原則〉，而得到彌補。榮華兄此文主要討論的是民間故事經過採錄，需不需要經過整理？這是民間文學界爭議最厲害的問題。榮華兄首先肯定「整理」的價值，並且也釐清所謂整理，並不是「改寫」。他說：

對故事祇是梳理冗沓的詞句及作填縫式的補述，並不改動任何原有的情節單元，這是「整理」，而且也是整理民間故事的基本原則。如果增添故事裡的情節單元，或對已有的情節單元有所改動，則都是「改寫」。

榮華兄的這番原則，是基於實際採集的工作所體會到的，故而彌足珍貴。若是民間故事的採集，不需經過任何整理，則真的就像榮華兄所說，民間文學工作者去採集民間故事，只要會使用錄音機就可勝任了。

七

榮華兄將他近年來的研究成果，彙為《民間故事論集》出版，實在是件可喜可賀的大事。他打電話告訴我此事，並且要我寫序，理由十分簡單，其一，我們倆是幾十年的老朋友。其二，我是現任中國民間文學學會的理事長。我在話筒這頭，當時除了唱一個大大的肥諾以外，實在想不出別的話來。

等到真的要執筆時，不免感覺筆桿的沈重，因為替榮華兄的學術論文集寫序，實在不夠資格，因為他的文章言之有物，結構嚴謹，而又不浪費筆墨，故而我對他的文章，除了佩服，沒有一字可以贊評。以如此情形寫序，豈不感覺沈重。又回思這幾年來擔任學會的職務，同樣感覺無比的沈重。這個職務，若在大陸，當是個中央級的官員，但在寶島，只是一個「自生自滅」的學術團體，每遇要辦一些學術活動，又時有無米可炊之苦。今年六月，大陸民間文學家以賈芝、金茂年伉儷為首，馮君義、林相泰、劉魁立、鄭一民、劉琦等共七位，來寶島訪問交流，榮華兄在公私兩忙中，飛來高雄，參與接待事務，並主持兩岸民間文學學者的學術座談會，又主持，又引言。此種熱情，更令我銘感五衷，於是在答應替他大作寫序的肥諾之餘，苦熬兩個深宵，草成此文。以「量」來說，足報知音。至於其他，也就只有要求榮華兄包涵，還我一個「大大」的「肥諾」吧！

應裕康

自序

民間文學中的散文敘事，分神話、傳說和故事三類。「民間故事」一詞，原是專指這三類中的「故事」，但在習慣上也以之統稱民間的散文敘事，也就是泛指神話、傳說和故事三者。本書題目，取此廣義。全書收歷年所寫民間故事論文二十四篇，分為四輯。第一輯所論，以故事之在中國者為主，共十篇。第二輯所論，是故事涉及中外兩地者，共三篇。第三輯是韓國民間故事研究，共八篇。第四輯所論，是關於民間故事的整理、分類和情節單元之編排的探討，共三篇。

全書各篇，或曾在期刊發表，或曾在學術研討會中提出，文末皆有所註；至於因此次彙集成編之機會，各篇或有增訂文字者，或有添加圖片者，則不另加說明。是為序。一九九六年十月無錫金榮華誌於臺北中國文化大學中國文學研究所。

民間故事論集　目次

第二輯

第三輯

第四輯

第一輯

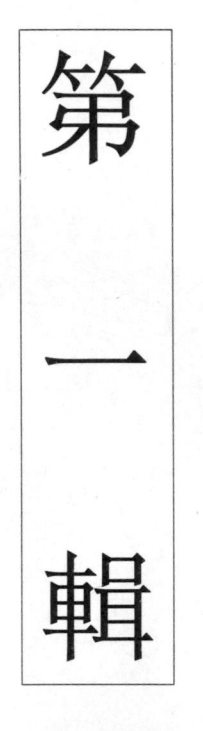

神話省思三則

一　精衛填海

「精衛填海」是一則在中國流傳久遠的上古神話，大意是：在發鳩山上有一種鳥，白嘴紅腳，名曰精衛。精衛鳥原是炎帝的小女兒，名曰女娃。有一天，女娃到東海去玩，不幸在海裡溺死了，女娃死後就變成精衛鳥，每天銜西山的樹枝和石子去填東海❶。東海還有精衛鳥發誓填海之處，那裡也就是女娃溺斃的地方❷。

這則神話很悲壯，並且在悲壯中表現了「知其不可為而為之」的執著。女娃不幸溺水而死，是一個悲劇；但她化為精衛鳥後，發誓填海，力量雖小，而堅毅不懈，又何其壯也。

---

❶《山海經・北山經・北次三經》：「發鳩之山，其上多拓木。有鳥焉，其狀如烏，文首、白喙、赤足，名曰精衛，其鳴自詨，是炎帝之少女，名曰女娃，女娃游於東海，溺而不返。故為精衛，常銜西山之木石，以堙於東海。」

❷梁・任昉《述異記・卷上》：「今東海精衛誓水，曾溺於此川，誓不飲其水。一名誓鳥，一名冤禽，又名志鳥，俗呼帝女雀。」

「知其不可為而為之」的「不可為」不是指法律上或道德上的不可為，而是指完成某一件事的能力不足。對於某一件事，知道不是自己的力量所能完成，但覺得應該做而堅持去做，這便是「知其不可為而為之」的執著。

在後來的文學作品裡，和這則神話相應的是寓言「愚公移山」。故事的大意是：愚公已快九十歲了，在他的住屋前面有兩座大山擋著。出入都要繞山而行，十分不便，因此他決定率領全家鏟平這兩座山，每天鑿石運土，投往海濱，有位名叫智叟的人勸他不要做這種傻事，因為以他年近九十之齡，能移走多少土石？愚公聽了，不以為然。他認為，即使他死了，有兒子在。兒子死了，有孫子在。子子孫孫，一直不斷地移土運石，而山是不會增長的，為什麼平不了呢❸？

這個故事雖然沒有「精衛填海」的那種悲壯意味，但是那一份「知其不可為而為之」的執著和氣勢是一樣的，並且說理透徹，平易地說明了雖然「知其不可為」而仍然「為之」的道理，因為祇要有人能

---

❸《列子・湯問》：「太形、王屋二山，方七百里，高萬仞，本在冀州之南，河陽之北。北山愚公者，年且九十，面山而居。懲山北之塞，出入之迂也，聚室而謀曰：「吾與汝畢力平險，指通豫南，達於漢陰，可乎？」雜然相許。其妻獻疑曰：「以君之力，曾不能損魁父之丘，如太形、王屋何？且焉置土石？」雜曰：「投諸渤海之尾，隱土之北。」遂率子孫荷擔者三夫，叩石墾壤，箕畚運於渤海之尾。鄰人京城氏之孀妻有遺男，始齔，跳往助之。寒暑易節，始一返焉。河曲智叟笑而止之曰：「甚矣，汝之不惠！以殘年餘力，曾不能毀山之一毛，其如土石何？」北山愚公長息曰：「汝心之固，固不可徹，曾不若孀妻弱子。雖我之死，有子存焉。子又生孫，孫又生子；子又生子，子又生孫，子子孫孫，無窮匱也。而山不加增，何苦而不平？」河曲智叟亡以應。」

繼續去力行，事情終有成功之日，而功成不必在我。

在民間故事裡，以這則「愚公移山」的寓言為基礎，有著一則「愚公盤山」的故事。「盤山」是河南省濟源一帶的方言，意即「劈山」。故事大意是：老愚公住的一個村子座落在一片山坳裡，村裡沒有水，村裡人用水，必須翻過山梁，到十幾里外的一個村子去挑井水。後來，那口井的主人智叟擋住他們去取水了，老愚公看見村裡人吃水這麼難，心中很不是滋味。有一天，他登上山峰，發現對面的山谷裡有條溪水，於是帶領全家老小到山下開挖，要劈出一條去取水的路來。村裡的人知道了，也都來參加「盤山」。智叟聽到這件事，便去譏嘲老愚公，而老愚公的回答是：這山雖高，卻不會再長高了，但我的子子孫孫是沒有窮盡的，何況還有村裡的人一起幹，怎麼會「盤不開」呢？故事的結尾是愚公終於把山「盤開了」，村裡的人再也不用翻山越嶺去擔水了❹。

在歷史上，也不乏這種顯示「知其不可為而為之」的事例。如唐朝安祿山之亂時，張巡（七〇九～七五七）守睢陽（今河南商丘），敵軍十餘萬攻城，城中兵力單薄，自至德二年（七五七）正月戰至七月，人且盡，糧已絕，遣專使突圍向附近駐軍求援而被拒。自知若不棄城，城必陷，身必死，但仍堅守不移，直至城破遇害❺。又如明末史可法（一六〇一～一六四五）守揚州，當時清兵大舉攻城，史可法召各處兵馬救援，但沒有一支軍隊應命前來，城中將領卻有拔營出降的。孤城勢危，史可法也自知城必破，然

---

❹〈愚公盤山〉，韓龍書講述，胡鳳琴、陳志海搜集，在開封師範學院中文系所編《河南民間故事》（開封，河南人民出版社，一九七九），第四一～四四頁。

❺《新唐書‧卷一九二‧張巡傳》。

而仍不棄守，也拒絕投降，一直奮戰至城陷遇害❻。

二　后羿射日

「后羿射日」也是一則流傳久遠的上古神話，大意是：在堯的時候，十個太陽一起出現在天空，因此草木全被曬枯了，於是堯就命令后羿射去九個，祇留下了現在的這一個❼。這個神話有兩個很明顯的意義，一是「過猶不及」，太陽對生物的成長固然重要，但是太多了卻是有害的。一是太陽固然為萬物所依賴，但是如果運作不正常而對人間造成巨大傷害時，人們還是要起來反抗的。

在民間故事裡，與這則神話相似的是一則名叫「二郎擔山趕太陽」的故事。它的大意是：古時候天上有九個太陽在天空輪流照射，大地上一直是白天，沒有黑夜；人們整天做工，不能休息，也熱得透不過氣來。於是有個名叫二郎的漢子便決定去捉太陽。二郎身高力大，行動迅速，很快就捉住了一個太陽。可是，他捉住了太陽卻沒處放，所以當他去捉第二個太陽時，第一個就溜走了；去捉第三個時，第二個就跑掉了。後來二郎想出一個辦法，他挑了兩座山去追太陽，每捉住一個就將它壓在山底下。這樣一連抓住了八個，最後剩下的一個見此情形，嚇得躲在路旁的植物下面不敢出來。這時人們便為它向二郎求

❻《明史・卷二七四・史可法傳》。

❼《楚辭・天問》王逸注引古本《淮南子》：「堯時十日并出，草木焦枯。堯命羿仰射十日，中其九日，日中九烏皆死，墮其羽翼，故留其一日也。」此說亦見於《莊子・齊物》、《論衡・說日》引《淮南書》、《文心雕龍・諸子》引《歸藏》等篇。

情，它也答應每天按時在早上從東方出來，晚上由西邊回去，讓人們能在白天工作，晚上休息，因此二郎就放過了他❽。

在從前帝王時代，大家習慣以太陽為帝王的一種象徵。如傳說殷朝的丞相傅說在微賤時做了一夢，夢見自己乘著雲遶日而行。過了一年多，國君就請他去做丞相❾。便是以日喻國君，乘雲遶日就是高升到君王的身旁任職。又如東晉明帝時（三二三～三二五），王敦（二六六～三二四）起兵反晉，明帝親自往前線觀察敵營，傳說當時王敦正在午睡，夢見太陽環遶其城而行，驚醒而起，並且斷定是明帝來了，立刻派人追捕❿。這也是有了「日為國君之象徵」的認知後才會產生的故事；日環其城，就是國君到他

---

❽ 賈芝編《二郎捉太陽》（北京，人民文學出版社，一九五九），第三〇～三二頁。江蘇人民出版社編《連雲港民間傳說》（鎮江，一九八一），第八八～八九頁。中國民間文藝研究會河南分會編《河南民間故事集》（北京，中國民間文藝出版社，一九八五），第一六～一七頁。

❾ 晉．王嘉《拾遺記．卷二》：「傅說賃為赭衣者，舂於深巖以自給，夢乘雲繞日而行，筮得利建侯之卦。歲餘，湯以玉帛聘為阿衡也。」案：傅說之時殷帝是武丁，非成湯，《拾遺記》此處有誤。又，《尚書．說命上》及《史記．殷本紀》皆述武丁以傅說為相及做夢之事，但做夢的是武丁，不是傅說。《尚書》之文曰：「高宗（武丁）夢得說，使百工營求諸野，得諸傅巖。」《史記．卷三》之文云：「武丁夜夢得聖人，名曰說。以夢所見，視群臣百吏，皆非也。於是乃使百工營求之野，得說於傅險中。是時說為胥靡，築於傅險，見武丁。武丁曰：『是也。』得而與之語，果聖人，舉之為相，殷國大治，故遂以傅險姓之，號曰傅說。」

❿ 南朝宋．劉敬叔《異苑．卷四》：「王敦既為逆，頓軍姑孰。晉明帝躬往覘之。敦時晝寢，夢日環其城，乃卓然驚寤，曰：營中有黃頭鮮卑奴來，何不縛取？帝所生母荀氏燕國人，故貌類焉。」《晉書．卷六．明帝紀》：「六月，敦將舉

城壘四周來察看了。唐朝韓愈（七六八～八二四）歌頌順宗皇帝的〈元和聖德詩〉云：「日君月妃，煥赫媟妃」⓫，則把「太陽」和「帝王」兩者直接作了比聯；而今之俗語還說：「天無二日，國無二君。」⓬

由於大家認同太陽是帝王的一種象徵，「后羿射日」和「二郎擔山趕太陽」兩個故事，在實際生活中便有了反抗暴君、反抗暴政的意義，而在中國歷史上，大大小小的各種抗暴「民變」，也確實是史不絕書的。且舉地方性的「民變」二則，以見其性質：

(一)明萬曆十年（一五八二），杭州駐軍因減餉而生兵變。兵變之後，盜賊增多，有些官吏和鄉官就建議在各街道巷口建造更樓，要居民在夜晚出來輪流巡邏。實施以後，那些鄉官士紳和生員官吏都可免役，有辦法請託人情的也可免役，巡邏的責任便全在一般普通百姓身上，由於免役的人不少，相對地一般百姓出來巡邏的次數便增加。可是一般百姓在白天都要工作的，一天下來，已很勞累，晚上還常要出來巡邏，不能休息；而原有的巡更役夫則又因此失業，日久便怨言迭起。百姓們認為，他們小戶人家，沒有什麼東西值得盜賊光顧的；看更巡邏，是替鄉官大戶防賊，但鄉

兵內向，帝密知之，乃乘巴滇駿馬微行，至於湖陰，察敦營壘而出，有軍士疑帝非常人。又，敦正晝寢，夢日環其城，驚起曰：「此必黃鬚鮮卑奴來也。」帝母荀氏，燕代人，帝狀類外氏，鬚黃，敦故謂帝云。於是使五騎物色追帝，帝亦馳去。」

⓫ 見《昌黎集・卷一》。

⓬ 《禮記・曾子問》：「天無二日，士無二王。」宋・普濟《五燈會元・卷一六》：「天無二日，國無二王。」

官大戶卻可免役。於是他們向官府提出申訴，官府不理。多次申訴都沒有結果後，民眾就憤怒地焚燒了那些官員鄉官的住宅，拆除了所有的更樓，進行了徹底的反抗。⓭

㈡清雍正四年（一七二四），敦煌地區自別處遷入二千四百多戶人家，開墾農田十二萬多畝。由於水足土肥，連年豐收，但因為是新墾區，糧食豐收，卻無銷路，價格大跌，出現了糧雖多民卻貧的情形。於是當時的陝甘總督便向朝廷請准，由官方定價收購，以補軍糧之不足。農戶出售多少，聽民自便。這原是官民兩利的辦法，可是日久生弊，漸成地方官謀營私利的手段，不僅硬性規定每五十畝田必須出售小麥四石，而且價格也規定為總價一千四百文，不管當年是否豐收，糧價是否漲了。後來甚至連該付的糧價也扣發，每五十畝田交出四石小麥，完全成了農民的額外負擔。到了光緒三十年（一九〇四），地方人士聯名上書，要求撤消這項久已不合時宜的規定，但官方不肯。延至光緒三十三年（一九〇七），便釀成了大規模的農民抗糧流血事件，官民雙方都有人犧牲，但陋規則終於被廢除了。⓮

俗語說：「官逼民反。」這句話可以有兩種解釋：一是說，官府若是逼迫人民，人民會起來反抗的。一是說，人民的反抗行為，都是官方逼出來的。其實，這兩種解釋基本上沒有什麼太大的差別。所以，無論怎樣解釋，「官逼民反」都可以作為「后羿射日」的一個註腳。

⓭ 明・張萱《西園聞見錄・卷八三》。陸人龍《型世言・卷二二》。

⓮ 敦煌市對外文化交流協會編《敦煌簡史》（敦煌，一九九〇），第一三四～一三八、一四五～一四六頁。

三　夸父追日

「夸父追日」是故事性較弱的一則神話，大意是：有一個身材高大的人（夸父），追著太陽跑，一直追到太陽西沈，他感到十分口渴，於是到黃河、渭河邊上去喝水。可是黃河、渭河的水都不夠他喝，所以他再跑向北方的大湖。結果還沒有跑到那裡，在路上渴死了，他所丟棄的拐杖，則長成了一片桃林⓯。至於夸父為什麼追逐太陽，則沒有說明。

在河南，有一則「夸父山和桃林塞」的地方傳說。因為那裡的靈寶縣舊名桃林縣，在縣西三十五里有一座山，名曰夸父，所以傳說夸父山就是夸父渴死後變成的；桃林則得名於夸父那根拐杖長成的桃林。由於當地的地勢險要，後人也稱之為「桃林塞」。這則地方傳說顯然是附會神話而來的，但是對於夸父為什麼追逐太陽卻有了說明：那是因為天氣太乾旱。太陽曬焦了地上的農作物，曬乾了河裡的流水，所以夸父要去捉太陽⓰。這個說明固然不是神話所原有，也不像是傳說所原有，似乎是出自執筆整理者的加工，因為這個傳說顯然祇在表現一些附會的趣味，重點根本不在夸父追日的行為，更不在其行為的動機。

⓯《山海經・海外北經》：「夸父與日逐走，日入（或作入日），渴欲得飲，飲于河渭，河渭不足，北飲大澤。未至，道渴而死。棄其杖，化為鄧林。」又，同書〈大荒北經〉：「大荒之中，有山名成都載天。有人珥兩黃蛇，把兩黃蛇，名曰夸父。后土生信，信生夸父。夸父不量力，欲追日景，逮之于禺谷。將飲河而不足也，將走大澤，未至，死于此。」

⓰ 中國民間文藝研究會河南分會編《河南民間故事集》（北京，一九八五），第二〇～二一頁。

神話中既然沒有說明夸父追日的原因，那麼夸父為什麼會去追日呢？就人類最原始的行為動機而言，不外是求生、恐懼和好奇，就神話的敘述看，夸父的行為顯然與求生無關，也不是出之於恐懼，那麼就是由於好奇了——他看見太陽自東而西，天天如此，究竟去了哪裡呢？這也是上古人類所共有的疑問。

由於好奇而要把事情弄明白，就是求知。腳踏實地、實事求是地去求知，就是所謂的「格物致知」。以此衡量夸父的追日行為，將它的性質定為當時的「格物致知」，應該是沒有什麼不妥的。而且，在史實上，明朝王陽明（一四七二～一五二八）的「格竹」還正與之遙遙相應。王陽明在二十一歲時，為了明白竹子中空而有節的道理，徹夜坐守竹旁觀察，結果一無所得，卻受了風寒而生病，幾乎喪生⓱。兩者所不同的，只是一個「格日」未成而渴死，一個「格竹」雖也不成，但幸而未死。

王國維（一八七七～一九二七）在《人間詞話》中，以各家詞作說明古今成大事業大學問者必經的三種境界：第一是「昨夜西風凋碧樹，獨上高樓，望盡天涯路」（晏殊〈蝶戀花〉），第二是「衣帶漸寬終不悔，為伊消得人憔悴」（柳永〈鳳棲梧〉），第三是「眾裡尋他千百度，驀然回首，那人卻在燈火闌珊處」（辛棄疾〈青玉案〉）。若將第二境中的「伊」字落實為「日」或「竹」，則「夸父追日」和「陽明格竹」都是第二境的具體說明，都是治學過程中最艱苦階段所發生的事。

⓱《王陽明全集・卷一・王陽明年譜》。

四　省思

在上述的三則上古神話中，有兩種共同現象。一是這三則神話所涵示的精神與意義，在後世都有與之相應的民間故事，二是在歷史上也都有與之相應的真實事件。

與「精衛填海」相應的「愚公移山」，姑不論其原始創作出自民間或出於文士，但久已成為人們耳熟能詳的成語則是事實；「愚公盤山」也是流傳於河南的地方性傳說。與「后羿射日」相應的「二郎擔山趕太陽」，是普遍流傳於華北的一則民間故事。筆者在一九九〇年七月訪問延安，曾見陝西省黃陵縣農婦裴潔在六十七歲時所畫的「二郎擔山趕太陽」圖，穩重華麗，誠是佳作。裴潔不識字，她的作畫技巧來自從小學習的剪紙和刺繡基礎；圖畫內容則得自民間口耳相傳的故事⑱。此亦可見這故事於民間流傳情形之一斑。與「夸父追日」相應的「夸父山和桃林塞」，乃是附會「夸父追日」而成的地方傳說，在河南流行頗廣。

與「精衛填海」相應的張巡、史可法等守城行為，是一直受人們肯定的，他們的事蹟迄今仍是中學國文課本裡的教材。與「后羿射日」相應的歷代各地無數次大大小小的「官逼民反」事件，在正史上，縱然因記述者的官方立場，用字或有所偏袒，但在字裡行間所寄予的同情仍可感受；若在私人著述或民間傳聞中，則常是肯定和讚揚兼而有之了。與「夸父追日」相應的王陽明「格竹」，後人記述此事的態度

⑱ 金榮華〈陝北民畫「二郎擔山趕太陽」跋〉，在《華岡文科學報》第十八期（民國八十年十一月），第三七九～三八四頁。

是嚴肅的，它是影響王陽明治學方向的一大關鍵，絲毫沒有輕嘲之意。

就事理而言，一則簡單的上古神話，如果能在本民族長期流傳，廣為人知，那麼它所顯示的精神和意義，在無形中會對人們產生一些影響，而人們在潛意識中也會對它的正面意義有所認同。如果在後來的文學方面也有廣為人知的相應故事，也就是後世以後世之文學方式的再表達，反映了人們的認知與認同。如果在歷史上有符合的實例，而且人們對這些史實的態度又是肯定的，那麼這則神話所顯示的精神和意義，已經落實在人們的生活之中。在這種情形下，這則神話所表現的精神和意義，實在已是這個民族的精神和其行為價值觀的一部分了。我想，這也是今天研究神話的一種意義吧。（一九九三年五月十八日）

——東北亞比較神話學國際學術大會（漢城，一九九三年五月十九日）論文，原載於《中國文化大學中文學報》第三期

金門「七尺無露水」故事的各種傳說和原有脈絡之探測

一

中國文化大學中文研究所的民間文學小組，在民國七十九年（一九九〇）十一月下旬，前往金門作了五天的採錄，「七尺無露水」是那次採錄到關於古寧頭李姓祖先的一則故事。在不同時間和不同地點，有五位敘述者講了這則故事，他們所講的大要如下：

㈠古寧頭早先的開墾者是張姓，李姓開基祖李應祥原是當地張姓大戶請來養鴨的長工，因為工作勤快，姓張的人家就把女兒許配給了他。後來張家請風水先生來選葬地，看中一塊風水❶，特徵是：二、三月間金門的霧氣很重，早晨地都濕濕的，祇有這地方是乾的，沒有露水。若將先人棺柩葬在這塊地的前段，後世子孫中可出三名宰相；若葬在後段，則子孫眾多，萬年昌盛。這事被李應祥聽到了，晚上便拿了草蓆到這塊風水穴的旁邊睡覺，次晨起來，拿水洒在沒有露水的風水穴上，

❶ 金門當地逕稱風水好的葬地為風水。

而風水穴旁邊的地，因為他鋪了草蓆睡在上面，地是乾的。這樣使張家認錯了穴位，真正的風水穴則被李應祥取得。李應祥取得這塊地後，選用後段，要萬代子孫昌盛，不要三宰相。從此李姓開始人丁繁盛，張姓則逐漸衰微。❷

(二)從前，古寧頭有一塊風水，原是張姓所開墾，該由張姓得的，但卻被李姓得了。姓李的是受雇於張家的養鴨長工。張家請風水先生來看風水，一看就說那塊地風水好，他處有露水，這地上沒有；在這地上下葬，葬前面子孫中進士，葬後面可得萬年丁。張家要人丁興旺，選了後段的萬年丁。姓李的長工知道了，就拿一張草蓆把有露水的地蓋住，而在風水好的乾地上潑水，於是張姓錯失了風水，而萬年丁之地為李姓所得。目前張姓人家祇剩下兩三戶，姓李的則人丁興旺。❸

(三)李姓的開基祖李應祥請風水師看風水，風水師看中了一塊地，告訴他說：「前出三進士，後得萬年丁。」意思是：葬在這塊地的前段，子孫可出三代進士；葬後一點則世代人丁興旺。李應祥選了後者，從此李姓子孫繁盛。❹

(四)現在古寧頭李姓的遠祖，是明初方孝孺的門生，靖難之變，因連坐而逃到福建，傳到古寧頭的李姓開基祖李應祥時來金門。李應祥初到金門時在村中賣糖果，有一天，天氣很冷，一戶張姓人家倒熱水給他喝，見他伸出手來十指尖尖，不像做粗活的，就請他進屋喝茶。當女主人得知他是個

---

❷講述人：楊瑞松，古寧國小校長。時間：一九九〇年十一月廿八日上午。地點：古寧頭。林雪星、李若鶯採錄。

❸講述人：吳二，六十二歲，農。時間：一九九〇年十一月廿八日上午。地點：水頭村。林雪星、李若鶯採錄。

❹講述人：李滄海，商。時間：一九九〇年十一月廿八日下午。地點：南山村。林雪星、李若鶯採錄。

讀書人後，又將女兒嫁了給他。姓李的在古寧頭本來是沒有地的，從李應祥開始創立基業，人丁漸旺，而張姓則逐漸衰敗。現在李姓子孫春秋二祭仍祀李、張二姓祖先。李姓人口現在外流，最多時有一千多戶。❺

(五)

南山是姓張的先來，起初一共有十多戶，都以養鴨為業。我們李姓祖先是後來從大陸來的一對母子，由一家張姓大戶雇用他們飼鴨，還給了一塊地給他們住。夏天蚊子很多，但他們住的地方卻沒有蚊子，而且在那裡養的鴨子每天都生兩個蛋，因此他們知道自己住的是一塊福地。然而張姓大戶並不知道，認為是他們母子有福氣，就把女兒嫁給年輕人。我們李家在此才五百八十一年，人丁旺盛，就是得到這塊風水的緣故。「七尺無露水」是四方七尺之地無露水。這個風水原是姓張的請了一位北方風水先生找到的，當時我們李姓先祖正在那裡薅草，風水先生見附近有人，對姓張的說：「我們說話小聲一點，那邊有個農夫。」姓張的回答說：「不要緊，我們金門的農夫不會聽北方話。」於是風水先生說：「這是七尺無露水之地。」姓張的問：「葬下去會怎樣？」風水先生說：「若是葬前面，可出三宰相。」姓張的又問：「若退後些呢？」風水先生說：「後退萬年丁。」不料我們李姓先祖曾去北方販瓷，會聽北方話，聽了風水先生所說，心想：「風水師說的七尺無露水，我平常經過也沒注意，明天早上來看看是不是真的。」第二天早上來看，真是有一塊地上不見露水，他就回家想辦法。到了晚上，他將兩件草蓆接起來，去把那塊地蓋住，次晨去看，草蓆是濕的，土地是乾的。那天晚上再試，不蓋草蓆，第二天早上去看，地還是乾的。

---

❺ 講述人：李水萍，六十七歲。時間：一九九〇年十一月廿九日上午。地點：北山村。林雪星、李若鶯採錄。

證明風水先生所說不假❻。於是他把這兩張接起來七尺見方的草蓆，蓋在離「七尺無露水」三十公尺的地上，使那塊地在早上乾乾的；在真正「七尺無露水」的地上，則用嘴含水噴濕。姓張的和風水先生每天吃了早餐就來風水地上看將來要怎樣葬，經過李姓先祖用計，他們以為風水會走，很緊張，在附近三十公尺處找到那塊假風水後說：「風水既然會跑，那麼趕緊葬。」於是「七尺無露水」的地便為李姓所得。❼

這五種說法，每一種都有一些別人沒有說或是與別人所說不同的情節或細節。第一個說法，基本上已是一個完整的故事：李應祥是張家的養鴨長工，他以計取得張家「不沾露水」之葬地，選用後段，於是後代人口興旺，張家則漸漸衰落。

第二個說法和第一個幾乎完全一樣，唯一的不同是張家找到那塊葬地後就已決定取用後段，所以後來李氏計取其地以後的人丁興旺，乃是得自張家的決定。

第三個說法與張家無關，那塊地是李應祥自己請風水先生找到的。

第四個說法則沒有「葬地」的情節，但提供了李應祥的其他資料：如李氏先祖是明初大儒方孝孺的門生，因靖難之變而逃來福建，到李應祥時才又渡海來金門。這交代了李應祥的出身和來歷。又如說李應祥初到金門時以賣糖果為生，張家因為他是讀書人而將女兒嫁給他。這說明了為什麼當地李姓子孫迄

❻ 據講述人的解釋，地上無露水，是因為地下的地氣很熱，露水很快就被蒸發了。

❼ 講述人：李華新。時間：一九九〇年十一月二十九日。地點：南山村。陳勁榛、劉秀美採錄。

今仍祭祀李、張兩姓祖先的原因。

第五個說法也有兩件關於李應祥的事是別人所沒有說的：一是李應祥和他母親同來金門，二是李應祥聽得懂北方話。此外，「居所無蚊」和「鴨生雙卵」的情節也未見於別處。至於初為張家養鴨長工，後娶張家女兒，又計取葬地，選用後段等等，則相當於第一第二第四三種說法的綜述。

現將各種說法的要點表列於下，以明各說之間彼此的關聯：

第一說	第二說	第三說	第四說	第五說
			李應祥先祖為方孝孺門生，靖難之變後逃抵福建。至李應祥時來金門。	
				古寧頭李姓開基祖奉母渡海來金門。
古寧頭李姓開基祖李應祥初為張家養鴨長工。	✔			✔
			張家以女妻之。	✔
張家請風水先生選得葬地，為李應祥聞知。	✔			✔
		李姓開基祖李應祥請風水先生選得葬地。		
李應祥計取葬地。	✔			✔
取用葬地後段，要萬年丁，不要三宰相。	✔	✔		✔
			李氏子孫迄今祭祀李、張二姓祖先。	

二

從上表所列的要點看，這五種說法顯然是說同一人同一事，祇是在傳述過程中有了不同的增加或省略，因而每一說法彼此間既有某些要點相同，又有其他四則所沒有的一些陳述。那麼，究竟那些是被省略了，那些又是後來添增的呢？

第一個說法似乎是個很完整的故事，但和其他的說法對照後，就會引發一些問題，因為故事似乎省略了某些敘述。然而，透過這些問題，我們也比較容易看出故事原有的脈絡。問題如下：

㈠故事中的「七尺無露水」雖然是一塊風水很好的葬地，但是，依照民間所信，所謂好風水的葬地，必須是將當事人已故的直系親長下葬，其子孫才會受益。李應祥是古寧頭李氏的開基祖，也就是古寧頭李氏家族最早到那裡的男人，如果他是隻身前往的，那麼他計取葬地之後葬誰呢？當然，聽故事者可以認為李應祥是把地留著讓他的兒子在他死後葬他的。但是，如果故事裡原來就說他是奉母抵金門的，當時母死待葬，或是留以葬母，豈不更符合故事之以李應祥為中心的情節。所以，第五說中所述「李氏先祖是從大陸來的一對母子」云云，可以認定是故事中原有的交代。

㈡李應祥取得葬地後，為什麼在選擇地的前後段時，不願子孫做大官，祇要子孫繁盛而選了後段呢？在從前的農業社會裡，出仕任官是普遍為大眾所希羨的，它代表了學識和地位；在絕大多數的情形下，它也代表了財富和特權，是一般人心目中榮宗耀祖的事。當然，「子孫繁盛」也是從前農業社會裡一般人的願望，但是「子孫做大官」並不表示「子孫不繁盛」，兩者並非相互排斥的。即使在兩者不能兼有的情況下擇取其一，則當事人一定有其理由，然而故事中沒有任何解釋❽。這就要注意第四說中「李應祥先祖為方孝孺門生，靖難之變後逃抵福建」的敘述了。

方孝孺（一三五七～一四〇二）是明初大儒，明太祖朱元璋死後，長孫建文帝繼位，方孝孺任侍講學士。後來燕王朱棣以清君側之名揮兵入京，建文帝失蹤（史稱靖難之變），朱棣即位為明成祖，命方孝孺草即位詔，方孝孺不從被殺，宗族親友門生連坐死者數百人，時在建文四年（一四〇二）❾。李應祥的先祖既然因為是方孝孺的門生而逃往福建，則便是朝廷的通緝犯，至少也是不想讓朝廷知道其真正身分的人。作為一名朝廷通緝者的子孫，或是一名避開朝廷唯恐不遠者的子孫，不要自己的後代在朝為官，這便容易理解了。所以，「李應祥先祖為方孝孺門生」云云，也應當是故事中原有的說明。

此外，李應祥遷居金門的時間，應該是在靖難之變以後的二十二年中，也就是明成祖在位期間（年號永樂）。因為明成祖對方孝孺一案是持續地採取嚴辦政策的，甚至藏有方孝孺著作的也罪可至死❿；而成祖死後，仁宗繼位（洪熙元年，一四二五），他在位雖僅一年，但即位之初就對靖難事變中被殺之建文帝大臣的家屬等人頒發了赦免令，方孝孺一案中被牽連者的家屬親友也不例外⓫，那時李應祥就不必奉母隱避金門了。

❽ 講述人對此有所解釋：那是因為當時大家沒有讀書，無法做官，所以選取「萬年丁」的地段。

❾ 《明史・卷一四一・方孝孺傳》。

❿ 同❾。

⓫ 同❾。

又，如果李應祥奉母抵金門的時間是在明成祖在位期間，又在金門娶了張家的姑娘，那麼他當時的年齡不會太大。從年齡上推算，那位由於是方孝孺門生而逃往福建的他的先祖，應該是他的父親，而他抵達金門的時間大概是在永樂中期。因為方孝孺死時才四十六歲⑫，李應祥的父親若比他小十至十五歲，則靖難之變時是三十一至三十六歲，李應祥是十至十五歲。過了幾年父死而奉母再遷金門，正是二十幾歲的適婚年齡。古寧頭南山村李華新老先生在敘述這則關於他祖先的故事時（上引第五說），提到他們李氏家族在金門的時間是五百八十一年。李老先生把年數說得這麼明確，當是有族譜之類的記錄為依據的。從一九九〇年上推五百八十一年，是公元一四〇九年，即明成祖永樂七年，兩相參照，可以互證。

至於第五說中提到李應祥懂北方話的事，若依上述推測而言，則往北方販瓷之說就和李應祥的背景不合，那似乎是一個後來的解釋，因為那位方孝孺門生的李氏先祖既然是李應祥的父親，則李應祥幼年隨父在南京住過，聽得懂北方話是自然合理的。

依據以上的推演，「七尺無露水」的事實基礎大約是這樣的：明初靖難之變中，大儒方孝孺被殺，牽連甚廣，他的門生李某攜眷潛回福建避禍。過了幾年，李某死亡，而朝廷對於和方孝孺有關連者的緝拿並未放鬆，於是他的兒子李應祥在永樂七年奉母渡海，隱避於金門。李應祥抵金門後，受雇於古寧頭張家為長工，由於他受過相當教育，工作勤奮，張家便把女兒嫁給他為妻，他也從此就定居古寧頭，迄今子孫繁盛，成為當地一支大族。

---

⑫ 同⑨。

三

從上述「七尺無露水」的事實基礎看，它祇是一姓一族的家史，並不具有大眾喜聽愛說的口頭傳播要素。可是有了「計取葬地」的情節便不同了，它有了戲劇性，趣味大幅提高，因之跳出了一姓一族的家史範圍而成為地方性的傳說。

但是，這個計取葬地的情節是怎麼附會上去的呢？

忖度情理，李應祥奉母遷金門，在金門落戶生根，母死後請風水先生在當地擇地而葬是當然的事；擇地的標準祇求後世子孫昌盛，不要子孫得意仕途，也是他在當時情況下必然的決定。然而，既請風水先生四處勘察選地，這個標準便不是不為人知的祕密，但在當時那是有點不合常情的，而他又無法向人解釋，那麼難免會引起大家的好奇心了。

其次，李應祥隻身奉母抵金門後，或說他賣糖果為生，或說他受雇張家為長工，也可能是先賣糖果為生，後受雇為長工，總之，說不上是有經濟基礎的。他娶張女為妻後，張家在當地是大戶，則受丈人家提攜照顧是情理中事，甚至葬母之地原屬張家所有也是可能的。那麼以此與前者捏合，稍添油醬，加一段計取之說，「七尺無露水」的結構就形成了。

至於第五說中的「居所無蚊」和「鴨生雙卵」，都是基於日常生活的一些誇張，都是極富民間故事風格的穿插，已具情節單元的雛型，顯然是這個故事在長期的口頭傳播過程中逐漸增加的。由於這兩個略已成型之情節單元的增入，又使這則地方性的傳說增加了民間故事的趣味。但是它能不能因此而由一個

地方性傳說逐漸演變成一個超越某一特定地區的民間故事呢？這就有待時間和更多的材料來說明了。（一九九一年十月二十五日）

——第二屆國際華學研究會議（臺北，一九九一年十二月二十七～二十九日）論文，原載於該會論文集

金門民間故事擬補三則

一

金門縣金城國民中學師生，在民國七十九年（一九九〇）所採錄之〈紫雲始祖——黃守恭〉一則，內容如下：

黃守恭在唐高宗時，帶著家人遷居福建泉州，開墾荒地，不久便成為大富翁。守恭為人慷慨仁厚，樂善好施。有一天，來了一位和尚——悟空禪師，墾求地，建寺廟。守恭慨然答應，問和尚需要多少土地。和尚打開袈裟說：「我祇要袈裟所蓋的範圍就夠了。」但事實上已經數千坪了，而黃家的土地就只剩下十分之一了，夫人面有難色，和尚說：「廟成之日必有祥瑞，子孫富貴。」於是就蓋了一所非常莊嚴的開元寺。

黃守恭有四個兒子，和尚勸他讓四個兒子分散去各自發展，於是長子黃經住南安，次子黃綸住惠安，三子黃綱住安溪，四子黃紀住同安，號稱「四安」，都成為大富翁。開元寺建築完成後，常見「紫雲蓋頂」，所以又稱為紫雲寺，就是紫雲黃姓開基的由來。金門五黃：水頭、西園、東店、埔頭、英坑等都是紫雲衍脈，共尊黃守恭為「四安祖」，每年正月初，子孫集會，神輿巡行各鄉，然後由五黃子孫輪流奉祀。❶

就上引內容而言，它實在是金門縣五個鄉村中黃姓族人的共同族史，所以能稱作「故事」，主要在和尚如何以一件袈裟所能蓋覆的範圍取得了數千坪土地❷，然而這個情節卻在傳述過程中漸趨模糊而語焉不詳，以致衹是一言帶過。

這個情節的完整內容應該是這樣的：一位和尚向施主要求一塊土地造廟，說明衹要他那件袈裟所能遮蓋的大小，施主答應了。於是和尚在一座小丘上舉起他的袈裟，衝著早晨升起的太陽，照出的影子遮住了一大片土地，施主衹好將這片土地捐贈給和尚造廟。

這個情節本身也是一個獨立的故事，丁乃通先生在他的《中國民間故事類型索引》裡將它編為2400A號，流傳在東南沿海各省和雲南的白族地區❸。

❶ 黃聰明口述，黃筱梅採錄。見許維民、王振漢〈訪鄉老說傳奇——採錄金門民間故事〉，在《晨風》第十一期（民國七十九年六月，金門縣立金城國中出版），第一二～一三頁。

❷ 一坪等於三・三〇五七平方公尺。

❸ 丁乃通《中國民間故事類型索引》（北京，中國民間文藝出版社，一九八六），第五二一頁。

二

〈皇帝嘴乞丐身——盧遠〉是金城國中師生所採錄到的另一則故事。故事開頭說：盧遠出生在金門附近的一座小島上，當夜天空有一條燿燿生輝的金龍盤旋，而他誕生時身上就穿著綢緞織成的龍袍。可是，

這位嬰兒的母親平時待人非常寒酸、刻薄，所以跟她在一起的居民都很討厭她，也很少與她往來。有一天，這位婦人背著小孩在搥臼，不小心把龍袍掉進石臼中，婦人就趕緊拿去洗，結果一洗那金黃亮麗的顏色就褪去了，她反而越洗越用力，後來就爛得裹成一團，只好拿去補，最後竟成了一件縫縫補補的長袍，而他們的生活就越來越潦倒。

接著就說盧遠長大後成了一個無一技之長的流浪漢，有一天，他叫一位正在田中除草的農夫到樹下抽煙休息，並說田裡的那些草等一下就會跑到對面坡上去的。結果農夫抽了煙再度下田時，驚訝地發現田中真的已經沒有草了。又有一次，他到古崗湖畔，看見居民正在打魚，便前去向他們討幾條魚吃。但居民不給，還罵他一頓，於是他就咒湖中的魚是臭的，不能吃。結果湖中的魚果真一被撈起就有臭味，因此居民趕快向盧遠賠罪。這時盧遠才改口說：魚雖臭，仍可吃。後來他在嚨口，聽見土猴（蟋蟀）吃甘藷的聲音，就隨口說：嚨口，嚨口，土猴去吃草。從此以後，嚨口的田裡再也沒有土猴吃農作物了❹。

在從前，龍在中國是帝皇的象徵和代表，這個故事的開頭，是以盧遠出生時天上有龍和一出生就身穿龍袍表示盧遠將來是要做皇帝的。後來因為龍袍被洗壞了，於是不但做不成皇帝，反而成了乞丐。接著所說的三件事，則表示盧遠雖然不是皇帝，但他所說的話，對自然界的草木魚蟲卻像皇帝一樣有權威，可使它們遵命行事。

臺北中國文化大學中文研究所的民間文學小組，在民國七十九年（一九九〇）十一月赴金門採錄的民間故事中，也有一則盧遠的故事，情節內容與此大同小異，但開頭的說法很不一樣。故事的開始如下：

盧遠小時候很聰明很能幹，但他的母親很壞心，見盧遠聰明能幹，就在家前栽竹，家後栽杉。她說：「盧遠以後會做官，那時可以用杉做枷來押犯人，用竹做竹條來打犯人。」這話被呂洞賓聽到了，就把盧遠的仙骨換掉，祇剩下嘴沒換，變成「乞丐身，皇帝嘴」。❺

經由這兩個說法的比較，彼此引發出了下列的這些問題：

㈠在第二個說法中，盧遠所以能有說什麼都應驗的「金口」，乃是因為仙人呂洞賓祇換了他的仙骨，沒有換他的嘴。那麼在第一個說法中，象徵將來作皇帝的龍袍壞了而使盧遠作不成皇帝了，為什麼他仍是「金口」呢？

❹ 講述人：翁清泮。地點：金寧。見民國七十九年五月二日《金門日報・正氣副刊》。

❺ 講述人：洪連興、洪水欽。時間：一九九〇年十一月二十七日。地點：金城鎮池王爺廟。陳勁榛、劉秀美採錄。

㈡第二個說法中，呂洞賓祇換盧遠的體骨而沒換嘴，那麼為什麼不換嘴呢？似乎漏了些說明。

㈢第二個說法祇是說盧遠將來可能做大官，不是做皇帝，那麼即使呂洞賓沒有換他的嘴，又何來民間所謂說什麼應什麼的皇帝「金口」呢？

對於這三個問題，盧遠故事本身沒有提供任何可以探討的線索。但如果和同類型的其他故事對照，則所缺待補的情節就有了大概的輪廓，這三個問題也可以有一個概略的解答。下面即是一則得自浙江寧波的同類型故事「羅隱秀才」，故事的大意是這樣的：

羅隱從小孤苦伶仃，由他祖母扶養，祖孫二人時受親戚和鄰人的欺侮。七歲時，羅隱開始上學。從家去學校，必須經過一座關廟。當羅隱經過那座關廟時，看見坐著的關公神像竟然站了起來；放學回家經過時，又見關公神像站了起來。於是他急忙回家告訴祖母，但他祖母疑不能信。第二天清早，羅隱的祖母先去關廟，將一把剪刀放在關公神像的膝上，並躲在屋角等羅隱過來。不一會，羅隱經過廟門，關公神像果然站了起來，放在神像膝上的剪刀也掉了下來。羅隱的祖母見了大喜，知道羅隱有帝皇之命，立刻從屋角裡走出來，對羅隱喊道：「啊！我的孫兒呀！你知道我受了多少親戚的輕視、鄰舍的欺侮？你如果做了皇帝，須要一一的報復啊！」她話剛說完，忽見她的孫兒已跪在關老爺的跟前，嘴裡叫著：「哎呀，祖母！我痛死了。我的全身好像拆骨的一樣。」他祖母頓時領悟，忙從外面廁所裡拾一塊木板，叫他嘴裡銜著。他遵祖母的命，痛便漸漸的減輕了。

原來羅隱天生一副仙骨，將來有帝王可做。如今他祖母說他做了皇帝必須報復，關老爺保民有責，便將這事奏告天帝。天帝大怒，著羅隱換骨，所以他全身發痛，那知他祖母給他銜了塊糞板，頷齒著了污氣，便停止更換。所以他雖一輩子做不到皇帝，卻具帝王的聖口，凡他怎麼說著，便會怎麼成就。❻

案：羅隱是歷史上的真實人物（八二三～九〇九），是唐末和五代初期的文學家，浙江杭州人，少年時恃才傲物，語多譏諷，得罪了許多人。因為也得罪了當朝公卿，以致考了多次進士都不被錄取（《舊五代史・卷二四》有傳）。以他作為主角的這一型故事流傳很廣，華東華南各省都有大同小異的說法❼。故事裡說他因銜糞板而未被神仙換嘴，如果是受他譏諷者以此暗喻他「臭嘴」作為報復，則這個故事的起源就很早了。至於說他在尚有帝王之命時神像見了他會起立為禮，乃是一個取自佛經的情節❽。

依據這個故事，前述兩種金門盧遠故事的三個問題可了解如下：

㈠「羅隱秀才」是一個很有意義的故事，主角被取消做皇帝的原因是他祖母對親戚和鄰居都十分記

---

❻「羅隱秀才」，見王怡和編《從民間找趣味》（臺南，大夏出版社，民國七十六年），第九八～一〇三頁。

❼ 清・黎士宏《仁恕堂筆記》：「今豫章兩越八閩人，凡事俗近怪者，皆曰此曾經羅隱秀才說過。」清・吳任臣《十國春秋》：「世傳（羅）隱出語成讖，閩中書筒灘、玉髻峰皆留異跡，世俗所傳蓋出此。」——轉引自范煙橋〈羅隱秀才的讖語〉，在《中國民間傳說》（臺北，水牛出版社，民國六十年），第一二一～一三一頁。

❽《賢愚經・卷九・摩訶令奴緣品第四十八》。

恨，上天恐怕他做了皇帝會公報私仇。這表示為政者應當氣度恢宏，不可因私枉法，否則天神不容。在盧遠故事的第二說中，盧遠之被換骨而不能做官，是因為他母親很壞心，怕盧遠一旦做官，受他母親影響，老百姓會遭殃，也表示了愛民的意思。但是在盧遠故事的第一說中，雖然也說盧遠的母親不好，待人刻薄，但是因為盧遠做不成皇帝是由於他母親不小心把他的龍袍掉進石臼裡，取出來洗被洗壞了，與他母親為人不好可能會影響他無關，所以故事就沒有那一層公正愛民的意義。然而，洗壞龍袍既然就是先洗了帝王命，怎麼仍留有「金口」呢？如果盧遠母親為人不好是故事中原有的敘述，用意在顯示為政者不可苛民的意思，那麼這個不能呈現此意的龍袍情節就不是故事所原有的。

㈡在第二說中，似乎還應該有盧遠母親在盧遠被換體骨時急忙要盧遠咬嚼有強烈氣味的蒜瓣或咬住一些髒穢之物以阻擋神仙的情節❾，這樣才能說明為什麼呂洞賓換了盧遠的體骨而未換他的嘴，使他成了「乞丐身，皇帝嘴」。

㈢在第二說中，盧遠的母親認為「盧遠以後會做官」，顯然是「盧遠以後會做皇帝」之誤。這是因為故事裡漏掉了預示盧遠將來會做皇帝如神像起立致敬之類的情節，僅以盧遠「很聰明很能幹」為說，於是便祇能說他以後會做官而不是做皇帝了。但整個故事的結構是「乞丐身，皇帝嘴」，以此回顧，故事中有所誤和有所漏脫都是很清楚的。

綜合這些了解，那麼金門盧遠故事的完整原貌似乎應該是以第二說為主，再加上預示盧遠有帝王之

❾ 南朝齊・王琰《冥祥記》（《古小說鉤沈》本）第五十九條：「趙沙門單，……體畏風寒，唯噉椒薑，氣力微弱，而膚色潤澤，行步如飛。山神數試，未曾傾動。仙人恆來，意亦不耐，每齧蒜以卻之。」

命和呂洞賓來換骨時他口咬辟神之物兩個情節。或許，它原本是一則在金門當地化了的羅隱故事⑩。

三

「池王爺」是金門民間祀奉的一位保護神，神像的臉是黑的。為什麼神像的臉是黑的呢？中國文化大學中文研究所民間文學小組採錄到的說明如下：

在馬巷地方，有一個人要在井裡下毒，讓民眾喝了井水送命。池王爺（名池連陞）聽到了這件事，就把整包藥吃下去，而且還坐在井裡，以免百姓去喝井水受害。人們把他從井裡撈出來時，他全身因為毒發而變黑了，所以神像的臉是黑的。⑪

案：這個說明是很簡略的，一些重要的細節都沒有交代。諸如：一、那個人為什麼要在井裡下毒害人？二、池王爺是怎麼取到那包毒藥的？三、池連陞做這件事時是不是已被奉祀為「王爺」了？還是因為做了這事才被奉祀為「王爺」的。

可以解答這三個問題的有關敘述，是《金門史蹟源流》一書中關於池王爺的記載。原文如下：

⑩ 同型故事之主角有作「盧隱」者，籍貫廣東。見〈金口盧隱的故事〉，在《中國民間傳說大展》第二集（臺北，金文圖書公司，民國七十二年），第一四一～一四三頁。

⑪ 同⑤。

神相傳為武進士，名連陞，將赴任所，月夜泊舟某處，聞鄰舟議某日將以毒置某處，知為瘟神，乃請觀其藥，取而食之，遂卒，全身靛色。鄉人感其仁，建廟祀之。⑫

這個記載說明了：一、要下毒的是瘟神。對瘟神而言，下毒害人是他的職務。二、池王爺是以觀看為名而取得其藥的。三、池連陞是因為做了這件事才被祀奉為「王爺」的。而第一則的說明也有可以補充這一則的，即是瘟神要下毒的地方是水井，因為民眾都在那裡取水飲用。

但是，接著會產生的問題是：瘟神怎麼會將毒藥給池連陞看呢？如果一則故事除了意義之外尚有其趣味，那麼這則「池王爺」故事的趣味無疑就在池王爺怎麼使瘟神把毒藥給他觀看的過程了。關於這一點，且借上海地區一則同類型的「退瘟神」故事以觀大概，故事的大意如下：

從前有一個名叫楊王的老農，為人正直，急公好義。一天傍晚，從外地來了一個臉面黝黑的大漢，要在他家借宿一宵，他答應了。晚飯後，楊王老農和黑大漢交談，問黑大漢從哪裡來，要去哪裡。黑大漢含含糊糊地沒有說出來的地方，但清楚地告訴老農，他的目的地就是這裡。老農問他來此有什麼事，黑大漢猶豫了一下，說道：「對你實說了吧，我不是人，是天上的瘟神，到這裡來傳佈瘟疫，蒙你殷勤招待，就告訴你一個避瘟的法子來報答你的盛情吧！祇是千萬別告訴旁人。」

⑫《金門史蹟源流》（金門縣政府，民國七十六年），第一一八頁。

楊王老漢暗吃一驚，但不動聲色地問：「什麼方法？」「祇要不吃井水就可以了。」「為什麼？」「我將瘟疫放在井裡，吃過井水的人就會犯病。」楊王老漢暗暗轉念道：「我不能祇顧自己一家活命，一定要救救幾村百姓，決不能見死不救！」他裝出感謝的樣子問道：「瘟疫是什麼樣的，可否讓老漢見識見識？」

瘟神從懷中取出一個小紙包，遞給楊王老漢。他打開紙包，見是一包黑色的粉末。他問道：「還有嗎？」

「沒有了。」

「這一點東西就能放遍所有的井？」

瘟神大笑道：「你不要小看了它，一口井放一點點就夠了。」

楊王老漢聽說，知道自己手裡拿的已是全部瘟疫粉末了。趁瘟神不備，急朝口中倒。瘟神知道上當，連忙來奪，哪裡來得及，早已被他吞到肚子裡去了。頓時，楊王老漢全身發黑，七孔流血而死。瘟神懊悔不已，祇好回轉天庭，接受失職處分。⑬

從這個故事看，「池王爺」的故事似乎應該補一些池連陞與鄰船瘟神套交情的情節，如邀請瘟神過船來飲酒賞月，然後在酒酣之餘引出散佈瘟疫的話題，繼而索觀毒藥，趁機吞服等。這些情節，在早期的敘述中，縱使不盡如此，但是理所當有，祇是在不斷的傳述過程中漸漸被忽略了而已。

⑬ 上海民間故事編委會編《上海民間故事選》（上海文藝出版社，一九六〇），第二三五～二三六頁。

又，據《金門史蹟源流》一書所載，「王爺」原是福建同安一帶民間信仰的「瘟神」，傳入金門後失去其原來之意義，成了掌理陰間司法及民間祈求平安之守護神。金門民間信仰的王爺計有三十多位，分別稱某府王爺、某府千歲，或某府元帥，祀祠遍佈全島，其中池王爺是地位較特殊的一位⑭。今就民間流傳的「池王爺」故事看，第一個說法中開頭的「馬巷」地方就在同安附近，其與福建同安一帶有關自無疑義，但是若說池王爺原是民間信仰的瘟神，則就有待商榷，因為傳說中的池王爺是阻擋瘟神的神，並非瘟神。民間祀奉他，乃是感恩之餘祈求繼續保護，賜予平安，並非祈求他不要散播瘟疫，兩者之間是有差別的。至於他也掌理陰間司法，則是他在人民心目中神權的擴大，並非原來意義的喪失也。（一九九一年十一月二十七日）

——第一屆中國民間文學國際學術會議（高雄，一九九一年十二月二十九日）論文

【後記】

㈠本文在第一屆中國民間文學國際學術會議發表後，得讀吳藻汀之《泉州民間傳說》三冊，第三冊中〈開元寺與黃姓四安〉一篇，所記與金門金城國中師生所錄〈紫雲始祖—黃守恭〉一則相同而較詳細，和尚募捐一袈裟之地，即是向著太陽披開袈裟後袈裟陰影所遮之地，正可印證。該書初版於民國二十年（一九三一）前後，一九八五年由泉州志編纂委員會辦公室及晉江地區藝術圖片社重印。

⑭ 同⑫。

(二)本文在上述會議中宣讀後，與會某君為金門人，以為金門計地單位不用「坪」，故〈紫雲始祖—黃守恭〉一則謂和尚得地數千坪之記錄為不妥。案：計地以坪為單位，固然是臺灣承自日本的習慣，但該則故事是金門縣金城國民中學師生所錄，本文所引，是其原文，則當地人錄當地流傳之故事而計地用坪，並非失實，乃顯示近數十年來臺灣對金門之影響也。就地理位置而言，金門與福建沿海各城之交流應較密切，但四十多年來金門與大陸不能往來，當地大量駐軍都由臺灣輪調前往；金門民眾也大量在臺升學與工作。此種影響，自有其產生之背景。（一九九四年八月二十六日）

遼寧省所見 AT 706 型故事試探

一

《中國民間故事集成——遼寧卷》載有一則〈沒手的媳婦〉故事，一九八五年採錄於撫順縣的小堡村，是七十七歲的不識字農婦王金葉所講述，大要如下：

李老頭的老伴死得早，就留下一個女兒，李老頭再娶後，繼母不喜歡這女兒，就把家中老狸貓打死剝了皮，騙李老頭說是他女兒的私生子，要李老頭把女兒趕出去。第二天，李老頭用車把女兒載進深山，舉刀猛砍，李女急忙用手去擋，手就被砍斷了。這時女兒問知原因，力辯冤枉。李老頭雖不相信，心想她在山裡也活不成了，就不再揮刀而趕車獨自回去。回去後察覺女兒是受了冤屈，悔恨不止，竟氣死了。

李女在山林裡走了兩天兩夜，野獸都不傷害她。終於她走出山林，到了林邊的孫員外家。孫家院中的果樹已結果，李女想摘了充飢，卻不慎跌下，被在房中看書的孫家兒子發現。孫生得知李女的遭遇後將李女藏在他房中，並決定娶她為妻，後來被孫生的家人知道，就讓他們結婚了。過了一段時間，孫生上京赴考，中了狀元，派差人回家報信。這時李女生下一個男孩，也寫了一信告知孫生，就請這個差人帶回。但差人半路在李女繼母開的店中吃飯，被繼母知悉李女情況，便偷偷把信換掉，假冒孫生的父親，要孫生休掉李女，在京娶公主做駙馬。

孫生接信後回信表示不休妻，而差人半途在李女繼母店中貪酒大醉，信又被掉換，內容變成孫生要他父母替他休掉李女，自己決定在京城當駙馬。孫生的父母看了假信十分生氣，李女也十分生氣，就帶著孩子離家。孫生的父母回信責備兒子，但途中信再次被換，變成要孫生在京另娶。

李女帶著孩子邊走邊哭，不知走了多遠，來到一條河邊，想洗洗孩子的兜兜，忽然來了一陣風，把兜兜吹到河裡，李女急著用沒手的胳膊去撈，瞬間，那手竟然長出來了。李女樂極，帶著孩子走到羅家店，羅家兩老無兒女，認李女為義女，留他們母子住下。

孫生這邊收到假信後，急著回家看李女，路過羅家店，渴了要水喝。李女的孩子一見孫生就抓住不鬆手，李女在屋裡得知是孫生不肯出來。最後誤會冰釋，團圓回家，並將差人找來問明經過，李女的繼母也受到了懲罰。❶

案：這個故事遍及歐、亞、美、非、澳各地三十多個國家，不同的說法有五百多種❷。依照阿爾奈

---

❶ 中國民間文學集成全國編輯委員會編《中國民間故事集成・遼寧卷》（北京，中國 ISBN 中心，一九九四），第七八五～七九一頁。

—湯普遜(Aarne—Thompson)的分類，它的編號是706，故事類型定名為「無手少女」(Maiden Without Hands)，內容基本上分為四節如下：

(一)女主角因故被放逐並被砍去雙手。被放逐及被砍的原因，就歐美地區所流傳的各種說法，大致有四：一是她拒絕嫁給自己的父親，二是她父親將她賣給了魔鬼，三是她父親禁止她向上帝禱告而她不遵從，四是她的嫂嫂在她哥哥那裡誣害她。

(二)一位國王或富商之子發現了女主角，並娶她為妻。發現的地點是在樹林裡、花園裡、馬廄，或海上。

(三)女主角帶著新生嬰孩再次被放逐，原因是她丈夫出門在外，往來的信件被人改換而產生誤解。改換信件以陷害女主角者，或是她的公婆，或是她的父母，或是她的嫂嫂，或是魔鬼。

(四)在再次被放逐途中，女主角的雙手重新長了出來，並且遇見丈夫，弄清楚是有人搗鬼，兩人終於團聚。❸

❷ (1)Antti Aarne and Stith Thompson, *The Types of the Folktale* (Helsinki, Academia Scientiarum Fennica, 1973), p. 241.
(2)Hiroko Ikeda, *A Type and Motif Index of Japanese Folk-Literature* (Helsinki, Academia Scientiarum Fennica, 1971), p. 164.
(3)In-Hak Choi, *A Type Index of Korean Folktales* (Seoul, Myong Ji University Publishing, 1979), p. 195.
(4)同❶，第九九五頁。

❸ 同❷(1)，第二四〇頁。

這一型故事的特徵是女主角的手被砍去後又重新長了出來，主要情節是信件內容被更改，以致女主角再次被放逐。

二

AT 706 號型的故事，流傳地區雖然遍及歐、美、亞、非、澳，但其起源地是歐洲。在所知的五百多個不同說法中，歐洲地區便有將近四百個❹，這是流傳時間較久才可能出現的情形。此外，湯普遜在他的《民間故事》一書中也指出，少女或妻子被逐的故事，在歐洲中世紀的文學中很流行，其中與「無手少女」最相似的是「康絲坦斯」(Constance) 故事❺。「康絲坦斯」故事見於十四世紀英國作家喬叟 (Geoffyre Chaucer,1340–1400) 的《坎特伯利故事集》(*Canterbury Tales*)，概要如下：

羅馬皇帝有女名康絲坦斯，才貌雙全，信奉基督。信奉穆罕默德的敘利亞蘇丹要娶康絲坦斯為妻，並且為她而改變信仰，接受洗禮。這事使蘇丹的母親很不高興，在歡迎康絲坦斯的宴會上，除了康絲坦斯以外，她殺死了蘇丹和所有改變信仰的敘利亞人。康絲坦斯則被送上一艘小船，放逐海上。

❹ 同❷(1)。

❺ Stith Thompson, *The Folktale* (N.Y., Holt, Rinerart and Winston, 1946), p. 120。中譯本名《世界民間故事分類學》，鄭海等譯（上海文藝，一九九一），第一四四頁。

康絲坦斯的小船飄到諾森伯蘭國境內的一座城市，被那城的城主夫婦收留。但不久被一位向她求婚不遂的騎士陷害，幸得諾森伯蘭國的國王厄拉洗清其罪名，並且娶她為妻。然而，宗教信仰不同的厄拉王母親對此深為不滿。後來康絲坦斯懷孕了，厄拉王則要去蘇格蘭作戰。康絲坦斯產下一子後，城主立刻派信差送信給厄拉王報告喜訊，但出發之前信的內容被太后偷改，誣稱康絲坦斯所產為一怪物。厄拉王得信大驚，便回信說一切等他回國後處理。可是此信又被太后改成立即驅逐康絲坦斯出境，於是康絲坦斯與她的孩子又被送上小舟，再次被放逐海上。

羅馬皇帝得知敘利亞太后殺盡基督徒並放逐他的女兒後，派遣一位元老領兵渡海，進攻敘利亞，得勝凱旋時，在海上遇見康絲坦斯第二次被放逐的小舟。元老不知道康絲坦斯的身分，康絲坦斯也不肯說明。元老將康絲坦斯母子帶回羅馬，由他妻子照顧。

厄拉王回國後才知康絲坦斯被逐，但他很快查明了信件被改的真相。於是他懲罰了太后，決心去羅馬祈求悔罪。到了羅馬，厄拉王在元老的歡迎宴上見到了他的兒子而終於夫婦重聚。❻

比較「無手少女」和「康絲坦斯」兩個故事，其間的差別祇是康絲坦斯在第一次被放逐時沒有被砍斷雙手，所以後來也沒有雙手重新長出的情節。這也就是，「女主角之被陷害是因為向她丈夫報告產下孩兒的信件被陷害她的人更改」加上「雙手被砍又再生」的情節即成「無手少女」故事。然而，作為故

❻ 喬叟著、王驥譯《坎特伯利故事集》（臺北，志文，一九七八），第一〇〇～一一六頁。

事特色的「雙手被砍又再生」固然是一個情節單元 (motif: E 782.1)，也見之於愛爾蘭等地的神話❼，但還未見僅以此一單元構成獨立故事，而作為主要情節的「女主角之被陷害是因為向她丈夫報告產下孩兒的信件被陷害她的人更改」(motif: K 2117)，則早已是一則獨立如「康絲坦斯」的故事。所以，「無手少女」是在像「康絲坦斯」之類的故事上加工而成，殆無疑義。

三

「無手少女」型的故事，在中國流傳的時間似乎並不很久。美國的湯普遜在一九七三年出版《民間故事類型》時固然不知道中國有這一型的故事❽，丁乃通先生廣讀五六九種古今筆記小說和故事集後在一九七八年編成英文版《中國民間故事類型索引》及該書於一九八六年發行中文版時，也不知道中國有這一型的故事❾，所以在湯普遜《民間故事類型》的 706 型編號下沒有中國的記錄，而在丁乃通先生的《中國民間故事類型索引》裡則沒有 706 這個編號。當然，湯普遜和丁乃通先生不知道中國有這一型的故事並不表示中國沒有這一型的故事，但至少表示了在那時候他們所見的文獻中尚無記錄。

北京中國社會科學院文學研究所在一九八六至一九八七年間，邀約了各地專家學者合編《中國傳說

---

❼ Stith Thompson, *Motif-Index of Folk-Literature* (Bloomington, Indiana University Press, 1975), volume 3, p. 516.

❽ 同❷(1)。

❾ Nai-Tung Ting, *A Type Index of Chinese Folktales* (Helsinki, Academia Scientiarum Fennica, 1978)，中譯本由北京中國民間文藝出版社出版（一九八六）。

故事大辭典》，才記錄了一則流傳於內蒙的「斷臂姑娘」，但還不知道遼寧省也有同型的故事而把它歸入蒙古族，以為它是蒙古族的家庭故事❿。

從其他的資料看，這一型的故事迄今祇見於遼寧省和內蒙古東部，在內蒙有多少說法未見記錄，在遼寧省的十五個縣市中則有二十五種說法⓫。但內蒙東部和遼寧省地壤接連，可併視為一區。這個情形顯示，「無手少女」型故事並非新近才傳入這個地區，因為已孳生了不少不同的說法，但也不會很久遠，因為傳播範圍還祇在這一區。

在流傳時間不近也不很早的認知下，再看說故事人的背景。上引故事的講述人王金葉老太太不識字，所以可以確定這個故事是她聽來的。就故事中「雙手重生」的神奇情節看，它在日常生活中的聽眾應該是孩子。如果王金葉老太太是在六、七歲的幼年聽到這故事的，那麼依一九八五年她七十七歲的記錄算，

❿ 中國社會科學院文學研究所編《中國傳說故事大辭典》（北京，中國文聯，一九九二），第六四一頁「斷臂姑娘」條：「蒙古族家庭故事。流傳於內蒙古東部地區。寫很久以前，有個美麗的姑娘受繼母虐待，被砍去雙臂趕出家門。後與一小伙子結成夫妻，公婆亦十分疼愛她。小伙子應徵入伍後，姑娘生了個胖小子，公婆著人捎信給兒子。不想捎信人途中投宿時，信被一老太婆篡改為生了怪胎。小伙子雖十分難過，卻仍回信讓父母等他回家後處置。然而回信又再次被老太婆改為立即殺死姑娘母子。公婆不予理會，姑娘卻執意攜子出走，幸遇被她親母放生的金魚搭救才得以生存。小伙子歸來，真相大白，那老太婆原來就是姑娘的繼母。人們將其送官，找回姑娘母子，全家團圓。」所記未述姑娘之兩臂後來重新長出。

⓫ 同❶，第九九五頁。

這則故事在一九一五年左右已在遼寧被講述了。這是最保守的估算，實際情形可能會更早些，因為如果把這故事講給王金葉老太太聽的是她的父母，而他們也是幼年時聽來的，時間便應上推至十九世紀末。此外，在這個故事的附記裡還有一則參考資料，編者說，遼陽市太子河區沙坨子村的滿族老太太穆桂芹也講了這一型的故事，在開頭和結尾處有點不同，穆老太太的年齡是七十六。

四

「無手少女」型的故事既然起源於歐洲，在中國的流傳時間不是很久，而又祇見於遼寧省及其鄰接的內蒙東部，那麼它是怎麼來的呢？

就鄰近的國家看，有這一型故事的國家有四個：一是印度，二是韓國，三是日本，四是俄國⓬。在印度的706號類型故事中，受誣被砍去手或腳，後來又重新長出的主角是男的⓭。而且，故事如果是由印度傳來，也看不出為什麼會祇見於遼寧省與內蒙古的東部。

AT 706型故事在韓國（朝鮮半島）也不像有很久的歷史，因為在較早的文獻裡都不見記載，目前唯一所知的一則見於一九七一年出版的《民間故事選集》⓮，若說它在十九世紀末便傳入鄰接其北疆的遼

⓬ ⑴ Stith Thompson and Warren E. Roberts, *Types of Indic Oral Tales, India, Pakistan, and Ceylon* (Helsinki, Academia Scientiarum Fennica,1960), p. 95。⑵同❷之⑴⑵⑶。

⓭ 同⓬⑴。

⓮ 同❷⑶。

寧省大概是不可能的。而且，如果這一型的故事在朝鮮族中歷史悠久，那麼應該可以在也與韓國北疆相接的吉林省延邊朝鮮族自治州找到。這個地區在清末（十九世紀中葉）就有大量朝鮮族從韓國逃荒來此開墾，目前朝鮮族的居民有一百五十萬左右，主要從事農業生產。在民間文學方面，朝鮮半島上的傳統故事也都在這裡傳播不息，但是迄今未見有這一型故事的記錄⓯。

在日本方面，AT 706 型故事的流傳地區很廣，全國曾採集到二十六種不同說法⓰。可是若說遼寧省的這一型故事是由日本渡海而來則也不可能，因為，姑且不論日本之有這一型故事是在什麼時候，中日兩國的民間在十九世紀是沒有什麼接觸的；到了二十世紀初，中國各省有一些學生到日本讀書，如果他們有機會帶回這一型的故事，也無法解釋為何祇有在遼寧地區流傳的事實。

就俄國而言，應當分兩部分看，一是亞洲部分的俄國，一是歐洲部分的俄國。AT 706 型的起源地在歐洲，亞洲部分的俄國似乎並不流行這一型的故事，因為在與西伯利亞接壤的內蒙古北部和黑龍江省對這一型的故事也一無所聞。如果說遼寧省的這一型故事來自歐洲部分的俄國，則在歷史上似乎可以見到一些線索。

一八九六年（清光緒二二年）三月，俄國與清廷訂立「旅順大連租借條約」，除了租借遼寧省南端

⓯ 延邊地區的朝鮮族民間故事集主要為下列二書：(1)延邊民間文學研究會編《朝鮮民間故事選》（上海文藝，一九八二）。(2)裴永鎮整理《朝鮮族民間故事講述家金德順故事集》（上海文藝，一九八三）。一九九二年中國文聯出版公司之《中國民間故事集成・吉林卷》中也有延邊地區之朝鮮族故事，但未自成一類。

⓰ 同❷(2)。

的旅順、大連外，還獲得南滿鐵路的建造權（後來完成了大連至黑龍江哈爾濱市的這一段）。這個條約到一九〇五年（光緒三一年）俄國在日俄戰爭中失敗而結束，期間長達九年。在這九年裡，除俄軍大量地長期進駐旅順、大連外，行政人員、技術人員和商人也大量抵達居住。那麼 AT 706 型故事隨著他們的家眷而來，又因家眷的長期居留而有機會傳入當地的民間，似乎是目前唯一可以用來解釋它為什麼在二十世紀才見於中國以及為什麼又衹見於遼寧省的原因。至於內蒙南部所見的這一型故事，當是因為與遼寧接壤而由遼寧傳入的。

五

茲述俄國流行之「無手少女」故事大略如下，藉資比較：

從前，在遠方的一個國家裡，住著一名富商，他有一子一女。這個富商和他的妻子都去世後，他的兒子和女兒便搬去另一城居住。哥哥開了一家店，並娶了一名女巫為妻。女巫嫂嫂懷孕待產了，哥哥出門到店裡去時便要妹妹照顧好家。這使女巫嫂嫂很不開心，因為她丈夫衹對妹妹說而漠視了她，於是她砸毀了所有的傢俱，在丈夫回來後誣稱是他妹妹所為，但是哥哥並沒有去責備妹妹。

第二天，哥哥出門時又衹對妹妹說要好好照顧家，他妻子便去馬廄割下了他那匹愛馬的頭，諉稱是妹妹所為。但是哥哥仍不因此責怪他妹妹。

第三天，哥哥出門時對妹妹說：「請照顧嫂嫂，不要讓她受驚而傷了胎兒，她快要生產了。」那天，他妻子產下一兒，但卻將之殺死，在丈夫回來時再誣稱是他妹妹所為。哥哥忍無可忍，到了半夜，喚妹妹起床，騙她說一起去望彌撒，結果把她載進一座森林，趕她下車，並且砍斷了她的雙手。

妹妹在森林裡僥倖地活了下來。過了些日子，她走出森林，到附近的城裡向當地最富有的一個商家乞討。這個富商有個獨生子，父親視之為命根。這兒子愛上了這女乞丐，在一再堅持下終於娶其為妻。

婚後兩年，女的已有孕，丈夫有事要到女孩哥哥開店的那個城去。臨走的時候，他請父母好好照顧他妻子，並且在他妻子生產後立刻通知他。他走後，女的產下一個男嬰，嬰兒有一雙金的前臂，身體兩側有星星為飾，前額有皎潔的明月，前胸有燦爛的太陽。祖父母見了大喜，立即寫了一封信，差一老人送去給他們的兒子。這時候，女的嫂嫂得知消息，力邀老信差到她家用餐休息，乘機改信，謊稱所生是一個半狗半熊的怪物，是林中野獸的後裔。丈夫見了信，不禁失聲痛哭，回信要求雙親不要驚嚇到孩子，一切等他回家再說。在信差的回程途中，嫂嫂故技重施，留信差吃飯和休息，乘機再更改信的內容，要雙親立刻逐出他的妻子。兩老接信後大惑不解，但仍依信中所說，把孩子繫縛在媳婦胸前，一起趕了出去。

女的在荒野裡走著走著，來到一個山谷，覺得很渴，看到一口井，想去喝，卻怕胸前的嬰孩掉落井中。後來她幻覺井水接近她了，便彎腰去喝，結果孩子真的掉入井裡。於是她急得哭了出來，繞井徬徨，無計可施。這時候忽然來了一個老人，問她為什麼哭。她把原因告訴了老人，老人就要她把孩子從井裡取出來。她說她不能，因為她兩隻手臂都斷掉了。但是老人告訴她，儘管伸出殘臂去取孩子，老天爺會幫忙的。果然，她忽然有了完整的雙手，彎腰從井裡取出了孩子。最後，女的來到了她哥哥和她丈夫所住的屋子⑰，乞求借住一宿。她丈夫對她哥哥說：「讓這乞婦進來吧！乞婦會講故事哩！」她嫂嫂則說：「我們沒有地方容納客人！」結果他們還是讓她進屋，她也應她丈夫的要求講故事。她講述了自己的遭遇和被誣害的經過，並依次指著他們三人說：「你就是我的丈夫！你就是我的哥哥！妳就是我的嫂嫂！」她的丈夫大吃一驚，急忙起來解開襁褓看孩子，這時整個房間突然亮了起來，證明她所說的一點也不假，嬰兒有著一雙金的前臂，身體兩側有星星，前額有月亮，前胸有太陽。於是夫妻終於團聚，她哥哥則氣得把她嫂嫂綑起來，用馬在田野裡把她拖死了。⑱

——中國民間文學學術研討會（高雄，一九九五年十二月十六～十七日）論文

---

⑰ 原來的故事作此敘述，並未說明為什麼女的丈夫會住到她哥哥的家裡去。

⑱ A. N. Afanasief, *Russian Folk Tales*, Translated by Norbert Guterman (N.Y., 1945), pp. 294ff.

遼寧省所見 AT 706 型故事分佈圖

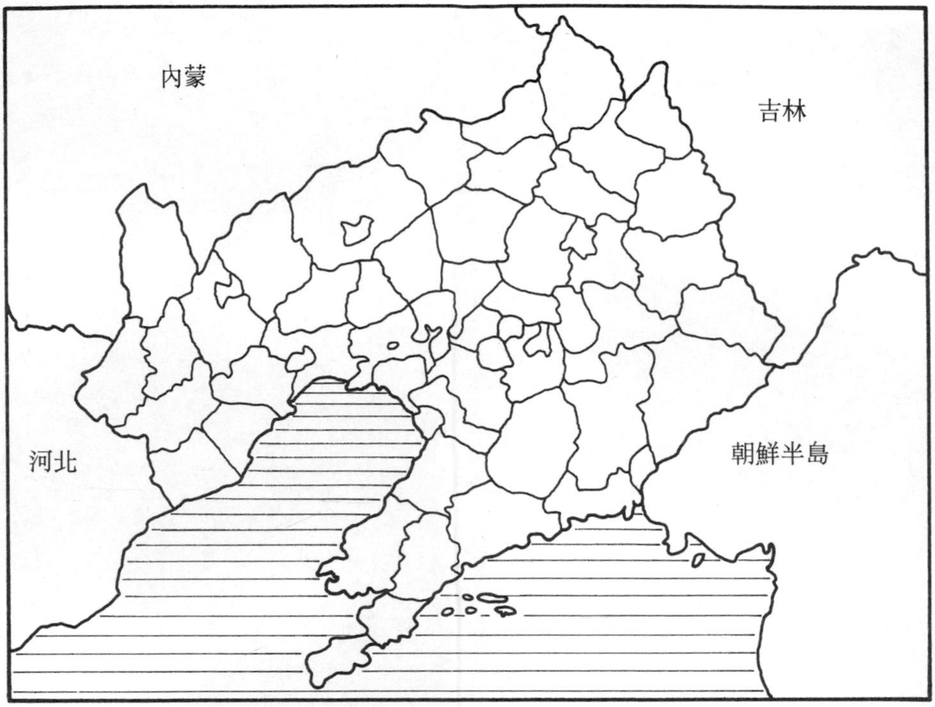

代號	1	2	3	4	5	6	7	8	9	10	11	12	13	14	15
縣市名	大連市	瓦房店市	營口縣	錦縣	遼陽縣	遼陽市	黑山縣	瀋陽市	本溪市	桓仁縣	撫順縣	撫順市	鐵嶺縣	開原縣	西豐縣
故事數量	2	2	1	1	1	1	1	6	2	1	1	2	1	1	2

人變山羊的故事及其他

一

民國五十五年（一九六六），德國人類學家施路德 (Dominik Schroder,1910–1974) 在我國臺灣省臺東縣的卑南族中作人類學調查時，採錄了一則「人變山羊」的故事，內容如下：

古代有兩個很要好的女孩。有一天，她們到山上的芋頭田裡去除草，因為天氣太熱，就到田邊邊靠山崖的一個樹蔭下休息。當她們納涼的時候，她們彼此說：「哎喲，這個地方多麼清涼啊。」「哎呀，這個地方這樣清涼，工作太熱了。我們做什麼才不會這樣辛苦呢？」「變成山羊是多麼好呀，我們可以常常在這麼清涼的地方休息。」說著她們就把除草工具放在頭上當作角，於是她們真的變成了山羊，她們除草的工具也就成了山羊的角。❶

❶ 講述人：法麗蓋，女，一八七七年生，巫，業農。

民國七十六年（一九八七）八月，筆者在臺東縣卑南族居住的賓朗村，也採錄到一則「人變山羊」的故事，內容如下：

從前，有兩個少女到芋頭田裡去除草，因為太陽晒得太熱，其中一人說：「朋友，我們到樹蔭下去納涼吧，天氣太熱了。」於是她們便到樹下去納涼，可是樹蔭是在山崖這邊的。其中一人就說：「朋友，我們把除草工具弄成兩半插在我們頭上吧。」因此她們就把各人的除草工具弄斷了插在自己頭上，結果工具變成了角，人也變成了山羊。❷

這兩則記錄，顯然是一個故事的兩種說法。在第一則記錄裡，女孩想變成山羊的原因是山羊可以常常在樹蔭下納涼休息，於是把除草工具放在頭上當作角，這是說著做著好玩的，可是弄假成真，真的變成了山羊。

在第二則記錄裡，講述人的詞句在下列這段敘述中並不連貫：

（兩名少女）到樹蔭下納涼，可是樹蔭是在山崖這邊的。其中一人就說：「朋友，我們把除草工具弄成兩半插在我們頭上吧。」

❷ 講述人：孫貴花，女，一九一二年生，巫，賓朗村村民代表，業農。

初看，「樹蔭是在山崖這邊的」這句話很突兀，文意未完，又和下文接不上，似乎是多餘的。但是在第一則記錄裡，兩個女孩也是「到田邊邊靠山崖的一個樹蔭下休息」的，而「山崖」一詞在故事裡也沒有特別意義，刪除了也無妨。如果事情真是這樣，那麼為什麼同一故事的兩種說法裡都會提到看起來似乎是多餘的「山崖」？是巧合？還是有關「山崖」的某些說明在輾轉敘述過程中失落了？

如果「山崖」是贅詞而把它從第一則記錄裡刪去，這樣做對故事毫無影響，那依然是一個樸素而看不出有什麼特別意義的故事，但是如果在第二則記錄裡把「可是樹蔭是在山崖這邊的」這句話刪去，表面上是消除了突兀的文句，但文意仍是不連貫的。兩名少女在樹下納涼，為什麼其中一人會突然說「我們把除草工具弄成兩半插在我們頭上吧」？

如果「山崖」是故事中原有的詞彙，而是在故事轉述過程中遺漏了有關說明，那麼在第一則記錄中也看不出任何可以追尋的線索。整個故事顯然已經很好地調整過了，祇留下「山崖」一詞的痕跡而已。但是在第二則記錄裡，卻是有蛛絲馬跡可尋的，因為前面所指文句文義不連貫處，可能就是由於「山崖」一詞之有關說明被遺漏所造成的。

細看這兩則記錄的文意，在第一則裡，兩名在山上芋頭田裡除草的女孩「到田邊邊靠山崖的一個樹蔭下休息」，這個「靠山崖的一個樹蔭」可以指兩種情形：一是那塊芋頭田在山崖頂上，那棵田邊的樹是下臨山崖的，所以它的樹蔭可以稱為「靠山崖的一個樹蔭」。一是那塊芋頭田是位於山崖下的，那棵田邊的樹是依傍著山崖或靠近山崖的，它的樹蔭也是「靠山崖的一個樹蔭」。由於下文接著說那兩個女孩已在樹蔭下納涼，並且還希望能夠「常常在這麼清涼的地方休息」，因此這個「靠山崖的一個樹蔭」究竟是那一種靠山崖的樹蔭並不重要。

在第二則記錄裡，兩名少女要去樹蔭下納涼，「可是樹蔭是在山崖這邊的」，這個「在山崖這邊的」樹蔭也有兩種情形：如果那棵樹長在山崖下，依傍著山崖或接近山崖，它的樹蔭「在山崖這邊」不會使納涼人無法納涼。如果那棵樹是在山崖頂上、下臨山谷的，那麼經由日光的斜照，樹蔭在山崖這邊，也就是樹蔭投向了山谷，則納涼人就無從納涼了。從說故事人的語氣看：「兩名少女到樹下去納涼，可是樹蔭是在山崖這邊的。」雖然接著文意中斷，但已可推知那棵樹是長在山崖頂上的，「樹蔭是在山崖這邊」就是樹蔭投向山谷，也就是兩名少女雖在樹下卻享受不到樹蔭的清涼。

再往下推繹：那兩名少女到了樹下，發現樹蔭因日光斜照而投向了山崖絕壁下的山谷，無處納涼，然後把工具插在頭上，則是取其像樹枝般可以稍遮日晒，是在失望中的聊勝於無之舉，那麼，失落了的有關「山崖」之說明，便是它使少女無法納涼而聊以除草工具遮日了。

二

關於人變動物或是人變植物的故事，筆者還在卑南族中採錄到另外二則，概要如下：

(一)少女變魚的故事

從前有兩個少女，一個叫「薩瑪多姑多姑」，一個叫「嘎里嘎里」，薩瑪多姑多姑是一個頭目的女兒，嘎里嘎里則是一個調皮而又瘋瘋顛顛的女孩。有一天，薩瑪多姑多姑的父母要到田裡去工作，囑咐薩瑪多姑多姑留在家裡看家，不要出門，也不要讓別人進來。可是薩瑪多姑多姑在父母走後，經不住嘎里嘎里的慫慂，便開門讓她進去聊天，又和她一同去湖裡洗澡。在湖邊，嘎里嘎里乘機換上薩瑪多姑多姑的漂亮衣服，並把薩瑪多姑多姑推向湖中深處，然後回去冒充薩瑪多姑多姑。薩瑪多姑多姑的父母發現女兒失蹤後十分著急，到處尋找，最後把項鍊上的珠子拋到地上，使其引路，找到湖邊，但這時薩瑪多姑多姑身上已開始長鱗，逐漸變成了一條魚。❸

(二)榕樹的由來

從前有兩個彼此很要好的少女，有一天，她們到田裡去除草，後來就去看她們的男朋友。回來的時候，她們經過一個小山谷，其中一人就在山谷的溪裡洗淨手腳，走上對岸。但是另外一個少女卻留在這邊遲遲不過去，任憑對岸的少女怎樣催促，她總是推說「等一等」。最後，過了溪流的這名少女看見她的朋友很快地變成了一棵榕樹，祇好獨自回去了。❹

將上述二則故事和「人變山羊」的故事並看，三者都沒有說明為什麼少女會變成動物或植物，因此故事性不高。嚴格地說，它們祇是說了一件事而已。但是這些樸素的故事能流傳迄今，是不是有其原因呢？

---

❸ 講述人：汪秋月，女，一九一五年生，住知本村，業農。

❹ 講述人：同❷。

三

筆者的卑南族民間故事採錄小組在臺東縣卑南鄉賓朗村進行採錄工作時，那裡的孫玉妹老太太曾回憶並感謝她父母給她的種種教導，她說：

當我們小時候，父母常說：「你們一定要聽話，否則老天爺會不高興。」並且還告訴我們一個故事：「古時候有一個漂亮的女孩，她懷孕時遇著了大洪水，大家都淹死了，祇有她抓著蘆因草❺得以活命。她為什麼能活下來呢？因為她是個聽話的乖女孩。人類就是靠她所生下的孩子才綿延不絕的。」我們父母常用這個故事提醒我們要聽話。我聽了這個故事後，也一直以那個女孩為榜樣，提示自己要聽父母的教導。❻

孫玉妹老太太提到的蘆因草故事，就情節而言，是一個十分簡略的洪水神話，不具任何教育意義。但是卑南族的父母對小孩講述時輕描淡寫地加了一點解釋——那個女孩所以能活命，因為她是聽話的乖孩子——使整個故事巧妙地支持了他們對孩子的教育。從孫玉妹老太太幼年時一直以故事中的女主角為榜樣看，經過那樣解釋的洪水神話是有很高教育效果的。

---

❺ 孫玉妹女士未稱此草為「蘆因」，此據同日同村胡哲蛾女士所述同一故事補入。「蘆因」為譯音，譯者不知其漢語名稱。

❻ 民國七十六年八月十八日採錄，講述人個人資料不詳。

如果原來沒有教育功能的故事可以輕輕點化為有效的兒童教材，那麼原來就具有教育目的的故事又怎樣呢？當具有教育目的的故事不是由父母講給孩子聽，沒有了父母的說明作註腳，甚至故事在流傳過程中又添加了其他情節，那麼它的教育目的還會那樣明顯嗎？答案就未必是肯定的了，前面所引的幾個故事正顯示了這種情形。

在「人變山羊」的故事裡，無論是第一則或第二則的記錄，都是在田裡除草的女孩嫌天氣太熱而停止工作去休息；在第二則中，更是為了涼快而破壞工具，結果都變成了山羊。故事很簡單，本質上是有告誡意義的，但是在敘述過程中並沒有明顯表達出它的教育目的。若是父母把這故事講給孩子聽，可能就會點明要旨——偷懶的孩子變成了山羊——而由除草工具到羊角的聯想，也有其啟發兒童想像力的作用，會讓孩子留有較深的印象。

在「人變魚」的故事裡，少女薩瑪多姑多姑的父母囑咐她留在家裡看家，也不要開門讓別人進來。但是她不僅讓嘎里嘎里進門，還和她一起去湖裡洗澡，結果衣服被騙走而在湖裡變成了一條魚。這是一個不聽話孩子的故事，但由於故事裡有頗長的嘎里嘎里「以計騙衣」和薩瑪多姑多姑母親「以珠引路」的情節，使薩瑪多姑多姑的「不聽話」和「變成魚」之間的因果關係不明顯了。

在「榕樹的由來」裡，除草的少女放下工作不做而去看男朋友，又遲遲留在山谷不回家，終於變成了一棵榕樹。由於故事裡的少女有兩名，她們同去看她們的男友，而祇是在歸途中逗留山谷遲遲不回家的那位少女變成榕樹，告誡的重點似乎祇是貪玩不回家，但也因此容易使讀者忽略了它所含有的教育意義。

綜觀這三個故事，主角都是女孩，所賦予她們的工作不外是清除田間雜草或看家，結果都因為偷懶貪玩不聽話而變成了動物或植物，其教育意義是無可置疑的。然而講故事的人若自覺不是在講給小孩聽，因而省略了故事內容以外的輔助說明，則教育意義就晦隱不顯了。這些故事都是十分簡單樸素的，如果不具任何意義或意義不明，則是很平淡乏味的，也是難以傳之久遠的。但是，當這些故事活躍在父母和幼年子女之間時，它們的教育功能必然有所發揮，那應當就是為什麼它們能歷經世代流傳迄今的原因吧。

（一九八七年十月二十三日）

——原載於《大陸雜誌》第七十八卷第五期

（本文所引各卑南族故事皆由臺東縣卑南鄉知本村天主堂神父曾建次先生（卑南族）口譯，錄音帶由筆者保存，各註語中不另作說明）

卑南族「啞女的故事」試探

一

臺灣臺東縣的卑南族有一則「啞女的故事」，錄自臺東縣知本村的汪秋月女士，由曾建次先生口譯，時在民國七十七年（一九八八）一月，概要如下：

從前，有一對夫婦生了一個女孩，因為貧窮，把她送給別村的一位婦人撫養。女孩很漂亮，長大以後，養母告訴她，不可開門進入中間的那個房間。有一天，養母因事外出，女孩忍不住好奇之心，把中間那個房間的門打開了。門被推開時發出了很大的聲音，女孩嚇了一跳，趕緊將它關上。這時候她的養母回來了，在屋外聽到聲音，進屋便問女孩，是不是打開過中間那房間的門？女孩不承認，養母很生氣，把她帶到野外，推進一個很大的樹洞裡作為懲罰，然後獨自回去了。女孩驚怕過度，從此說不出話來，成了啞巴。後來鄰村有一隊獵人經過，帶隊的頭目看見女孩十分漂亮，將她帶回結婚。婚後第一年，女孩生了一個兒子。這時養母尋來了，以手勢問她，是不是打開過那個房間的門，女孩仍不承認，養母就把她的兒子帶走作為處罰。第二年，女孩又生了一個兒子，養母再來問她有沒有打開過那個房間的門，女孩還是不承認，因此又帶走了她的兒子。第三年，同樣的事依舊發生了一遍。這時村人對女孩起了懷疑，為什麼她的孩子一生下來就不見了呢？她是不是一個妖怪把自己的孩子吃掉了？第四年，她又生了一個兒子，養母又來問她同樣的問題。這一次女孩終於承認了，而養母也原諒了她，把她帶回去，和她以前所生的三個兒子見面。❶

這個故事的主旨很明白，是教人不要說謊。情節平實，是任何地區都可能產生的。但是從故事類型看，它是流傳於歐洲的 AT 710 號型故事，名為「聖母瑪利亞的孩子」(Our Lady's Child)，大要如下：

一個女巫（或是聖母瑪利亞）撫養了一名女孩，告訴她屋中有一個房間是禁地，不可進入探察。女孩沒有遵從約束，偷偷進入了房間，但是不承認。因此，作為一種懲罰，她變成了啞巴。後來，國王在樹林中遇見了她，驚其美麗，便娶她為妻。然而，這位已成為王后的女孩，每生一個孩子都被女巫（或聖母瑪利亞）取走，以致大家懷疑她是個女妖，孩子是被她自己吃掉的，要把她燒死。這時她忽然恢復了說話能力，承認曾經進入過那間不許窺探的房間，於是她的養母便把她的

❶ 金榮華《臺東卑南族口傳文學選》（臺北，中國文化大學中國文學研究所，民國七十八年），第一六三～一六四頁。

孩子都還給了她。❷

上述兩個故事的情節，是全部相同的。即：

1. 女主角與其母親的關係——都是養母養女的關係。
2. 禁忌——都是屋中有一室為禁地，女兒不可窺視。
3. 女主角犯禁，但不承認而受到懲罰——都是成了啞巴。
4. 女主角的婚姻——都是被當地的領袖人物娶為妻子。
5. 對婚後女主角的繼續懲罰——都是連續取走她的新生嬰兒。
6. 結局——都是女主角被眾人懷疑為吃食自己孩子的妖魔，但終於因為認錯而得回孩子，也使眾人的懷疑冰釋。

從這些相同的情節和發展看，卑南族的啞女故事無疑就是歐洲「聖母瑪利亞的孩子」故事類型之一。它們不可能是異地各自獨立產生卻彼此不謀而合的故事，它們顯然是有關聯的。問題祇是那一邊才是故事的原產地。

二

從時間上看，卑南族的啞女故事是在民國七十七年（一九八八）才採錄到的，以前未見紀錄。「聖

❷ Stith Thompson. The Types of the Folktale (Helsinki, Academia Scientiarum Fennica, 1973), pp. 246–274。

母瑪利亞的孩子」則最早見於十六世紀上半期（約當明朝的正德嘉靖年間）意大利作家斯塔巴洛拉(Gianfrancesco Straparola, ca.1480–ca.1557)的著作；後來又見於十七世紀早期（約當明末）另一意大利作家巴錫勒(Giambattista Basile, ca.1575–1632)的作品❸。

從故事的流傳地區看，據阿爾奈(Antti Aarne)和湯普遜(Stith Thompson)的調查，「聖母瑪利亞的孩子」流傳在歐洲各國、北非、土耳其、美洲的法裔區和加勒比海地區❹。但是，卑南族的啞女故事在被聞知之前，這型的故事未見於亞洲地區❺。

綜合這兩種情形看，在十六世紀之前，無論是臺東卑南族的啞女故事西傳歐洲生根流傳，或是歐洲「聖母瑪利亞的孩子」東傳臺東卑南族，似乎都沒有這種可能。但是，文獻記載既已顯示「聖母瑪利亞的孩子」在十六世紀已經流傳於歐洲，流傳區域迄今又已十分廣大；而啞女故事不僅是近年才為人所知，流傳區域目前也僅限於卑南本族❻，則故事源頭應當是在歐洲，而且傳入卑南族的時間也應該不會太早。

---

❸ Straparola 所著 *Piacevali notti*, Basile 之著作 *Lo cunto de li cunti*。見 *New Encyclopaedia Britannica* (1992) 及 Stith Thompson, *The Folktale* (N.Y., 1946), pp. 122–123。

❹ 同❷。

❺ 筆者所檢資料為下列四書：⑴南亞地區（印度、錫蘭、巴基斯坦）：Stith Thompson and Warren E. Roberts, *Types of Indic Oral Tales* (Helsinki, 1960)。⑵中國各族：丁乃通《中國民間故事類型索引》（北京，一九八六）。⑶韓國：In-Hak Choi, *A Type Index of Korean Folktales* (Seoul, 1979)。⑷日本：Hiroko Ikeda, *A Type and Motif Index of Japanese Folk-Literature* (Helsinki, 1971)。

❻ 筆者在民國七十六年（一九八七）八月及七十七年（一九八八）元月，兩次組隊前往臺東縣採錄卑南族故事時，也因當

此外，故事之傳入卑南族，也是有具體的跡象可尋的。據筆者所知，啞女故事的敘述者汪秋月女士是一位天主教徒，她所居住的知本村有一所天主堂，現在主持這座天主堂的神父是卑南族的曾建次先生。筆者在民國七十六年（一九八七）和七十八年兩次組隊前往採錄卑南故事，都得到他的大力協助。但在曾神父之前，主持知本村天主堂的是歐洲神父，並且也有歐洲神父前往採訪卑南的民俗。例如，研究人類學的德國神父施路德 (Dominik Schroder, 1904–1974) 就曾在民國四十九至五十八年間（一九六〇～一九六九），四度去臺東收集卑南族的人類學資料，同時也採錄一些卑南族的故事❼，而採錄故事的人也常常會說些他所知道的故事。從這些線索看，卑南族的這則啞女故事，大概就是由前往臺東的歐洲天主教神父所帶去的吧。

三

在「聖母瑪利亞的孩子」裡，聖母、女巫、神力、巫術、火刑處死異端等，很能反映出歐洲中世紀時期的民俗信仰和天主教在當時的權威。故事到了臺東的卑南族，女主角的養母祇是一名普通的婦女，國王變成頭目，眾人雖然懷疑女主角是吃掉自己孩子的妖怪，但也沒有要把她火刑處死，歐洲中世紀的

地曾建次神父之助，往同縣魯凱族所居住之大南村採錄故事，未聞「啞女的故事」，也未有以連續取走新生嬰兒作為懲罰母親的情節單元。

❼ 施路德神父當時係以錄音機採取了數位卑南族老年人所說的故事帶回德國。後來曾建次神父去德國把那些錄音帶複製了一份帶回臺東；口譯後交由筆者整理，已收入《臺東卑南族口傳文學選》一書（參見❶）。

色彩完全洗除，成了一則卑南的故事。

還有，「聖母瑪利亞的孩子」是一則以超自然力量為骨幹的故事。女孩的撫養者是女巫或聖母，她犯禁窺視後不肯承認，因之受到喪失說話能力的懲罰。在有些說法中，女孩還可在喪失美麗或喪失說話能力兩種處罰中選其一，結果女孩寧可成為啞巴也要保持美麗❽。這種懲罰，無論是女巫使用巫術或聖母使用神力的結果，都是超自然力量的展示。後來女孩被人們懷疑是巫魔而處以火刑時，她突然恢復了說話能力，這是巫術或神力的解除，也是超自然力量的顯示。在「啞女的故事」中，養母在女主角犯了禁忌而又不承認後，把她推入野外的一個樹洞裡作為懲罰，女主角則因為驚怕過度而從此說不出話來，情節是很現實的人世了；最後也沒有說女主角恢復了說話能力，一切超自然力量都從故事中消失了。

現在，這樣一則卑南化了的歐洲中世紀時期故事，帶來的是故事分類上的問題。

依照目前各國民間文學工作者普遍使用的 AT (Aarne–Thompson) 分類法，民間故事被區分為五大類：

一、動物的故事

二、一般民間故事

三、笑話與逸事

四、程式故事 (Formula tales)

❽ 同❷，情節單元編號 J 213。

五、無法分類的故事

在第二大類「一般民間故事」中，又分「神奇故事」、「宗教故事」、「傳奇故事」和「笨魔故事」四類。「神奇故事」的編號從 300–749，其中又分七小類如下（括弧中的數字為其編號範圍）：

1. 具有超自然能力的對手 (300–399)
2. 具有超自然能力的親屬 (400–459)
3. 超自然能力的難題 (460–499)
4. 具有超自然能力的幫助者 (500–559)
5. 神奇的寶物 (560–649)
6. 神奇的法術 (650–699)
7. 其他超自然能力的故事 (700–749)

「聖母瑪利亞的孩子」是以超自然力量的情節推動故事發展的，阿爾奈 (Antti Aarne) 和湯普遜 (Stith Thompson) 把它歸屬於上述的第七小類，編號 710。現在的問題是，「啞女的故事」確實是屬於「聖母瑪利亞的孩子」這一類型的，事實上它也是這一型故事的一種異說。可是，它沒有了原故事中所有超自然能力的敘述，那麼它能歸為超自然能力的故事而編號 710 嗎？如果單獨就「啞女的故事」分類，則怎麼也不會分到 710 號去的。如果分到其他類別，那麼怎麼顯示它與原型的關係呢？或許它是應該在「傳奇故事」類的 970–999 號之間有一個號碼，然後與 710 號各有一個互見的指引吧。（一九九四年十月十六日）

——海峽兩岸「民間文學」與「通俗文學」研討會（臺北，一九九四年十一月二十一日）論文

卑南族學前教育中的口傳文學

金莉華 譯

卑南族是臺灣的一個少數民族，主要分佈在臺灣東南部的臺東縣。筆者於民國七十六年（一九八七）八月至民國七十七年一月，組成一個十人小組前往收集當地的口傳文學，在那裡的七個卑南族村落裡，訪談了三十餘人。本文即基於該次的實地訪談及收集的資料所作的探討❶。

卑南族的口傳文學具強烈的教育含義，可分三大類，分述如下：

㈠故事本身具直接教育目的。這些故事的內容常為不乖的小孩被轉變成動物或樹木以為懲罰，一般均極簡短❷。說謊的少女婚後嬰兒被奪走為另一種懲罰的方式❸。

㈡故事本身不具教育含義，道德教誨由口述者添增。以洪水的故事 (Motif: A1020) 為例，故事敘述古代有一場大洪水，唯一的生還者是個小女孩。父母親傳述這個故事在結尾時說，這個小女孩所以沒有

❶ 該次採錄係行政院國家科學發展委員會所贊助之研究計劃的一部分。
❷ 金榮華〈人變山羊的故事及其他〉，在《大陸雜誌》第七八卷第五期（臺北，一九八九年五月），第一三～一五頁。
❸ 汪秋月女士講述〈啞女的故事〉，在金榮華整理之《臺東卑南族口傳文學選》（臺北，中國文化大學中國文學研究所，一九八九），第一六三～一六四頁。

被淹死是因為她乖，聽父母的話❹。「姐妹鳥」是這類故事的另一個例子：兩姐妹，有時是兩兄弟，因為母親沒有好好照顧他們所以逃家，最後將自己變成鳥（AT 720*）。講完這個故事後，父母親通常會警告自己的孩子，如果他們在該上床睡覺的時候不睡，這些鳥會來啄他們的眼睛❺。

㈢在其他民族中本不具教育含義的故事，在卑南族中發展為具有明顯的教育含義。這類型的故事，通常在結尾時被刻意增加了對話或情節，例如「虎（熊）姑婆」是一則在中國極流行的童話故事。故事敘述媽媽出門時，吩咐女兒和兒子好好看家，有陌生人來時不可隨便開門。有一隻熊，假裝是孩子們的祖母前來敲門，孩子們把門打開，熊一進門就把女孩吃了，男孩則機靈地逃過一劫（AT 333C）❻。這故事的主題本是描述男孩的機智，但卑南族的說法，則將男孩沒有聽從母親出門前的吩咐列為故事的重點。因此卑南族的說法在這故事的結尾增添了一段母親的話，她說：「你看，我告訴你我不在時，不可讓任何人進屋子，但是你不聽話，結果你的妹妹被熊吃了，你自己也差一點被吃掉，以後你一定要非常非常小心。」❼「孩子和妖怪」（AT 327）是另外一個例子：兄弟兩人被貧窮的雙親遺棄在樹林裡，他們走到妖怪家過夜，因為和妖怪的孩子們交換棉被而保存了性命。一般的說法均在兄弟兩人成功地逃離魔掌後結束，但卑南族的說法則增添了兄弟兩人日後成為巨富和衣錦還鄉孝順父母的情節❽。

---

❹ 一九八七年八月十八日孫玉妹於賓朗村講述。

❺ 同❸，第一一七～一二一頁。這是卑南族流傳最廣的故事之一，AT 類型編號依丁乃通博士所建議。

❻ Nai-Tung Ting, *A Type Index of Chinese Folktales*. Helsinki, Academia Scientiarum Fenniarum, 1978.

❼ 同❸，第九一～九四頁。

《金德順故事集》補註

金德順是我國朝鮮族民間故事講述家。《金德順故事集》是她所講的民間故事專集，一九八三年由上海文藝出版社出版。

金德順在一九〇〇年出生於韓國的慶尚北道，家境貧困，十三歲時當童養媳，三十歲時全家逃荒到我國，起初在吉林省長白縣的四道溝落腳，後來輾轉遷移到黑龍江省的五常縣。她所說的民間故事，主要是她幼年時聽老輩人講的。五十歲以後，她又學習韓文，閱讀了一些韓文寫的韓國民間故事❶。所以，她講的民間故事也就是韓國的民間故事。那些故事經由金德順講述以後，確實是既具有文學的價值，也是有用的研究資料，整理者裴永鎮先生功不可沒。

由於金德順所說故事裡的韓國背景，對大多數中國讀者而言是陌生的，所以有些故事便有若干註語或附記稍作說明。茲就個人所知，也提一些說明，聊為補充：

一、第二篇〈牧童和仙女〉——故事的主角是一名牧童，故事開頭說他「靠給富人兩班家放牧為生」。

❶ 裴永鎮〈金德順和她所講的故事〉，在《金德順故事集》，第三～四頁。

關於「兩班」，註語說：「兩班，即官府裡的文武兩班官員，在舊社會朝鮮族分兩班和賤民兩個階層，兩班泛指封建貴族階層。」（原書第二四頁）

案：韓國在朝鮮王朝（一三九二～一九一〇）時社會分四個階層，不是兩個階層。最高的是官員兼大地主階級，俗稱「兩班」，是朝廷文武兩班官員的合稱。後來兩班階級也有在經濟上沒落的，但是他們在政治上始終享有特權，祇有他們才能應考作官。其次是「中人」，他們是政府中負責事務性和技術性工作的胥吏。再其次是「常民」，即從事農、工、漁、商等業的平民。最低的是「賤人」，驛卒和公私奴婢等都屬於這個階層。這些社會階層到一八九四年才廢止，在韓國歷史上稱為「甲午更張」，同時改革政制，正式採用韓文字母，並開始接受西方文化。

二、第十一篇〈小伙子和仨姑娘〉——故事最後說，主角小伙子去應試中了頭名狀元，皇帝封他為暗行御史，很多人家為了想把女兒嫁給暗行御史，所以在暗行御史出巡的時候，有美女的人家都讓自己的女兒牽著匹好馬，站在自家門口，聽憑暗行御史挑選。還說暗行御史出巡的時候是坐著大轎，帶領數千人馬，浩浩蕩蕩地從王宮出來。（原書第八六頁）

案：關於「暗行御史」的這些敘述，純然是說故事人的想像，不是暗行御史出巡的實況，作為民間故事的情節固然不妨，但因為涉及舊制而並不符合，宜有註語或在文後稍作說明。「暗行」兩字是「暗中巡行」的意思，「暗行御史」是朝鮮王朝時國王的直屬秘密調查員，任命是秘密的，受命者接受任命後要立即前往指定的調查地區，甚至不可回家逗留，以免洩漏消息。這種派遣是經常性的，並不是有了特殊情況才派人前往察看。由於微服巡查是一件很辛苦的工作，受命者又必須是地方官員所不熟悉的人，所以原則上是指派不受眾人注意而為國王信任的年輕朝官擔任❷。

三、第十二篇〈圍圍巾的故事〉——故事的大意是：老丈人同姑爺兩人出外幫工掙錢，歸途中，老丈人貪圖姑爺的錢財，起了壞心眼，在姑爺脖子上砍了一刀，把姑爺害了。但是姑爺沒有死，並且還得了一筆意外之財回家。姑爺回家的第二天，正好是老丈人的六十歲生日，於是他就在脖子上圍了一塊白布去拜壽。在壽筵上，他把自己出外幫工、遇害，以及怎麼得了意外之財的經過，都用「潘唆里」唱了出來。使親友們對老丈人大為不齒，但後來姑爺仍寬恕了老丈人。關於「潘唆里」，註語的解釋是「酒席間即興演唱的一種傳統歌謠」。（原書第九一頁）

案：韓國的「潘唆里」可意譯為「鼓子詞」，是一種講唱藝術，有點像我國的鼓書。依照一般的說法，「潘唆里」始於十七世紀，演出者以唱為主，以講為輔，唱講一個故事。演出時唱者持一摺扇，這是唯一的道具，另有一位助手在旁擊鼓為節。因為道具簡單，所以表現的場地不受限制。這個故事裡的姑爺在酒席上用「潘唆里」唱出他的遭遇，是他借用了「潘唆里」的唱腔，並非「潘唆里」是酒席間即興演唱的一種傳統歌謠。

四、第三十一篇〈長工娶媳婦〉——講一位年輕寡婦不願被人強娶，請一個小伙子男扮女裝，代她出嫁。小伙子答應了，就換了年輕寡婦的衣裙，「把頭辮兒一挽，往炕上一躺」，等花轎來抬。關於「頭辮兒」，註語的說明是「舊時朝鮮族的男人也留辮子」。（原書第二一六頁）

案：韓國朝鮮王朝時男人的髮式和漢族古制相同，幼年時將頭髮在頭頂紮兩個總角，成年後就把頭

❷ Chon Pong-Dok, "The system of royal inspectors", *Legal System of Korea* (Seoul, 1982), pp. 117–142.

髮在頂上挽成髻，在既非幼童又未到挽髻之年的這段期間，往往就把頭髮在腦後編成一辮，這和我國在清朝時遵用滿族髮式薙前頂留後辮是不一樣的。

五、第六十六篇〈兔子和烏龜〉——說海龍王生了病，要兔子的肝作藥，於是烏龜便上岸去把兔子騙進龍宮。兔子明白真相後，便誘稱來之前將肝留在陸上，願意回去取來，因此逃出險地。文後的「整理附記」說，這故事最遲在十六世紀前就已經流傳。（原書第三九七頁）

案：這一型的故事(AT 91)可以上溯到印度的《五卷書》和佛典的《六度集經》、《生經》、《佛本行集經》等❸。在韓國，最早的記錄見於金富軾（一〇七五～一一五二）《三國史記・卷四一・金庾信傳》，是高句麗大臣先道解向新羅太子春秋所說的故事。那時春秋在高句麗作客而被高句麗王羈留，求計於先道解，先道解用這個故事暗示他脫身歸國的方法。春秋回新羅後繼位為太宗大王，得唐高宗之助，滅掉了當時朝鮮半島上三國之一的百濟，時在唐高宗顯慶六年，公元六六〇年。因此，如果這是高句麗當時的民間故事，先道解祇是適時引用，則最遲在第七世紀就已經流行了。如果這是先道解引自書籍或自己創造的故事，那麼新羅的太宗大王即位後國勢日盛，滅掉了百濟，他的兒子文武大王又在唐高宗總章二年（六六八）滅亡高句麗，統一了朝鮮半島，關於太宗大王這樣有名的傳說，大概第七世紀時在朝鮮半島上也已流行很廣了。（一九八六年三月二十二日，時客漢城）

——原載於《大陸雜誌》第七十六卷第六期

❸ 參見周一良〈論佛典翻譯文學〉，在《魏晉南北朝史論集》（臺北影印本），第三一七頁。

陝北民畫「二郎擔山趕太陽」跋

「二郎擔山趕太陽」圖是陝西省黃陵縣農婦裴潔在六十七歲時所作。全圖以黑色為底，中央畫主角二郎以扁擔兩頭各挑一山，雙腳分立於展翅而行之二雞背上作小跑前進狀，後側隨一小鹿。二郎白面三眼，第三眼豎立於兩眉之間；身著鎖子甲，橙色鑲藍；右手扶扁擔挑於右肩，左手持長柄三尖大刀扛於左肩，刀鍔有長穗飄舞，二郎左側路邊有多種花卉；右前方有雙頭大公雞一隻及向日葵一株，雙頭公雞身向二郎而立，一頭引頸前視，一頭轉頸回顧，似乎有所尋索。二郎右後側有折枝狀花卉一枝。天際有飛鳥二。

案：「二郎擔山趕太陽」是一則流傳地區很廣

的漢族民間故事，大意說古時候天上有九個太陽在天空輪流照射，大地上一直是白天，沒有黑夜；人們整天做工，不能休息，也熱得透不過氣來。於是二郎決定去捉太陽。二郎身高力大，行動迅捷，很快就捉住了一個太陽。可是，他捉住了太陽卻沒處放，所以當他去捉第二個太陽時，第一個就溜走了；去捉第三個時，第二個也跑掉了。後來二郎想出一個辦法，他挑了兩座山去追太陽，每捉住一個就將它壓在山底下。這樣一連抓住了八個，最後剩下的一個見此情形，嚇得躲在路旁的植物下面不敢出來。這時人們便為它向二郎求情，它也答應每天按時在早上從東方出來，晚上由西邊回去，讓人們能在白天工作，晚上休息，因此二郎就放過了它❶。

這幅畫所表現的，是這個故事裡二郎已將八個太陽捉住壓在山底下了，剩下的一個正躲藏在路旁的植物下，所以天空一片黑色，職司報曉的大公雞則在前瞻後顧地找那個躲起來的太陽，而那枝向日葵似乎對太陽躲藏的地點作出了暗示。畫者裴潔很準確地掌握了故事的高潮所在，作出了適當的表達。全圖的結構繁而勻諧，因此不顯得雜亂瑣碎；色彩華而不豔，能在穩重中顯出喜氣，有著一股令人感到親切的鄉土趣味。

像大多數往日在農村裡長大的中國婦女一樣，裴老太太也善於刺繡。實際上，她作畫的技巧也來自刺繡的基礎，圖中的折枝花卉就顯示了這種關係，它使整個畫面有著「繡」的感覺。此外，裴氏又擅長剪紙，她的這項技藝也對她的畫風有所影響，圖中那隻奔跑的小鹿，就是她用剪

❶ 中國民間文藝研究會河南分會編《河南民間故事集》（北京，中國民間文藝出版社，一九八五），第一六～一七頁。賈芝編《二郎捉太陽》（北京，人民文學出版社，一九五九），第三〇～三二頁。

刀剪出的模式。

圖中二郎所擔的兩座山，在造形和表現層次的方法上則可上溯唐宋，敦煌壁畫裡唐宋兩代民間畫工所畫的叢山峻嶺是與此相同的❷，可見民間畫藝自有其一脈傳承之道存在。

關於「二郎」一詞，原來祇是對兄弟間排行第二的一個泛稱，我國神話傳說中以此泛稱替代本名的神或人，可考者有四：

一是戰國時期秦國李冰的第二個兒子。李冰在秦昭王時擔任蜀郡太守，在任時開鑿灕堆，分岷江為二，修築都江堰（在今四川灌縣），既平水患，又興水利❸，居民至今猶蒙其利。民間相傳李冰的次子隨冰抵蜀，助築都江堰有功，因此在灌江口堰旁立廟奉祀李冰外，也奉祀其次子，以示崇德感懷之意。傳說中的這位李家二郎本事高強，殺蛟治水，極有神通❹，於是又被稱為「灌口二郎」或「灌口二郎神」。不過，作為歷史真實人物的李冰，是否真有這麼一個兒子則頗為可疑，因為在較早的傳說裡，是李冰自己化身為牛下水去鬥江神的，並且說他有女兒，但未說他是否有兒子❺。一直到了宋朝，才有「李冰父

❷ 見敦煌千佛洞第一〇三號石窟中《法華經・幻城喻品》壁畫（唐）及第六十一號石窟中「五台山圖」壁畫（宋）。

❸ 《史記・卷二九・河渠書》，《漢書・卷二九・溝洫志》。

❹ 清・劉沅〈李公父子治水記〉，在《增修灌縣志・卷一三》（臺北，臺灣學生書局影印清光緒十二年刊本，民國五十六年）。

❺ 《太平御覽・卷八八二》引漢・應劭《風俗通》：「秦昭王伐蜀，令李冰為守，江水有神，歲取童女二人為婦，主者自出錢百萬以行娉。冰曰：不須。我自有女。到時裝飾其女，當以沈江。冰徑上神坐，舉酒酹曰：今得傳九族，江君大神，

子」之說，還稱李冰之子為「二郎」❻。所以也有人認為「二郎」一詞最初可能是人們對李冰的暱稱，因為《蘄州志》裡說李冰是「高濟王」的次子，後人則誤以「二郎」為李冰的次子❼。可是《蘄州志》裡的說法不知何所據，似乎也祇是想當然之辭。

二是晉朝的鄧遐。鄧遐是晉朝的名將，《晉書・卷八一》有傳。在民間傳說裡，鄧遐在擔任襄陽（今湖北襄陽）太守時，當地有蛟為患，他仗劍入水，將其斬殺，為民除害。民眾感念鄧遐的恩德，為他立廟祭祀，甚至一度在浙江杭州也建了他的廟。又因為他曾為二郎將，所以尊稱他為二郎神❽。但是這個傳說並不周延：第一，關於官職，晉朝沒有「二郎將」這個職稱，中國歷代官制也都沒有這個職稱，所

當見尊顏，相為進酒。冰先投杯，但澹淡不耗，厲聲曰：江君相輕，當相伐耳。拔劍，忽然不見。良久，有蒼牛鬥於岸。有頃，冰還，謂官屬，令相助，曰：南向，腰中正白，是我綬也。還，復鬥。主簿刺殺其北面者。江神死，後無復患。」

❻ 宋・朱熹《朱子語類・卷三・鬼神》：「蜀中灌口二郎廟，當初是李冰因開灕堆有功立廟，今來現許多靈怪，乃是他第二個兒子出來。初間封為王，後來徽宗好道，謂他是什麼真君，遂改封為真君。向張魏公用兵，禱於其廟，夜夢神語云：我向來封為王，有血食之奉，故威福用得行。今號為真君，雖尊，乃祭我以素食，無血食之養，故無威福之靈。今須復封我為王，當有威靈。魏公遂乞復其封。不知魏公是有此夢，還是一時用兵，托為此說。今逐年人戶賽祭，殺數萬來頭羊，廟前積骨如山，州府亦得此一項稅錢利路。」

❼ 蕭兵〈二郎神故事的原始與嬗襲〉，在袁珂編《中國神話》第一集（北京，中國民間文藝出版社，一九八七），第一五一頁。

❽ 《古今圖書集成・職方典・卷九四七・杭州府部》。

以他被稱為二郎神的原因決非因為他曾為二郎將的緣故。第二，鄧遐是鄧嶽的長子，《晉書》上說得很明白，此外並無叔伯兄弟的記載。依《晉書》所述，論排行，鄧遐也沒有稱「二郎將」的依據。大概鄧遐的「二郎神」之名是宋以後才有的，他之所以得此稱號，可能是由於李冰次子有殺蛟治水之傳說而宋時民間奉之為神稱「二郎神」❾，習焉不察，以「二郎神」為殺蛟治水者之尊號，鄧遐因故事相類，就也被稱為二郎神了。

三是隋朝的趙昱。趙昱在隋煬帝大業十二年（六一六）時擔任眉山郡（今四川樂山）太守❿，相傳他在任上也曾入水殺蛟，為民除害。隋末大亂，趙昱棄官隱居，鄉人思念，為他在灌江口立廟⓫，民間也稱他為「灌口二郎神」。至於為什麼民間也稱趙昱為「灌口二郎神」呢？有人解釋是因為趙昱的相貌和李冰次子的塑像相似，民間宣傳他是李二郎再世，因此就也稱他為「灌口二郎神」了⓬。

若就「擔山趕太陽」一事而言，在較早的民間傳說裡，擔山的二郎是趙昱，和前述兩位李二郎及鄧二郎無關，出處見於元末明初無名氏雜劇《二郎神酹射鎖魔鏡》。這劇的主角二郎即是趙昱，他在戲裡自報家門道：

❾ 參見❻。
❿ 《樂山縣志・卷一・編事紀年表》（臺北，臺灣學生書局影印民國二十三年鉛印本，民國五十六年）。
⓫ 宋・王銍（原作柳宗元）〈龍城錄〉（《歷代小史・卷二一》「趙昱斬蛟」條）。
⓬ 清・陳懷仁《趙昱傳》（轉引自〈二郎神故事的原始與嬗襲〉，詳見❼）。

喜來折草量天地，
怒後擔山趕太陽。
我是那五十四州都土地，
三千里外總城隍。

後來他奉命去捉回因他誤射鎖魔鏡而逃脫的「金睛百眼鬼」和「九首牛魔王」，點領部將出發之際，還說：「這一去，勝如擔山趕太陽。」⓭所謂「擔山趕太陽」，內容當是前引的那則故事無疑，祇是另一個故事「折草量天」的內容似已失傳了。

四是楊戩。楊戩有二，一是宋徽宗時太監，以善測主意得寵，曾任彰化軍節度使，歷官至太傅，為政以苛征租賦為務，《宋史．卷四六八》有傳，俗傳其能變為大蝦蟆⓮。另一楊戩是民間故事中創造的英雄人物，民間故事中之楊戩被寫入小說，最早見於明人的《封神演義》，小說中說他是玉鼎真人的門人，道號「清源妙道真君」（第四十回），奉師父之命助姜子牙興周滅殷，降服梅山七怪（第九十二回），立下大功，但書中不曾說他是「灌口二郎」。又，明人吳承恩《西遊記》中有「楊二郎」，是玉皇大帝之妹與世人楊某所生，曾因母親被壓在桃山之下而劈山救母，後來率領梅山諸兄弟住在灌洲灌江口，道號「顯

⓭ 見《全元雜劇三編》（臺北，世界書局，民國五十二年），第五冊。

⓮ 宋．陸游《老學庵筆記．卷一〇》：「一日，戩獨寢堂中，有盜入其室，忽見堂上乃一蝦蟆，大可一床，兩目如金，光彩射人，盜為之驚仆，而蝦蟆復變為人，乃戩也。」（《學津討源》本）

聖二郎真君」(第六回),然而書中不曾說楊二郎就是楊戩。直到清末(十九世紀中葉),在民間的〈沈香救母雌雄劍〉、〈二郎劈山救母〉等說唱鼓詞裡,才將兩者合一,明言楊戩是「灌口二郎神」,楊二郎就是楊戩⓯。

把楊二郎和「擔山趕日」聯在一起,也始見於清末的太平歌詞「二郎劈山救母」。詞云:

二郎爺來本姓楊,
身穿道袍鵝蛋黃。
手使金弓銀彈子,
梧桐樹上打鳳凰。
打了一隻不成對,
要打兩隻配成雙。
有心打他三五個,
怕悞擔山趕太陽。
十三個太陽壓十二,
留下一個照下方。⓰

⓯ 杜穎陶編《董永沈香合集》(上海,上海出版公司,一九五五),第二九五~三五〇頁。

⓰ 同⓯,第三四七頁。

將「擔山趕日」的主角說成楊戩楊二郎，在時間上是比趙昱趙二郎晚，但情形顯然是後來居上，楊二郎擔山趕太陽後，趙二郎便不再出現。案：「擔山趕日」神話故事所呈現的形象思維，有著一股原始的粗樸宏曠之氣，不是心思日巧以後的人們所能創造的，它應當是與「夸父追日」、「后羿射日」等同樣源自上古的一則神話，擔山的主角在起初可能並沒有名字，由於主角並未特定是何人，又未經書冊記錄，一直祇在民間口頭流傳，所以，情節為後世故事借用以表現某一特定人物的神勇時，在不同的故事裡便有了不同的主角。即使當初的擔山主角原有本名，後來張冠李戴，換成了別人，那也是口傳文學中常見的現象。但是自從明人小說和清人說唱流行以來，從其中敘述的二郎擔山故事看，二郎神之姓楊，於民間似乎已形成共識。

此外，上述四位「二郎」中，成為「擔山趕太陽」主角的祇是趙昱趙二郎和楊戩楊二郎兩位。關於這兩位二郎的容貌和裝束，在元明雜劇和明人小說裡，對趙二郎都沒有特別描寫，對楊二郎則稍有所述，但也祇說他儀容清俊不俗而已，並未說他有三隻眼等異常之處；裝束則頗不一致。《封神演義》中楊戩初出場時，身份是道人，寫他的裝束是「戴扇雲冠，穿水合服，腰繫絲縧，腳登麻鞋」（第四十回），後來出陣與聞太師交戰，才說了一句「聞太師見楊戩相貌非俗」（第四十二回）。吳承恩《西遊記》在楊二郎初出場時有兩句話寫他的容貌：「儀容清俊貌堂堂，兩耳垂肩目有光」（第六回），也祇是說他耳垂特長和眼睛有精神而已。其餘寫他裝束的幾句是：「頭戴三山飛鳳帽，身穿一身淡鵝黃。縷金靴襯盤龍袜，玉帶團花八寶妝。腰挎彈弓新月樣，手執三尖兩刃鎗。」乃是一付神將打扮。

到了清末的說唱鼓詞，吳承恩《西遊記》裡所說的楊二郎相貌特徵「雙耳垂肩」消失了，代之而起的是說楊二郎有三隻眼睛，袍服也換成了鎖子甲。《沈香救母雌雄劍》第四卷中對楊二郎的描寫如下：

一支神兵如飛至，
牽著狗來駕著鷹。
當前顯出一神將，
威風殺氣不同尋。
頭戴一頂三山帽，
身披鎖子甲黃金。
白面微鬚三隻眼，
英名萬古令人欽。
眾神看罷楊小聖，
認得是臨江灌口二郎神。⑰

楊二郎的裝束和相貌特徵，至此大致已在一般人心目中確定，裴潔這幅畫中的二郎，白面三眼，身著鎖子甲，正是一個印證。

⑰ 同⑮，第三四一頁。

一九九〇年七月二十七日遊延安，於民眾教育館參觀裴氏剪紙及繪畫，得見此圖，歸而作跋如上。

（一九九一年元旦）

——原載於《華岡文科學報》第十八期

文革前後中國大陸民間故事的採集和整理

一

本文所謂的「文革前後」，在時間上，指一九四九年到現在一九八五年底之間的三十六年，而以一九六六至一九七六年的「文化大革命」為分界線。在文革的十一年中，中國大陸上的民間故事採集工作是完全停頓的[1]。

二

在文革以前，毛澤東那篇〈在延安文藝座談會上的講話〉（一九四二），對中國大陸上的民間故事研究有很大影響。那篇「講話」的主旨，是要求文藝工作人員站在工農兵的立場，寫工農兵，為工農兵服務。它一直是中共文藝政策的基本綱領。

[1] 鍾敬文編《民間文學概論》（上海，上海文藝出版社，一九八〇）。

一九四九年以後，「中國作家協會」和「中國民間文藝研究會」，為了讓文藝工作人員體會工農兵的感情，站穩工農兵的立場，寫出新人新事，曾經把文藝工作人員下放各地工農兵的基本單位，要求他們和工農兵同吃同住同勞動一段時期，藉以體驗工農兵的實際生活。但是當時中國大陸的農村，有許多在生活條件上很困難，而那時的文藝工作人員大多數出身於城市，在生活習慣上不容易適應農村的艱苦，在體力勞動上也無法達到農村的要求，因此，下放人員病倒的很多。

其實，下放的文藝工作人員即使不病倒，以一個在都市裡長大的知識份子下鄉從事農村勞動，成績也是不足道的。所以，後來有些農村寧可不讓下放的文藝工作人員參加勞動，以免工作時礙手礙腳，病倒了還要分出人手去照顧，反而影響了原有的勞動力。於是，文藝工作人員在農村的主要工作似乎依舊是拿筆桿，而由於他們的筆錄所見所聞，各地的民間故事就大量地被發掘出來了❷。

三

文革以前，中國大陸的民間故事研究，主要成績是記錄了大量材料，但是那些材料並未完全公開發表。從文革以後公佈的資料看，當年發表的故事在比例上衹是小部分，還有一部分則印成了「參考資料」，衹供有關單位的內部人員閱讀。以比較極端的朝鮮族民間故事為例：文革以前總共收集了一千五百多個

---

❷《彝族民間故事選》（上海，上海文藝出版社，一九八一），編者李德君在此書〈前言〉中的幾句話，反映出一些當時收集民間故事的情況：「其中有一部分（故事），除了在書刊上讀過多次外，還在同彝族群眾或者一道荷鋤走在山間小道上，或者圍坐在火塘旁邊，或者在散發著濃郁芳香的松明燈下，一次又一次聽彝族故事家們娓娓動聽地講述。」

故事，完全沒有公開發表，曾經選了一部分印成兩冊《民間文學資料集》，作為內部的參考資料，可是所有的材料在文革期間都遺失了❸。

問題是，為什麼收集了大量的材料而不全部公開發表，有些還要先印成「參考資料」？可能這是因為要逐篇考慮其是否合乎當時的政治要求，或者考慮其對當時的政策是否會產生不良影響——至少是不能帶有封建迷信的色彩，也不能從非無產階級立場看問題。但是這種顧慮不是某一個人所能或所願匆促負責做決定的，所以一部分印成了「參考資料」，讓有關的工作人員大家提意見，於是公開發表的材料在比例上便不多而又速度緩慢了。

此外，在每篇公開發表的故事後面，除了講述者和記錄者的名字，還常常有一位「整理者」。曾經有人懷疑，所謂「整理者」的工作，是否把故事內容依照政治要求「整理」一番。但是據「中國民間文藝研究會」主要工作人員的口頭答覆，「整理者」祇修飾文字，並不增刪內容。

姑且不論當初是否逐篇考慮過政治因素，也不論整理者是否修改故事內容，文革以前出版的民間故事，在類型方面總是比較固定在反封建、反帝國主義、反地主和突出無產階級的形象上❹，顯示那時候是有著大家共同遵奉的一些選編原則的。

---

❸ 延邊民間文學研究會編《朝鮮族民間故事選》（上海，上海文藝出版社，一九八二）編後記。

❹ 文革前出版的民間故事，迄今尚無完整的目錄。比較詳細的見丁乃通先生所編《中國民間故事類型索引》書末所附的依據書目 (Nai-Tung Ting, *A Type Index of Chinese Folktales.* (Helsinki, Academia Scientiarum Fennica, 1978)。

四

文革期間的混亂，毀掉了大量已經記錄的民間故事，在文革後出版的民間故事集裡，編者常常會在「前言」或「編後」中提到這一點❺。因此，負責推動民間文學採集的「中國民間文藝研究會」，在文革以後，一面極力鼓勵培養新人，繼續採集故事，一面也鼓勵把劫餘的材料和新搜得的材料，儘快整理發表。所以，現在幾乎每個小縣都出版了自己的民間故事選集或民間文學雜誌❻，即使人口祇有一萬多的京族（主要聚居在南海的三個小島上），也在一九八四年出版了一冊《京族民間故事選》❼。

至於材料的忠實性，據說很高，因為現在已經沒有文革以前那種隨便改動的作風，政府也不干涉云云❽。這情形可以分兩方面看：

1. 現在沒有文革前那種隨便改動的作風，政府也不干涉，則可見在文革以前是改動的，政府是干涉的。改動的目的當然不外乎配合政府的政策，否則政府不必干涉。那麼，文革以前民間故事的「整理者」，是否一如所說的祇修飾文字而不增刪內容呢？

2. 現在沒有文革前隨便改動的作風，政府也不干涉，這可以在民間故事的題材和類型比文革前豐富

❺ 同❶❷。又，李纘緒《白族文學史略》（中國民間文藝出版社，一九八四），第一頁。
❻ 應「中國民間文藝研究會」之邀前往講學的丁乃通教授一九八五年九月給筆者之信函。
❼ 蘇潤光等編《京族民間故事選》（北京，中國民間文學出版社，一九八四）。
❽ 同❻。

得到印證❾，但是以往的影響不能說沒有。對於稍具封建迷信色彩的，有時仍可看出一些「整理」或「加工」的痕跡。例如：熱河民間故事〈乾隆算卦封「鐵嘴」〉的大意是，乾隆皇帝有一次微服出遊，找一個卜卦測字的人測字。他寫了一個「問」字，測字的人一見，便算出來測字的人是皇帝，因為「問」字「左看是『君』，右看也是『君』」。這是一則流傳很廣的民間故事，主角不一定是乾隆皇帝（在韓國，筆者曾聽過這個故事，主角是朝鮮王朝的建立者李成桂），原意祇是在妙解「問」字。但是，測字靈驗是具有迷信色彩的，所以在結尾便加了一條說明：「其實，乾隆到處題詩寫字，這個算卦的老頭兒，早已把他的字跡揣摸透了。」❿

又如河南百泉的民間故事〈邵雍拜師〉，大意是：宋代的邵雍擅長易卦，有三個人約好了，都說夜間夢見一雙筷子，分別去找邵雍算卦。邵雍對他們三人分別說了三個不同的結果：第一人是將有人請他喝酒吃飯，第二人是將遭水災，第三人則是會被罰站木籠。最後都應驗了。於是三人去問原因，為什麼對相同的夢有不同的預測。就常理而言，邵雍的解釋乃是這個故事的精華所在，但是在《百泉的傳說》中，邵雍沒有解釋，認為那「無非是一種巧合罷了，並無什麼奧妙」。而那三人聽了，也祇是哈哈大笑而已⓫。顯然，搜集整理這個故事的人是認為它有宣傳迷信的不良影響而有所刪改了。但是，這樣一刪，

❾ 參見「金陵百花」編輯部編《南京民間傳說》第一集（一九八三），鄉土編輯部編《江蘇山水傳說集》（江蘇人民出版社，一九八三），《熱河》編輯部編《熱河民間故事》第一至三輯。

❿ 《熱河》編輯部編《熱河民間故事》（第二輯），第一一一～一一二頁。（無出版時間）

⓫ 馮雲霄、張春海等編著《百泉的傳說》（河南人民出版社，一九八四），第一一一～一一九頁。

故事最有趣的部分也就喪失了。依據別處所記的這個故事，邵雍的解釋是：人們拿起筷子當然是為了吃喝，但筷子用過後就要用水洗，洗完則插在筷筒裡。這就是三人依次會遭遇到的情形⓬。

實際上，有些編者並不諱言他們對於故事進行了整理和加工⓭，有些說明了不取含有封建迷信色彩的故事⓮。有些說明了選故事的原則在表現人民的勤勞善良和不畏強暴，以及他們傑出的藝術才能⓯。總之，每本書仍有其編選的準則。如果這些準則並非來自官方的授意，則很能反映出當前一些民間文學工作者的社會責任意識，這是和唐朝以來文以載道思想一脈相承的，祇是時代不同，形式和材料也不同而已。

五

關於民間文學研究人員的培養，中國大陸上在一九五二年開始把這門課列入大學中文系的科目，名稱是「人民口頭創作」。試驗了幾年，在一九五八年停止。文革以後，在一九七八年又恢復了這門課，改稱「民間文學概論」⓰。

⓬ 午言〈邵神仙的筷字三測〉，《世界日報》（紐約），一九八五年，十二月二十七日，第四六頁。

⓭ 同❼。

⓮ 吳孟前、楊秉正選編《劉伯溫的傳說》（浙江文藝出版社，一九八四）〈前言〉。

⓯ 中國民間文藝研究會廣東分會主編《甘基王》（廣州，花城出版社，一九八四），中國民間文學研究會四川分會編《新娘鳥》（重慶，重慶出版社，一九八四），華積慶編《中國民間工藝故事選》（福州，福建人民出版社，一九八三）。

在研究理論和方法上，文革後出版的《民間文學》期刊第一號裡，開始詳細介紹了國際間的各種分類。「中國民間文藝研究會」請人把丁乃通教授在美國用英文寫的《中國民間故事類型索引》譯成漢文⑰，這書還因為遼寧大學未和丁氏聯繫而逕自趕譯，形成了雙包案⑱。此外，「中國民間文學研究會」又先後三度邀請丁氏前往開會、講學，以及到各地實際指導民間故事的研究人員。

最近的消息是「中國民間文藝研究會」接受了丁氏的建議，計劃編一部《中國民間故事情節單元分類索引》，正在籌措經費。丁氏也計劃編纂《中國民間故事類型索引》的續集。

六

從以上的資料看，中國大陸民間故事的採集和整理，在文革前，為政治和政策服務的意義顯然比較大。文革以後，發展的方向是多方面的：文革前的影響仍有，但基本上是把民間故事視作反映民間情形、地方特色和民族間文化交流狀況的材料，所以各地各族的民間故事紛紛出版⑲，也注意到了故事的趣味性，但仍有其原則，以致有些故事的改動痕跡很明顯。

---

⑯ 同❶。

⑰ 見❹。

⑱ 《中國民間故事類型索引》，孟慧英等譯（沈陽，春風文藝出版社，一九八三）。

⑲ 除了各少數民族地區出版的當地民間故事外，上海文藝出版社正在出一套全中國五十五個少數民族的民間故事選集，共五十六冊，目前已出版十六冊。

此外，在理論和方法的探討上，比文革前落實，在提高民間故事在學術領域的層次方面，態度也比以前積極。

——原載於《中國學報》（漢城，韓國中國學會，一九八六年三月）第二六輯

【後記】

「中國民間文藝研究會」現在名為「中國民間文藝家協會」，當初編寫《中國民間故事情節單元分類索引》的計劃似乎一直未能實現，而丁乃通先生不幸於一九八九年去世，他的《中國民間故事類型索引續集》的編寫計劃也因而中止，未能實現。（一九九六年元月）

第二輯

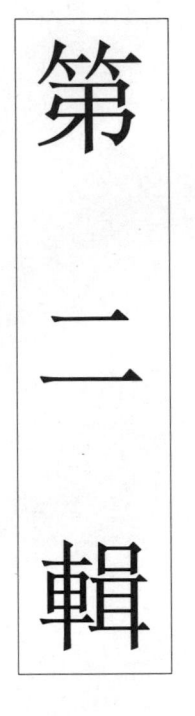

中韓灰姑娘故事對口傳文學理論的印證

一　前言

「灰姑娘」是一個世界性的民間故事，就目前所知，它不僅流傳在亞洲、歐洲、美洲的各國各族之間❶，也存在於非洲的埃及等地❷。

這些流傳在世界各地的「灰姑娘」故事，其中的背景和細節，雖然因為各地的風俗習慣不同而有所差異，但是基本類型是一樣的。大致上，它的結構如下：

1. 女主角（少女）受繼母及繼妹的虐待❸，粗衣惡食——甚至宿於灶邊，灰頭土臉，所以有「灰姑

❶ 詳見下列四書：(1) Nai-tung Ting, *A Type Index of Chinese Folktales* (Helsinki, 1978), pp.91–92. (2) Nai-tung Ting, *The Cinderella Cycle in China and Indo-China* (Helsinki, 1974). (3) Stith Thompson, *The Types of the Folktale* (Helsinki, 1973), pp.175–178. (4) Tae Hung Ha, *Folk Tales of Old Korea* (Seoul: Yonsei University Press, 1959), pp.12–28.

❷ Roger Lancelyn Green, *Tales of Ancient Egypt* (Harmondsworth, Puffin, 1967), pp. 180–184.

❸ 藏族的灰姑娘故事是父母雙亡，幼妹受同父異母之長姐的虐待。見蕭崇素《青蛙騎手》（重慶，一九五六），第三五～五

娘」之名。

2.在被繼母刁難折磨時，獲得意外幫助，解決了種種困難。這些幫助，或來自她已亡故的母親，或來自神仙，或來自鳥、羊、牛等動物。

3.女主角因為得到意外幫助，終於能盛裝參加地區性的大集會如廟會、舞會等。在這個場合中，男女主角相會。男方必然是當地很有地位的青年，但沒有能夠在那次聚會中留住女主角或確知女方是誰❹。

4.男主角以女主角所穿的鞋子找到女主角，終於成親。

有些地方，這個故事還有點尾聲，如女主角被嫉妒她的繼妹害死、她丈夫為她報仇等等，但整個故事的樞紐總是在女主角的鞋子，由於女主角的鞋子，男女雙方才得見面成親。

至於灰姑娘故事的起源，有人認為始於漢族。因為整個故事的樞紐在鞋子——在漢族，基於聲音的緣故，常常以「鞋」表示「諧」，常常以鞋的成雙表示男女的和諧成對，從這個角度看，各式「灰姑娘」故事中以鞋為樞紐而成功的婚姻才有其意義❺。而且，這種方法，在唐人的傳奇小說裡就已出現了。唐、蔣防的《霍小玉傳》，述李生在長安候試時認識了女子霍小玉，兩情繾綣。兩年後，李生出京赴任，約定到任後就遣使來迎。可是李生回家省親時得知家中已經為他定親，不敢反抗，祇好負約。有一晚，霍小玉夢見「黃衫丈夫抱（李）生來，至席，使玉脫鞋。」醒來後說：

三頁。

❹ 本文所述中韓灰姑娘故事在這一點上稍有不同，埃及的灰姑娘故事則將此一集會省略，詳見❷。

❺ 詳見❶(2)，第三七頁。

鞋者，諧也。夫婦再合。脫者，解也。既合而解，亦當永訣。由此徵之，必遂相見，相見之後，當死矣。

唐人小說中既已用「鞋」象徵男女之「諧」，則其在民間的流行，當是為時更早的了。

二　兩姊妹的故事——廣東東莞童話❻

從前，某村有一個老頭，妻子死了，留下一個女兒。老頭娶了繼室，也生下一個女兒。後來老頭死了，繼母的性情陰險狠毒，對長女非常苛刻，家中事情都要長女去做；次女則吃好的，穿好的，什麼事也不用做。所以長女常常思念亡親，暗自啜泣。

一次，村裡舉行迎神賽會，演戲打醮，十分熱鬧。繼母和次女都打扮得漂漂亮亮的天天去遊逛，長女則留在家裡做工。

一夜，長女的亡母托夢給她說：「女兒呀，我知道妳受人虐待！如果妳明天去睇戲，可在後園裡取些珍珠首飾和好看的衣裳。那些東西都用瓦甕裝著，埋在後園地下。」

第二天，長女把日常的事做完，便向她繼母要求准她和鄰居一起去看戲。她繼母聽了，大聲斥道：「肥尸，不准！我把幾斗白豆倒在地上，妳一粒一粒地拾完才准妳去。」

---

❻ 袁洪銘〈兩姊妹的故事——東莞童話之一〉，在《民俗》第六十四期（民國十八年），第五〇～五六頁。此處所述為袁氏原文之節略，情節未變，詞句酌予簡併。

於是長女祇好去拾那幾斗白豆子。她邊拾邊歎命苦，這時，有一群麻雀飛在屋牆上看著她拾豆，她說：

「雀兒，雀兒，你們能不能來幫我做這事呢？」

那群麻雀聽了她說的話，就飛降地面，幫她一粒一粒地用嘴啄拾，因此很快把白豆拾完了。但繼母仍不讓她去看戲，反而罵道：

「肥尸，不准，還要用一擔沒有底的水桶到海邊去汲水，汲滿這兩個大水缸才准妳去，否則妳永遠不要想去睇戲。」

她聽了不禁悲上心來，但不得不依從，於是挑上一對沒有底的水桶，且行且哭。到了海邊，自忖沒有底的水桶那能汲到水，不禁歎道：「唉！海龍王呀，望您大發慈悲吧！」說罷，便將沒有底的水桶吊下海裡汲水。這時候，海裡忽然有無數小魚小蝦湧起，塞滿了桶底，使水不能漏出。

長女看見這情形，不勝自喜，趕緊一擔、兩擔、三擔地汲水挑回去。不久，兩個大水缸都汲滿了水，她繼母便不得不讓她去看戲了。

長女獲得繼母的允許後，記起昨夜亡母托夢的事，於是去後園挖地，掘出了一個大甕，裡面有許多珍珠首飾和美麗衣裳。她見了十分高興，便穿戴起來，把自己打扮得很漂亮，然後獨自出門去看戲。

戲場的觀眾十分擁擠，長女祇好在戲棚上觀看。但是一不小心，她的鞋子被擠掉了一隻，跌落在棚下。她既無法擠下棚去取鞋，又怕因之而被繼母打罵。情急之下，便向一位年輕男子說：

「大哥！大哥！你代我下棚拾取這隻鞋子，拾得後，我就給你做妻子。」

那男子聽她這麼說，立刻很高興地下棚去把那隻鞋子取了回來，於是他們兩人便成親結為夫婦。

長女結婚後，豐衣足食，生活很快樂，可是她的繼母和繼妹仍在計劃謀害她。

有一天，繼母遣人去接長女回娘家一行。回到娘家，繼母和繼妹見她裝扮得十分漂亮，心中很是妬忌。於是，繼妹對她說：

「姊姊，妳戴了首飾，穿著漂亮衣服，所以才顯得這樣好看。如果把衣服和首飾讓我穿戴，同到井邊去照水，看看是誰漂亮？」

姊姊沒有想到這是個陰謀，毫不遲疑地聽從她繼妹的建議，把自己的衣服首飾換下來讓繼妹穿戴，然後同到井邊去照水。到了井邊，兩人正在俯身照水的時候，繼妹出其不意，用力把她姊姊推下井去淹死了。

姊姊死後，妹妹想冒充她姊姊作為替代，但是一臉麻子不能掩飾。於是她母親遣人去向長女的丈夫說，長女近日出了天花，要等痊癒後才回家。

過了一個多月，妹妹就假扮她的姊姊，束裝回家。由於衣服和首飾就是當初姊姊回娘家時的穿戴，臉上的麻子則是謊稱天花的結果，所以她的姊夫對她一點也沒有懷疑，以為她就是一個多月前回娘家去的妻子。

姊姊被淹死後，冤魂不散，變成一隻了哥鳥，飛回家去，繞在她丈夫身旁悲鳴不已。她丈夫感到奇怪，就把這隻鳥養在鳥籠裡，每天用很好的食料餵飼。

可是每天清早，當繼妹在桌旁梳頭時，這鳥就不斷地唱：「豆皮（即麻子）婆，梳頭唔光！豆皮婆，梳頭唔光！」終於把妹妹唱怒了。有一天，她把鳥殺了煮粥吃。奇怪的是，當丈夫吃這粥時香氣噴人，她吃時就臭味難聞，所以很生氣地把粥潑在地上。

那天夜裡，丈夫在床上聽到家裡有人在紡織的聲音，很想去看看，但心中害怕，不敢下床。到了天快亮時，紡織聲音便沒有了。

第二晚，他躲在門角裡偷看。快到半夜時，他看到一個很漂亮的姑娘坐在那裡紡織，像是沒有出天花前的妻子。於是他鼓起勇氣，快步走到她面前。這姑娘看到自己的丈夫，就將被人謀害的事含淚說出。這時她丈夫才知道，麻面的妻子不是他真正的妻子，而是害死他妻子的人，因此就把她殺了，替自己的妻子報仇。

三　「宮綺」和「帕祁」——韓國的灰姑娘故事❼

李朝時候，在忠州近郊的鄉村裡，住著一位退休的小吏崔滿壽和他的妻子趙氏。他們有自己的田地，生活過得很寬裕。但是他們並不快樂，因為結婚已二十年而仍無子女。他們求神拜佛，廣作善事，希望因此獲得孩子。終於，他們生了一個女兒。

崔滿壽和趙氏的喜悅是難以形容的。他們為女兒取名「宮綺」，愛護得無微不至。

可是不幸的事來了。剛過了宮綺的百日慶生宴，趙氏便去世了。饑餓的嬰孩哭著要吃奶，心碎的父親祇好抱著她挨門逐戶去求助。

❼ 譯自❶(4)，第一一二～一一八頁。原書若干瑣碎細節省略。

附近的好心婦女都樂意餵奶給那個失去了母親的女嬰，就這樣，宮綺長成為一個健康美麗的女孩。

宮綺十歲時已能為她父親縫衣煮飯，並且把屋子收拾整潔。她的父親和鄰居都很喜歡她。日子一天一天過去，宮綺快到該結婚的年歲了。如果她結婚了，家中便無人主理家務，因此在宮綺十四歲時，崔滿壽娶了白氏為妻。

白氏原長得不難看，也是一位稱職的家庭主婦，所以崔滿壽很寵她，家中事情都由她處理，於是宮綺有了災難。

白氏原是一位寡婦，本性陰狠，自己有個女兒，名叫「帕祁」。帕祁長得很醜，心術也不正，因為狡猾害人而聲名狼藉。

白氏和帕祁都不喜歡宮綺。她們恨她的美貌和才能，經常以嫉妒的眼光看著她，令人難以忍受地折磨她。

白氏巧妙地獲得了崔滿壽的寵愛，無論她說什麼，崔滿壽都信，甚至說用赤豆能做出醬油來也會信。當白氏無中生有地指控宮綺的過錯時，他就厲聲責罵宮綺，直到她放聲大哭。宮綺一想到自己的親生母親時，就不禁啜泣。

有一天，白氏對宮綺和帕祁說：「你們鄉下女孩一定要到田裡去工作，否則就別想有東西吃。宮綺，妳去田的最遠那一頭除草。帕祁，妳來屋旁的花園裡除草。」於是她拿了一把鐵鋤給帕祁，讓她在鬆軟的土地上工作；拿了一把木鋤給宮綺，要她在遍佈石塊的山坡硬地上工作。

宮綺沒有中飯吃，她勒緊了圍在空腹上的腰帶開始除草，可是還沒有除完一畦，木鋤的柄就斷掉了。

「天哪，我做了什麼了?」宮綺想：「如果我不把這片地的草除清就回家，後母會大發脾氣，她會不讓我吃晚飯，可能還會打我。」於是她疲倦地躺在草上，難過地哭泣著。突然，有一條黑牛從空中降下，對她說：「好孩子，為什麼哭得這樣傷心?告訴我有什麼困難，也許我能幫得上忙。」

宮綺大吃一驚，但她還是把事情詳細地說了。黑牛聽了點點頭，說：「好吧，妳起來到溪邊去洗洗臉和手腳再回來。」

宮綺照著牛說的話去做了。當她容光煥發地回來時，黑牛又說：「孩子，妳的好心和善行感動了上天，這裡是給妳的獎勵。」然後給了她許多很好的水果和一把鋒利的鐵鋤，接著就像霧一樣消失了。

宮綺用這把特別的鋤頭清除了田裡所有的雜草，用圍裙兜著水果在暮色蒼茫中趕回家去。但是當她回到家門口時，看到大門是從裡面鎖上了，白氏和帕祁正在吃晚飯，宮綺既冷又餓，在門口站了一會，便喊帕祁：

「好妹妹，來開門，我給妳很好的水果吃。」

「什麼!妳給我水果吃?我不信。妳先把水果給我看我才替妳開門。」

「好，這裡就是，既圓又熟——栗子、棗子、橙、白果、胡桃、大楊莓，……」

宮綺把果實一個一個地從門上的小洞裡塞進去，帕祁還沒有完全拿住就把門打開了。多謝這些天賜的果實，宮綺進了屋子。直到那時，她還沒有嘗過那些水果，因為她是想和繼母繼妹圍在爐炕上一起吃的。

帕祁獰笑著把水果放在她母親面前。白氏氣得臉上既白又黃，喊道：「宮綺，妳這個小賤人，為什麼不早點回來燒晚飯？妳怎麼會有這些外地的水果的？我曉得，妳整天在田裡和山上玩，不去除草，卻同和尚跑進樹林裡去鬼混，在他那裡拿了這些水果作為代價。噢！妳快是討人喜歡的十六歲了，妳早已成熟得可以和男人鬼混了，是吧？假如妳爸爸知道，妳就要死了。來，帕祁，我們必須在妳爸爸回來之前把這些水果都吃完。」說罷就和帕祁把所有的水果都吃光，讓宮綺空著肚子過了一夜。

過了幾天，白氏要宮綺把廚房的大水缸裝滿水。宮綺頭上頂著水桶去裝水，從井邊到廚房，一次又一次地向缸裡倒水，但是水缸總是空空的。

沒有多久，宮綺臉上的汗水和眼淚就像屋簷上的雨水一般淌了下來，她頭痛欲裂，身體也痛苦不堪。當她拿起水桶再一次蹣跚地走向水井時，她看見一隻大得像草墊一般的大蝦蟆向著她來，牠跳在空中，眼珠突出，張著大嘴說：「宮綺，無論妳多麼賣力去裝水都裝不滿的，妳祇是累斷妳的骨頭而已，因為水都從缸底的一個大洞裡流走了。仔細聽著，妳把水缸向旁邊推開一點，讓我爬進去貼地躺著，用背把洞封住，那麼妳就很容易把水缸裝滿了。」

起初宮綺拒絕了，她說：「不，我寧可折斷我的背，也不願傷害你的背。」

這時，這個令人吃驚的大怪物又瞪出了牠的紅眼睛，笑著說：「妳知道我有多強壯嗎？我在世上已活了幾百年，我的力量就在背上。妳真誠的謙讓和難得的孝心應當受到我的幫助。不必再說了，馬上推水缸，不然妳就要累死了。」

宮綺照著蝦蟆的話去做，很快就把廚房水缸裝滿了水。當白氏看到這件奇蹟時吃了一驚，咬著嘴唇自忖：「是那個會法術的人替這女孩玩了花樣？不過我非把這小賤人折磨死不可。」從此以後，她對宮綺更加吹毛求疵。

幾個月後，宮綺的舅舅在家裡請客，也邀宮綺前往。

白氏是個厚顏無恥的女人，她雖然沒有被邀請，但還是穿上作客衣服和鞋子，帶了帕祁去赴宴。臨走前，她告訴宮綺，如果想去就也去，不過要先織好六十尺棉布和舂好三袋穀子。

宮綺把穀粒鋪在大草蓆上，放在太陽下晒乾，自己坐在織布機旁織布。她明白，要及時做完這些事去參加她舅舅的宴會是不可能的。

忽然，一大群鳥從空中飛下來停在院子裡的草蓆上，很快地啄著穀粒。事情發生得太突然了，真是「屋漏偏逢連夜雨」！宮綺幾乎暈過去。她急忙去把鳥趕走，但是沒有用。正當她快要筋疲力盡時，瞧！前面出現了一位美得出奇的年輕淑女，穿戴得珠光寶氣，向她說：

「好姑娘，讓我來替妳織吧。」宮綺慌得手足無措，離開了織布機。這位美麗的淑女坐上織布機，一瞬眼就飛快地把六十尺布織好了。然後她給宮綺一件絲衣，一條繫髮的繡花緞帶，還有一雙漂亮的繡花鞋，又說：

「妳想像不出穿了這件衣服會有多美。去參加妳舅舅的宴會吧，祝妳好運！我是天上的織女，天帝喜歡妳的好心和善行，所以派我來幫妳的忙。但我必須趕緊回去天上。再一次祝妳好運！」說完就登上彩雲，升空而去。宮綺仰望天空，連連拜謝天女。然後穿起新衣新鞋，興奮得簡直可以飛到她舅舅家去似的。但是她忽然想起穀子，便不禁深深嘆了一口氣，舉目向院中望去。

這時鳥群已經飛走，留在草蓆上的是一堆一堆珍珠般的白米。原來那些鳥並沒有把穀粒吞下去，祇是輕快地用喙把穀子的殼喙去而已。

宮綺對神鳥拜謝不盡。她把白米倒入米缸，又把各種器具都整理好，於是出發去在山谷那一邊的舅舅家。

那是一個到處鳥語花香的春天。宮綺開心極了，她奔向一條清澈的溪流洗手，向水中丟石子，笑看驚走的螃蟹。

這時候，她看到一列大官的隊伍走近了：一座蓋了虎皮的轎子，後面跟著一大隊侍衛和聽差。隊伍前面開道的人不斷地在喊：「知府來了，大家靠邊站。」而轎伕則在左右換肩時發出「唏！」的聲音。

宮綺嚇了一跳，趕忙沿著一條山徑走開。但是因為走得太匆促，以致一隻新鞋掉到溪裡順流而下。遠自漢城來此上任的知府，看到溪上有一道很奇怪的光，照著浮在溪水上的一隻女鞋，就叫聽差到溪邊去拿那隻鞋子，並且把鞋子的主人也叫去官府。

赤著一隻腳、心驚不止的宮綺，這時到了她舅舅家，她喘過了氣，向她舅舅和舅媽跪拜致敬，她舅舅和舅媽十分疼愛地待她，好像是走失已久的女兒回來了，給她吃家裡最好的東西。

看見這種情形，白氏皺起了雙眉，暗地裡用她的長指甲把宮綺的大腿掐出血來，嚴厲地悄悄問道：「妳把布織完了？把米舂好了？為什麼不在家看家，我明白了——妳的情人給妳這衣服，不然的話，妳哪裡偷來的？說，妳這小妖精！」

宮綺把仙女和神鳥的事告訴她繼母。白氏聽了臉上氣得發紫，又嫉妒得泛白，活像一塊舊的琉璃瓦，蛇一般的眼睛豎起來像果核，馬上設想新陰謀害她的繼女。

這時，所有來赴宴的客人，尤其是女客，都在談宮綺——有人同情她，有人稱讚她，有人說，這樣一位好運而又惹人愛憐的姑娘將來一定是貴夫人。

就在那時候，知府的聽差拿了一隻女鞋，沿著村路邊跑邊喊：「鞋子！這是誰的鞋子？」最後，他走進了正在請客的這一家，要大家看看和試穿這隻鞋。

帕祁立刻曉得這是宮綺的鞋子。她想，那是誰的鞋子誰就會有大好處，所以就大膽走過來說：「喂，喂，這是我的鞋子。昨天我買了一雙新鞋，但匆匆趕來吃飯時不小心掉在路上了。」說著，幾乎像搶一樣，從聽差手裡把鞋拿了過去，拚命把她既大又醜的腳向那漂亮的小鞋裡塞，引起了大家的嘲笑。知府的聽差很生氣，罵她說：「滾開，妳這個笨丫頭。快走，不然就把妳上枷送進牢裡去，因為妳欺騙衙門裡的差人。」

當這個人轉身要走時，一名老婦叫住他，指著宮綺說：「瞧！我們這裡有位姑娘沒有試穿那隻鞋，因為她太害羞了。可能那隻鞋子是她的。」

這名差役示意宮綺去試穿那隻鞋子。當他看到宮綺纖巧的腳柔和地穿進那隻鞋子時，便向宮綺作了兩個揖，要宮綺坐上他準備的轎子，跟他去見知府。

宮綺大為吃驚，轉身便走。但這名差人很權威地一再邀請，於是宮綺坐上轎子，由她舅舅和那差人跟著，進了忠州城。她先在衙門旁的民房裡休息，差人則帶著她舅舅進入官府的內院，向知府報告說：「老爺，鞋子的主人帶來了，她是一位美麗的姑娘，名叫宮綺，現在就在外面。這是她的舅舅。」

知府聽說，十分高興，便向宮綺的舅舅詢問那鞋子的事。宮綺的舅舅回答說，他祇是一個農夫，不知道鞋子的事，最好還是問宮綺。

宮綺因此立刻被接進去陳述鞋子的事。知府很仔細地詢問她的家庭情況，對於她的謙和真摯，比那仙女的故事更為印象深刻。

知府十分欣慕宮綺的罕有之美，以及她的孝順和溫柔，於是向她的舅舅提婚。

宮綺的舅舅開心極了，但他抱歉地說，宮綺祇是一個鄉下姑娘，沒有什麼學識，不配作達官貴人的妻室。

知府明白自己要做什麼。他徵得宮綺父親的同意後，很快和宮綺舉行了盛大的婚禮，宮綺成了貴夫人。

但是白氏和帕祁更加嫉妒宮綺的幸運了。她們咬牙切齒地誓言，要不惜一切代價地去毀她。

有一天，帕祁來看宮綺，為過去對宮綺種種不好而道歉。宮綺是這樣善良，馬上就原諒她了，對帕祁心中的新陰謀絲毫沒有警覺。她拿好東西給帕祁吃，高興地給帕祁看鑲銀嵌貝的漂亮家具，看裝滿了絲衣錦服的櫥櫃。然後她帶帕祁去看花園裡的荷花池，池中的白荷紅荷正展放金黃色的花蕊，在微風中擺動著發出芳香，盛著露珠的荷葉平臥在碧色的池水上。

可是，帕祁並不欣賞這份大自然的美，她祇想到這裡是實施她和她母親所定陰謀的好地方。所以，帕祁帶著不自然的笑容說：「噢，妳的游泳池多美呀！來，讓我們洗個冷水浴，像兩個海女般一起游泳。」

宮綺有了一點警覺，也許是那位仙女在吹氣警告她。她抱歉地說：「不，對不起。我丈夫隨時可能到池邊來聞聞荷花的香味，水裡的蛇也會咬我們的。」

但帕祁一直堅持要游泳，好心的宮綺終於讓步了。

這對異父異母的姐妹把衣服脫下掛在柳枝上，然後跳進池裡洗澡游泳，當她們游到池中央時，帕祁突然把宮綺壓到池底，那裡的水面起了些水泡，這是僅有的不幸訊號。

帕祁游回池邊，穿起宮綺的衣服，濃妝豔抹了一番，便倚靠在園中小亭的紅欄杆上，假裝看荷花。過了一會，知府到花園來和他妻子共享陣陣香風，看到他妻子在亭中，就走過去握著她的手共賞荷花的金蕊。他向她說，她的美麗和德性，祇有荷花差堪比擬。說著這話，他就看他妻子如荷花般的面孔。但當他轉過她的臉時，卻幾乎失聲驚叫起來。

「宮綺，是妳嗎？發生了什麼事？」

「我整整一天坐在屋外等你，中午的太陽炙傷了我的臉。我又在一個有黃豆的草墊上臉朝下地跌了一跤。……」

知府聽了這些話，感情激動地說，即使她的美麗永遠受損，他對她的愛情也永遠不變。於是他更愛她了，他的愛情使他從不懷疑他妻子是別人冒充的。

過了幾天，知府站在荷池邊上時，看到池中央的一株大荷花向他點頭，那種淒美引起了他的注意。他摘下那株花，放在臥室的花瓶裡。在那裡，這花似乎更美更香。

知府十分喜愛這株花。他想喊出來，那就是宮綺沒有受傷以前的臉容。帕祁則怕得臉發白。說起來也奇怪，當知府不在時，這荷花就似乎責備地看著她。帕祁明白，那是宮綺的陰魂以這方式來折磨她的，所以她就把花丟到廚房的爐灶裡，還說：「無論妳怎樣嫉妒我和妳丈夫的甜蜜家庭生活，都是沒有用的。

現在我是官邸的女主人，妳所有的漂亮家具和珠寶都是我的。」

沒有多久，住在附近的一個老婦人，到官邸的廚房來拿一點燃煤去為她的爐子生火，她是宮綺的好友。但是爐灶中沒有火，她看到了許多閃閃發光的小珠子。她喜歡小珠子，以為這些是別人不要了丟在那裡的，所以就撿起來帶回去，放在她的櫃子角落裡。不久，她聽到櫃子裡有聲音在喊：「阿婆！阿婆！」

老婦大為吃驚，打開櫃子，發現宮綺正坐在那裡，宮綺說：「妳曉得我是宮綺，是知府明媒正娶的妻子。我的繼妹帕祁不請自來，要我和她一同在荷花池裡游泳，就在池中將我淹死，然後穿上我的衣服冒充我。……」接著她在老婦耳邊低語，老婦不住點頭，似乎在說：「我懂，我會照妳的話去做。」

第二天，老婦準備了她最可口的食物，擺開一張大桌，然後去對知府說：「老爺，今天是我的生日，希望能請您到寒舍吃晚飯。雖然我不配請您，但我相信您會接受我的邀請，因為我是您家屬的好友。對一位貴人來說，這是一個難得的機會去嘗嘗平民的食物。」

知府笑了起來，很快就過去在那張桌子邊坐下。桌上滿是佳肴，附近鄰居則群集屋外窺視這個不尋常的宴席。

「阿婆！」知府說：「妳真是個出色的廚子，因為妳的好菜引起了我的胃口。」他喝了一杯酒，拿起桌上的筷子。可是他感到很困惑，因為一隻筷子太長，一隻筷子太短，很難挾菜。他試了幾次，生氣了，向老婦吼道：「看看這個，給我這種筷子是什麼待客之道？它們不是一對，這樣招待我是什麼意思？」

老婦還沒有來得及回答，屏風背後傳來一個很清楚的聲音說：「啊，你是聰明得可以指出筷子不成對，但還分不出男女不相配。你是怎麼樣的貴人哪！」

知府不知道這樣莽撞地向他說話的是人還是鬼，想起家中妻子的奇怪行為，覺得是有點不對勁，所以便向老婦道謝後，起身回家。

就在這時候，屏風後面走出一位紅裙藍衫的美麗少婦，向他致敬說：「老爺，你一點也不認識我了？」知府一見，驚慌失措地結結巴巴說：「夫人，為什麼這樣躲躲藏藏？別戲弄我，告訴我，為什麼玩這個把戲？告訴我，妳在屏風後面說的那些話是什麼意思？」

於是這位少婦低下頭啜泣著說：「我是宮綺，我的繼母一直對我很壞。承你寵愛，我才高攀為知府的妻子。我雖然沒有受教育，但我決定全心全意奉侍你。可是我被我惡毒的繼妹帕祁害死了，我以前的軀體躺在你的荷花池底。由於上天見憐，讓我重生回陽。因此我借助於今天請你的這位老婦再看看你，向你道別。我悲慘的死亡已是往事，希望你忘了我，和帕祁快樂地生活。」說完了，咽塞悲泣不已。

知府對於未能察覺這些事而深感羞愧，憤怒地把帕祁叫去公堂當眾審問，並且命人把荷花池的池水弄乾。

池水弄乾後，大家看見宮綺仰臥在池底的一床荷花荷葉上，體軀如生，芳香如蓮。眾人把她抬到知府那裡，經過了一番喪儀，準備放入飾有荷花的棺木。忽然，宮綺深深吸了一口氣，竟然復活了，而在老婦屋中哭泣的少婦則像霧一般地消失不見。

知府、官吏，以及當地所有的居民對這事都驚異不已。大家都喊著：「殺死帕祁！把她剁成千塊！把她碎屍萬段！」

知府聽到這些喊聲，嚴峻地審問帕祁，直到她承認是謀害宮綺的殘忍兇手。

帕祁被判死刑，上枷關入監牢。全案由驛馬詳報漢城刑部，不久，死刑核定的判決就送了回來。

帕祁被綁在四輛牛車上，然後鞭打牛隻，使牠們向四個不同的方向奔去，把帕祁裂成碎塊。他們把帕祁的屍塊疊在一隻甕裡，送給她的母親。

帕祁的母親是謀害宮綺的真兇。她把帕祁送去宮綺那裡後，每天等候帕祁的好消息。當她看到一個大包從官邸送來時，心想那是帕祁送來的貴重禮品了，所以急忙解開繩索，打開包裝紙，揭開甕蓋，發現裡面是一種有點像醃蝦般的東西，上面放了一封信，信裡說：

「用陰謀害人的當成為醃肉，教女兒做這種壞事的女人應該吃這肉。」

白氏知道女兒的罪行被發現而慘死了，因而昏倒在地，永不再起。

知府向宮綺道歉他的失察，重重酬謝了隔鄰的老婦。他和宮綺過得很快樂，生了三子二女。這對好心的夫婦救貧助弱，使大家都快樂。所以宮綺的名聲就像荷花的香味一樣傳得既遠又廣，她的婦德也至今仍然為人所傳誦。

四　對口傳文學理論的印證

民間故事的口耳相傳，有兩種最顯著的現象：一是在輾轉敘述的過程中，故事的背景和細節當地化，即是敘述者為適應當地聽眾，在不影響故事的基本結構下，把聽眾不熟悉的部分，以其所熟悉的代替。二是故事中的情節若有不能盡愜人意的，則在輾轉敘述過程中逐漸省略，或是增添情節，予以彌補。

關於故事背景和細節的當地化，上述中韓兩國的灰姑娘故事，因為兩國的風俗民情相近，地方色彩的差別並不明顯。

關於故事情節使人感到遺憾而予以節刪或增補的，灰姑娘故事是很好的例子。一般灰姑娘故事，總是以灰姑娘有個好婚姻作結束。以東莞的這個故事和一般的灰姑娘故事比較，則東莞灰姑娘的故事結構顯然比較早；因為在這個故事裡，灰姑娘是令人喜愛並同情的角色，她能有一個好婚姻是聽眾樂意聽到的結局。若是她在婚後又被她嫉妒的繼妹害死了，雖然她丈夫為她報了仇，因她的死亡總是無辜的，也是令人感到遺憾的。那麼，在輾轉敘述的過程中，儘量豐富被繼母刁難而獲得神力幫助的各種穿插，刪去死亡的結局，既提高聽者的趣味，也使講者和聽者都能高興無憾，則是自然發展的結果。

至於用增添情節的方式來彌補原來情節的未能盡愜人意，上述中韓兩國灰姑娘故事正好提供了一次印證。灰姑娘在東莞的故事裡遇害了；在韓國的故事裡，遇害後又復活了。復活的情節，使灰姑娘原先的遇害，在整個故事裡成了一個出人意外的穿插，產生了使聽者不再有憾的效果。

東莞灰姑娘故事是袁洪銘先生回憶幼時所聽故事的追記❽，實際上祇是一個故事概要。比較起來，韓國的灰姑娘故事，在人物描寫方面細緻得多，在情節穿插上也豐富得多。不過，這些是次要的，主要的是在情節結尾上，兩者的結尾，不僅對口傳文學的傳播理論提出了一次印證，並且對中韓兩國灰姑娘故事的關係也提供了訊息。（一九八二年七月）

——原載於《中外文學》（臺北，一九八二年十一月）第十一卷第六期

❽ 見袁氏文末附記，詳見❻。

【後記】

「宮綺帕祁」故事，有以宮綺和年輕知府成婚作結而略去遇害、復活等情節的❾，也是在輾轉敘述過程中自然發展的結果，對於口傳文學傳播理論的印證，和宮綺遇害後又復活的結局是一樣的，對中韓兩國灰姑娘故事的關係，也提供了同樣的訊息。（一九八六年元月）

❾ In-Hak Choi, *A Type Index of Korean Folktales* (Seoul, Myong Ji University Press, 1979), Type 450.

從印度佛經到中國民間
——《賢愚經・檀膩䩭品》故事試探

一

《賢愚經》是唐朝佛僧曇學等八人在新疆于闐佛寺中聽西域僧人說經的一部筆記❶，經裡記錄了許多古印度的傳說和故事，其中第五十三節〈檀膩䩭品〉，講述某國王處理窮婆羅門檀膩䩭所遭遇的一些訟案，以及回答檀膩䩭在來見國王時沿途受託代問的一些問題。整個故事在表現國王的聰明，最後說，這位了不起的國王就是釋迦牟尼佛的前身，顯示佛陀的不平凡❷。全文大要如下：

❶ 僧佑《出三藏記集・卷九・賢愚經記》：「河西沙門釋曇學威德等凡有八僧，結志遊方，遠尋經典，於于闐大寺遇般遮于瑟之會。般遮于瑟者，漢言五年一切大眾集也。三藏諸學，各弘法寶，說經講律，依業而教。學等八僧，隨緣分聽。於是競習胡言，折以漢義。精思通譯，各書所聞。還在高昌，乃集為一部。」

❷ 乾隆《大藏經》（臺北，新文豐出版公司影印），第一〇五冊，第四二三～四二八頁。大正版《大藏經》所收《賢愚經》誤以佛陀前身之國王為檀膩䩭之前身賓頭盧埵闍。

窮婆羅門檀膩羇向鄰人借牛使用，用完歸還，把牛趕到鄰居門口就回去了，沒有和牛主說明。牛主看到了牛，但以為檀膩羇還要用，所以沒把牛收起，以致牛走失了。兩人爭吵不出結果，祇好到國王那裡去請求判決。

途中，他們看到一匹馬脫韁狂奔而來，牧馬人在後追趕，並叫檀膩羇替他攔住。檀膩羇就拾起一塊石頭向馬扔去，不料竟把馬腳打斷。於是牧馬人也一同去見國王，要檀膩羇賠馬。

他們走到一條河邊，不知從哪裡可以過渡，看見一個木工，用口咬住斧頭，雙手拉起衣裳，涉水而過，檀膩羇問他在哪裡可以下水過河，木工張口回答，斧頭便掉入河中。木工在河裡找不到斧頭，上岸來要檀膩羇賠，所以也一同去見國王。

四人走了一陣，檀膩羇十分飢渴，因此向路邊的一家酒店討一點酒喝。賣酒人見他可憐，給了他一點酒。檀膩羇拿了酒就朝放在一旁的床上坐下，不料床上的被子下有個嬰兒在睡，被他坐上去壓死了，於是孩子的母親也加入了控告檀膩羇的行列。

他們繼續向王宮走去，經過一堵牆時，檀膩羇心想：到了王宮，我必死無疑，不如現在逃跑。因此立刻越牆而走，想不到牆那邊有個老年織工，被檀膩羇從牆上跳下時壓死，織工的兒子便將檀膩羇捉住，並且和其他人一起去向國王控告檀膩羇。

以後檀膩羇沒有再惹禍，但一路上先後受一隻雉鳥、一條毒蛇和一位婦女的委託，請他代向國王詢問三個問題。雉鳥的問題是：為什麼牠祇有在某一株樹上鳴叫的聲音才好聽，在其他樹上鳴叫的聲音都不好聽？毒蛇的問題是：為什麼牠出洞穴時身體柔軟方便，返回洞穴時就窒礙痛苦？婦人的問題是：為什麼她在夫家時思念娘家，回到娘家則又想念夫家？

眾人到了國王那裡，國王對大家提出的控告作了如下的判決：

關於牛的走失，牛主和檀膩羇都有錯。檀膩羇還牛而不告知牛主，應當割舌；牛主見牛而不收繫，應當剜眼。牛主一聽，就放棄控告，不要再追究了。

關於奔馬折足，也是牧馬人和檀膩羇都有錯。牧馬人呼叫檀膩羇攔馬，所以應當割舌；檀膩羇擲石擊馬，應當斫手。牧馬人聽了也不要控告了。

關於木工失斧，確是禍起檀膩羇的詢問渡處，所以應當割其舌。但木工持物不以手，而以齒咬，亦屬不當，所以應打落兩顆前齒。木工聽了，便自願和解，不再索賠。

關於壓死小兒一案，檀膩羇可為該婦之夫，等到該婦再生一兒後離去。可是婦人不要檀膩羇為夫，便也自願和解。

關於壓死老織工一案，檀膩羇可代老織工為其兒之父，以作補償。織工之子聆判，也自願和解，不要檀膩羇成為他的父親。

接著國王又審理了另外兩案：一是兩婦爭一小兒，一是兩人爭一白毯。

關於兩婦爭一兒，國王命兩婦各捉小兒一手，分別向左右拉奪，勝者得兒。結果小兒的生母因為怕小兒疼痛，不忍用力而失敗，但國王卻因此得知實情，把小兒判給小兒的生母。至於兩人爭毯的事，國王也用同樣的方法作出了判決。

國王判完各案，檀膩羇便向他提出了雉鳥、毒蛇和婦人所託詢的三個問題。國王對這三個問題的答覆是：

1. 雉鳥祇有在那一株樹上鳴叫才好聽，是因為那株樹下埋有一大箱金子。

2. 蛇出洞穴時，沒有煩惱，心情和柔，身體便也和柔。出洞後與鳥獸接觸，有了怨恨氣惱，身體因而粗大，所以回洞時覺得困難。如果它在外能持心平和，不生怨惱，那麼回洞就不會覺得窒礙苦痛。

3. 婦人在夫家時思念娘家，是因為娘家有她的情人在，所思念的是那情人。在娘家住了些日子有點厭了，便又思念丈夫。祇要她收起邪心，就不會想來想去了。

國王回答了這三個問題後，對檀膩羇說：「你闖禍惹出的那些訴訟，我已替你開脫了。你實在窮，那株樹下的金子應該是我的，現在就把它給你吧，你可以去挖出來拿走。」於是檀膩羇成了富人，快樂度日。

以上所述檀膩羇故事，依其性質，可以分為三個獨立單元：一是一連串似是而非的判決，二是二婦爭兒和二人爭毯的判決，三是國王回答檀膩羇代詢的三個問題而檀膩羇意外獲得了一箱金子，不再窮困。這三個可以各自獨立的單元，在中國民間都有同型的故事在流傳，取以對照，也都可以稍窺其演變之脈絡，茲試探於次。

二

〈檀膩羇品〉中「似是而非」的一連串判案，在中國的民間故事裡分成兩種情形，一是自成單元，獨立發展，成為AT 1534號類型的故事；一是和AT 1660號類型的故事結合為一，成為一則複合型的故事。

AT 1534號類型的故事，在歐洲、北非和西南亞各國等地都很流行。它的基本架構是法官對訴訟作出了一連串似是而非的判決，使原告不得不撤回控訴。比較常見的訟案和判決是：(1)被告向原告借馬，結果弄斷了馬的尾巴。判決是被告留著那匹馬，等馬尾巴長好以後再還給原告。(2)被告從床上跌下來壓死了一個嬰孩。判決是他應該和嬰孩的母親生一個孩子作為賠償。(3)被告從橋上跳水自殺，結果壓死了原告（船夫）的兒子。判決是原告也從橋上跳下去壓死被告❸。

AT 1534號類型的故事，在丁乃通的《中國民間故事類型索引》裡沒有記錄❹，筆者迄今也還未看到或聽過中國的AT1534號類型故事，但是有些資料可以證明中國的民間故事裡是有這一型的。這些資料

❸ (1) Stith Thompson, *The Types of the Folktale* (Helsinki, Academia Scientiarum Fennica, 1973), p.439. (2) Hasan M. El-Shany, *Folktales of Egypt* (Chicago, The University of Chicago Press), pp. 209–212, 297–298. 在埃及的故事裡，壓死小孩的情節換成誤撞孕婦以致流產。

❹ Nai-Tung Ting, *A Type Index of Chinese Folktales* (Helsinki, Academia Scientiarum Fennica, 1978)，中譯本由北京中國民間文藝出版社出版（一九八六）。

分別見於內蒙和新疆。

流傳在內蒙的一則名為「一連串的官司」，大意如下：

一個窮牧人借了別人一頭牛去拉東西，用完了就把牛牽入牛主的牛圈，那牛主正坐在蒙古包裡望著牛圈，借牛人以為牛主已看見，沒說一句話就回家了。不久牛主到借牛人家裡要牛，兩人爭吵起來，便去打官司。

兩人走著走著，遇上了一個追馬的，很遠就給他們擺手，要他們把一匹奔馬截住。借牛的人搬起一塊石頭朝馬扔去，結果砸壞了馬的腰。於是馬主和借牛人也爭吵起來，要去打官司。

三人途中口渴，到一個人家去喝茶。主人請他們坐，借牛的人冒冒失失的坐上了用被窩包著的小嬰兒，把嬰兒壓死了。孩子的母親哭著也要和借牛的人去打官司。

四個人走著走著，遇到了一條大河。一個木匠用嘴啣著鑿子正過河，借牛人大聲問他哪處水淺好過？木匠張嘴回答，鑿子便掉到河裡被沖走了。木匠上岸後要借牛人賠，借牛的人不賠，祇好也去打官司。

他們在途中經過一棵樹，樹上的一隻小鳥託借牛的人代向官兒問個問題，為什麼牠在這株樹上叫的聲音很好聽，到別的樹上就不好聽了。

五個人見了官兒，官兒依次審問了他們，然後依次向他們說明事情的道理，指出每個人的錯誤：借牛人不該還牛時一聲謝謝都不說；牛主不該人家還了牛偏說沒有還。馬主請人家幫忙截馬，又沒有告訴人家怎樣截，打壞馬腰，祇能說是人家的一時疏忽；借牛的人太冒失，幫人家截馬怎能用石頭去打牠的腰？嬰兒的母親用被窩包小孩應該讓孩子的臉露出來；借牛的人太隨便，進了人家的蒙古包應該有禮貌。木匠啣著鑿子過河是不對的，就是沒有人問話，自己一不小心也要掉到河裡去的；借牛的人見到木匠是回答自己的話才把鑿子掉進河裡，應該抱同情的態度，不能再說上一大通風涼話。於是每個人都認知了自己的錯誤，都說不打官司了，官兒則再引小鳥的問題為例，認為那樣的問題是無法斷的，大家的糾紛也是這樣很難斷的，但祇要多少體諒一下對方，把該說的話說到，便不會費這麼多的時間打這沒意思的官司了。[5]

流傳在新疆的是一則維吾爾族故事，名為「公正的判決」，大意如下：

古時候，有個農夫過河時身上沒帶錢，答應割下胯上的一斤肉給船夫作為報酬，但上了對岸便跑了。半路上，他幫忙攔阻別人驚慌亂跑的駱駝，不慎打瞎了駱駝的眼睛。他繼續往前跑，翻過一堵牆，一腳踩死一個多病的老人。農夫連闖三禍，聽說國王秉公辦事，就朝王宮跑去。國王審問後，作出判決：船夫以後擺渡不得取報酬，由王宮每年給他付一次工錢；老人的家境貧寒，他的埋葬費由國庫開支。大家認為國王的判決非常公正。

[5] 見李翼、王堯整理之《蒙藏民間故事》（香港，今代圖書公司，一九五八），第二〇～二二頁。

維吾爾的這則故事，筆者沒有看到本文，上述大意是從《中國傳說故事大辭典》中摘出❻，原來的摘要中沒有提到國王對打瞎駱駝眼睛的案件如何處理，不知是本文中就沒有說，還是辭典的摘要有所疏漏。不過這並不影響對故事結構的了解。

從案件的發生經過，所爭執的內容，以及整個故事的結構看，上述兩則故事都可上溯到《賢愚經》的〈檀膩羈品〉，但是由於故事中判案方式的改變，彼此的重點也就不同了。

「似是而非」的判案，重點在趣味，而其趣味就在其判決的荒謬，這也是故事之所以吸引人之所在。可是上述兩則故事都是想把判案合理化，以致故事原有的「荒謬」趣味消失。而判案「合理化」的結果，使〈一連串的官司〉讀起來像是政府教育人民的宣傳文件，〈公正的判決〉讀起來像是政府在宣示其社會福利政策，而「合理化」則受限於故事已有的架構而顯得十分牽強。於是整個故事既缺乏說服力，又沒有趣味。如果說這樣的故事能讓人津津樂道地在民間流傳千餘年，應該是不可能的事。所以，這兩則故事大概是近世文人配合時政而把民間故事改寫成的作品，不是真正的民間故事。

可是，這兩則故事雖然不是真正的民間故事，但既然是民間故事的改寫，那麼可以因而得知民間是有未經改寫過的這類故事的。真正在民間流傳的這類故事應仍保有它的「荒謬」趣味，各案的判決也大概仍是檀膩羈故事中的方式。唯一不見於檀膩羈故事者是〈公正的判決〉中船夫要割取農夫胯上一斤肉作為渡資的情節，這個情節在西方的民間故事中久已流傳，十六世紀英國戲劇家莎士比亞(William Shakespear, 1546–1616)曾將它用在他的名作《威尼斯商人》(*Merchant of Venice*)裡，說高利貸者為了報

❻ 祁連休、蕭莉主編《中國傳說故事大辭典》(北京，中國文聯出版公司，一九九二)，第六六二頁。

復，在男主角逾期還錢時，堅持要依約割下男主角身上的一磅肉，結果是男主角的未婚妻假扮男裝擔任法官，判令債主割取借錢人身上一磅肉時不可有血，否則要受罰，因為借錢人祇承諾不準時還錢可割取他身上的一磅肉，但並未說可以流血。高利貸者辦不到，困難因之解決。美國湯普遜的《民間文學情節單元索引》中將它編號為 J 116.2❼。〈公正的判決〉中渡夫和農夫的渡資約定，應該也是這樣以不能執行而不了了之的吧。

AT 1660 型故事的類型名稱是「法庭上的窮人」(The Poor Man in Court)，流傳地區頗廣，除中國外❽，也見於印度❾、土耳其和歐洲的一些國家❿，大意是：一個窮漢被人扭上衙門受審，他在一個袋子裡裝了些石塊，準備在縣官判他有罪時砸縣官，但他對著法官舉起袋子的動作，讓縣官以為那個袋子裡裝的是用來賄賂他的銀子，所以就放了他⓫。故事的趣味在縣官誤解了窮漢的動作，以為袋子裡裝的是要賄賂他的銀子而釋放了窮漢，至於窮漢為什麼事被扭進衙門並非故事的重心。檀腻羇故事中「似是而非」的判案 (AT 1534) 與這一型的故事結合後，故事的趣味大增。茲舉二則為例：一是遼寧省的〈昏

❼ Stith Thompson, *Motif-Index of Folk-Literature*. Indiana University Press, 1975, Vol.4, p. 80.

❽ 同❹，第二一六頁。中譯本在第四五五頁。

❾ Stith Thompson and Warren E. Roberts, *Types of Indic Oral Tales-India, Pakistan, and Ceylon* (Helsinki, Academia Scientiarum Fennica, 1960), p.159.

❿ 同❸(1)，第四七六頁。

⓫ 同❿。

官斷案〉，大意如下：

有一個村子裡住著兄弟兩人，老大很有錢，老二很窮。一天，老二向老大借馬車去山上砍柴，老大祇借馬而不借車，弟弟砍了柴沒法運，祇好把柴拴在馬尾巴上，讓馬往回拖，還沒有拖到家，馬尾巴就斷了。於是老大拖著老二去衙門打官司。

衙門很遠，走了一天還沒到，晚上他們住進一家客店。老二心煩，躺在床上翻來覆去睡不著，一不小心從床上翻跌下來，壓死了床邊搖籃裡店主的孩子，因此店主也拖著老二要去衙門打官司。半路上，迎面來了一輛馬車。老二心想，壓死了店主的孩子，去衙門大概難以生還，不如自己死了算了，於是就往馬車底下鑽去。趕車人趕忙煞車，但是馬受了驚嚇，帶著車往旁一拐，沒壓著老二，卻把車上的心臟病人給嚇死了，所以病人的家屬拖住老二也要去衙門打官司。

進衙門前，老二揀了些石頭用頭巾包起來，心想，要是縣太爺判死刑，就用石頭砸。進了衙門，當縣官聽完各人對老二的控告要判決時，老二把石頭抱起來準備砸。縣官看見老二抱起一大包沉甸甸的東西，以為是要送給他的銀子，就作了有利老二的判決：老大的馬歸老二用，待長出了尾巴再還給老大。店主的老婆讓老二領走，等生了孩子一起還給店主。至於被嚇死的人則先抬回去，什麼時候活了再來衙門。

縣官判完，便把老二找去，打開老二的包一看，竟是一堆石頭，就問老二：「你拿石頭來幹什麼?」老二說：「算你命大，你要是判我死刑，我非用石頭砸死你不可。」縣官聽了頓時驚出一身冷汗，

心想：「沒得銀子得條命，幸虧我判得高明。」⓬

二是廣西仫佬族的〈貪財的判官〉，大意如下：

判官睡眼朦朧來到公堂，見張二、趙四和船小二扭住張三要告狀。張二告他弟弟張三，說張三借了他的馬去耕田，但蓄意把牲口打傷後逃走，現已捉來。張三在來公堂的路上，放了一塊磚頭在放錢的褡褳裡，如果判決不公，便用它砸官，這時捧定褡褳上前說：借馬是實，因馬不服生，耕地時胡亂打轉，被犁碰傷，我到趙四家借錢治馬，並非逃走。說著把褡褳高舉要砸。判官一見，以為褡褳裡裝的是用來賄賂他的銀子，便問趙四告張三何事，趙四說：張三向我借銀子，我答應借，還請他喝酒，他喝醉了倒在床上休息，卻在半夜弄死我的幼兒後逃走。張三答辯說：當時酒醉，是無意中翻身把孩子壓死的。說著又舉起了褡褳。判官又問船小二要告張三什麼？船小二說：他與父親船老大在江上捕魚，不料張三從江岸上跳下把他父親踩死。張三答道：我無意中把趙四的幼兒壓死後，自感惶惶，要跳水自殺，誰知跳下河岸又踩死一人，實在是意外。說著又把褡褳舉起，隨時準備砸過去。

判官見張三一再舉起褡褳，便判道：「張三弄傷張二馬，調養醫治是張三。飼料工錢張二出，老

⓬ 一九八五年十月徐繼財於遼寧省瓦房店市講述，見中國民間文學集成全國編輯委員會編《中國民間故事集成・遼寧卷》（北京），第七五八～七五九頁。

爺公判不准翻。」張二聽了，無話可說。判官再對趙四說：「張三壓死趙四子，夭折黃泉命該此。趙四老婆借給他，明年生子還趙四。」趙四聽了趕緊說：「世間哪有借老婆的，還是我們夫妻自己生算了。」接著判官又對船小二道：「張三踩死船老大，理應償命是不差，張三換到漁船上，小二跳崖照踩他。」船小二聽了忙說：「這怎麼行，從崖上跳下去，不知是頭先著地還是腳先著地呢，我可不能拿性命開玩笑。」判官說：「那就隨你便。」

張三見案子審完，自己無事，便把褡褳放在公堂上。判官見了，忙宣佈退堂，趕走四人後，打開張三留下的褡褳一看，見裝的祇是一塊方方正正的磚頭，氣得一句話也說不出來。⓭

二

關於「兩婦爭兒」的判案，現在已是世界性的故事情節。在西方，最為人所熟知的是「所羅門王的判決」：所羅門王要刀劈嬰兒，俾兩婦各得其半，生母因而放棄，於是真情顯示(AT 926)⓮。

⓭ 一九八〇年八月包燈亮（仫佬族）講述，范運華、謝聖鵬搜集整理，見包玉堂主編之《仫佬族民間故事》（南寧，漓江出版社，一九八二），第三七〇～三七二頁。

⓮ 《舊約・列王紀上》第三章。案：《賢愚經》中「兩婦爭兒」判案原載於《佛本生故事》(*Jataka*)，此書未曾漢譯。關於「所羅門王的判決」與此故事的關係，見 T. W. Rhys Davids, "The Book of Birth Stories, and Their Migration to the West"，在其所譯 *The Story of the Lineage* (London, 1878) 一書之 "Introduction" 中 (p. XIII)。

在中國，這個故事的傳入似乎比《賢愚經》在唐朝成書的時間早很多，因為在東漢末年應劭的《風俗通義》中已有類似的敘述，而且繫之於東漢名臣黃霸的名下，但並不見於《後漢書》的〈黃霸傳〉。《風俗通義・卷三》的記述如下：

潁川有富室，兄弟同屋，兩婦俱懷妊。大婦數月胎傷，因閉匿之。產期至，到乳舍，弟婦生男，夜因盜取。爭訟三年，州縣不能決。丞相黃霸出坐殿前，使卒抱兒，去兩婦各十餘步，叱婦曰：「自往取之。」長婦把持甚急，兒大啼叫。弟婦恐傷害之，因乃放與，而心甚自悽愴。長婦喜甚。霸曰：「此弟婦子也。」責問大婦，乃伏。

故事之廣為人知，則得力於元人李行道取以寫成《包待制智賺灰闌記》雜劇。劇情寫兩婦爭兒，包公以石灰畫框欄，置兒其中，令兩婦左右拽之，以能拽出灰欄者勝，生母恐傷其子，不敢用力，兩次均不能拽出，於是包公看出真相，幼兒得歸生母。從置嬰兒於灰欄之中的細節看，李行道《灰闌記》的取材，是可以直溯《賢愚經》的⑮。

---

⑮ 《灰闌記》雜劇在十九世紀由法國漢學家儒蓮 (S. Julien) 譯成法文，傳入歐洲（見 Henri Cordier, *Bibliotheca Sinica*. Paris, 1904. Vol. III, p.1786)。其後有德國劇作家布雷希特 (Bertolt Brecht, 1898–1956) 取其判案情節，寫成《高加索灰闌記》。此劇寫法官判孩子屬於輔育他的廚房女僕而不是屬於他的生母省長夫人，因為廚房女僕才是真正愛護這孩子而對孩子有利的人，省長夫人並不愛她的孩子，她之爭取孩子祇是因為孩子的財產繼承權。測驗她們兩人對小孩有無愛心之方法，

類似的「爭兒」故事，在中國民間頗多⑯，雖然多屬同一類型，但形式也或有變化，如《魏書・卷六六・李崇傳》有兩父爭兒故事，大意云：壽春縣人苟泰有子，三歲時遇賊失散，數年後在同縣人趙奉伯家中見之，遂起爭執，告於官。李崇將三人隔離拘禁。數旬後，分別告知苟泰和趙奉伯，孩子急病身亡，可往奔哀。苟泰一聽，立刻大哭，悲不自勝。趙奉伯聽了，則祇是嘆息而已，沒有什麼難過之意。於是就把孩子判還給苟泰⑰。

「二人爭毯」的故事，最早也見於應劭的《風俗通義》，其文云：

臨淮有一人，持一匹縑到市賣之。道遇雨，被戴。後人求共庇蔭，因與一頭之地。雨霽當別，因

即是把孩子放在以粉筆畫成的圈圈中，讓她們各持孩子一手，左右向外拉拽，以能把孩子拉出圈外者為孩子真正的母親，結果省長夫人雖然獲勝，孩子卻仍歸廚房女僕（見彭鏡禧譯《高加索灰闌記》，臺北，淡江大學出版中心，民國七十八年）。

⑯ 同④，第一四七頁，故事型號926。中譯本在第二九六頁。

⑰ 「兩父爭兒」故事在清人筆記《咫聞錄・辨子》中還增加了一個檢驗辦法，即是生父與養父在聞知孩子死訊而作出程度不等之反應後，縣官試使養父買棺收殮，養父則以為生父既認孩子是其所生，並因之興訟，便應由其收殮埋葬。真相於是大白。「兩婦爭兒」的辨判也有另一種形式，乃是以一大鯉魚偽裝嬰兒，將之拋入水池，養母一見，急忙呼人求救；生母則立時跳入水中撈救。見聞鐵民〈荷塘斷子〉，在石錦元所編《芝麻官斷案故事》（杭州，浙江文藝出版社，一九九〇），第四二～四五頁。

共爭鬥，各云我縑，詣府自言。太守丞相薛宣劾實，兩人莫肯首伏。宣曰：「縑直數百錢耳，何足紛紛自致縣官！」呼騎吏中斷縑，各與半，使追聽之。後人曰：「受恩。」前撮之。縑主稱怨不已。宣曰：「然，固知當爾也。」固詰之，具服，悉還本主。

《賢愚經》中國王使爭執雙方拉毯以覘真情的方法，在中國民間故事中一直未曾出現。在中國的這一類民間故事裡，爭執的物件會是縑布、衣服或褡褳等不同的織品，但判官將之剪而平分的方式則一直流傳迄今⑱。也許是受《風俗通義》故事中兩人以縑遮雨而生爭執的引發，後來的故事中也有以雨傘為爭執物的⑲。但是，更合情理而依然不失趣味的方法，則見於下面的這個故事：

甲、乙兩人帶著幾匹布去打官司。

甲對法官說：「我以賣布為業。今天早上擔著這幾匹布去集上賣，半路上忽然下雨了，便跑進路旁的亭子裡去避雨。」說到這裡，指著乙道：「那時他也在亭子裡避雨。我把布放在石凳上枕著休息，不知不覺睡著了。睡夢中覺得有人抽我的布，醒來一看，見他挾著我的布跑了。我趕緊追

⑱ 同❹，第十四頁，故事型號926＊。中譯本在第二九七頁。又，祁連休編《漢族機智人物故事選》（河南少年兒童出版社，一九八五），第一六五頁〈斷褡褳〉。

⑲ 張村田記錄〈包公斷傘〉，在中國民間文藝研究會河南分會編《河南民間故事集》（北京，中國民間文藝出版社，一九八五），第二九五頁。

上去抓住，他卻反說是我搶他的布。請法官公斷。」

乙說：「我一直以賣布為業。今天我扛布出來賣，路過亭子，進去休息，是他搶我的布，被我奪了回來。請法官明斷。」

法官便命差役將布全部抖開，然後叫甲、乙兩人分別將布折疊成捆。甲先疊，他抓起布的兩端，輕輕一提，布立刻就順了；接著輕快地一折一捲，一捲一折，不一會兒，大堆的亂布全都疊好了。

乙則抓起布來愈抖愈亂，半天還沒疊好一匹。

法官見了，笑著對乙說：「你不是說一直以賣布為業嗎？怎麼連布也不會疊呢？」乙惶恐無語，祇好認罪。⑳

這則故事，在時間上是比較晚的，因為行販布匹成為專業，應該是宋明之時手工業發達以後的事。

四

《賢愚經》中的「代人問詢，意外獲財」，現在在印度仍是一則流傳很廣的民間故事，故事的基本架構是：一個窮人去找神仙，想知道如何才能富有或尋回失去的黃金。一路上，他受到一些人或動植物的委託，請他代向神仙詢問一些困擾著他們的問題。窮人找到神仙後，獲得了各個問題的答案。在回程中，

⑳〈巧斷布訟〉，見蔣星五編《益智趣味故事500則（紫葉集）》（江蘇少年兒童出版社，一九九四），第二五三及六五二～六五三頁；也見於《芝麻官斷案故事》，第八六～八七頁，詳見⑰。

他把答案一一告知託他代詢問題的人或動植物，結果他意外地從他們那裡獲得了財物，因為他們必須捨棄這些財物才能解決困擾著他們的問題，例如：有一株果樹託問，為什麼它結的果子是苦澀的？答案是因為樹下埋了一罈金子。如果要果實甜美，必須移走金子。因此果樹決定把這罈金子送給這個窮漢，於是窮漢就成了富人[21]。

在中國，民間也流傳著這樣的故事，但有兩種說法，主角都是勤勉而貧窮的年輕人。他在去找神仙途中所受委託的三個問題，以下列三種最常見：

1. 老夫婦問，為什麼他們的女兒十八歲了還不會說話？

2. 河裡的龜鱉魚蛇問，為什麼已經修煉了三千年還不能成龍昇天？

3. 果樹問，為什麼它祇開花而不結果，或為什麼結的果總是苦澀的？

故事的第一種說法是年輕人見了神仙就問這三個問題，再要問自己為什麼雖然勤勞但還是貧窮時，神仙就不再回答了，或是神仙就不見了[22]。故事的第二種說法則在年輕人向神仙提問題之前多了一點小曲折：神仙對他說，他祇可以問三個問題；或是問了別人的他就不能問自己的，問了自己的就不能問別人的。於是這個年輕人在內心就有了衝突。最後他決定遵守自己對別人的承諾，提出了別人的問題而放棄了自己的。所以，在回程中年輕人得到了那三個人或動植物的酬謝而成為富人時，整個故事有更好的

[21] 同[9]，第六六頁，型號461B。

[22] 劉景全講述、張樹信採錄〈找幸福〉及其後所附異文二則，在《中國民間故事集成・吉林卷》（北京，中國文聯出版公司，一九九二），第五五〇～五五五頁。

效果。茲舉一例，撮述大要如下：

范丹是個窮孩子，二十歲那年，一隻偷米吃的白老鼠告訴他，他命裡祇有八合米，所以佛爺要牠來偷吃，使米升子永遠不會滿。於是范丹決心到西天去問佛爺，為啥他命裡祇有八合米？

范丹一直往西走，不知熬過了多少日夜。有一天的黃昏，他餓倒在一戶人家的門口，這家的老頭端了米粥給他吃，又留他住了一宿。老頭知道范丹是要去西天找佛爺後，便託他向佛爺問一件事。老頭說：「我女兒今年十八歲啦，還不會說話。問問佛爺是咋啦？」范丹答應了。

又一天，范丹走累了，在一個土地廟裡歇息。土地爺知道他是要去西天找佛爺後，便說：「託你問一件事，我當土地爺千年啦，還不能上天。問問佛爺是為啥哩？」范丹也答應了。

范丹繼續往西走，快到西天時，有一條大河攔住了去路。范丹要浮水渡河，縱身跳進水裡，恰好落在一個大老鱉的蓋上。老鱉問范丹：「你是過河求佛的吧？」范丹說：「是呀。」老鱉說：「見了佛爺託你問一件事：我在這裡修煉千年啦，還不能成龍。問問佛爺是為啥哩？」范丹說：「我一定替你問問。」說著說著，老鱉把范丹馱過了大河。

范丹在西天的寶殿裡見到了佛爺。佛爺說：「范丹，我知道你有事要來問我。但是，問自己的事就不能問別人的事；問別人的事就不能問自己的事。你是問自己的事，還是問別人的事呢？」范丹一聽很作難：問自己的事吧，別人託問的事都答應過啦，咋能不守信義呢？問別人的事吧，自己千里迢迢，爬山涉水，為的啥呢？他想來想去，終於下了決心：不能說話不算話，就問別人的事吧，自己的事不問了。於是他說：「我問別人的事。」

范丹把老頭、土地爺和老鱉的事說了一遍，佛爺一一作了回答。范丹謝過佛爺，出了寶殿，便往回走。走到河邊，他告訴老鱉：「佛爺說，你身上帶著避風珠、避火珠、避水珠，太珍惜自己性命，辦不了大事，所以不能成龍。」老鱉把范丹馱過了河，吐出三顆寶珠送給范丹，馬上變成一條龍，騰空而去。

范丹來到土地廟，告訴土地爺：「佛爺說，你太貪財，身後埋著一罐金子。把金子送給別人就能上天啦。」土地爺讓范丹把金子扒出來，說：「勞你替我問了佛爺，這金子送給你吧！」說罷就上天了。

范丹走到老頭住的地方，老頭和他的啞巴閨女正在村邊等著。離老遠，啞巴閨女就望見了范丹，大聲喊道：「爹！他回來了。」喊著，又跑回家給她媽報信去了。范丹見了老頭便說：「您託我問的事問啦。」老頭說：「那我就把女兒許配給你啦！」范丹說：「不，佛爺說，她見了自己丈夫才會說話哩！」老頭哈哈大笑，說：「是呀，她剛才看見你就會說話啦。今天就是個好日子，你們成親吧。」於是范丹與老頭的女兒成了親。㉓

這一型的故事，湯普遜起初將它編為461B，後來又改為461A㉔；丁乃通先生的《民間故事類型索

㉓ 劉懷錄、馬宗芳講述，張楚北搜集整理〈白老鼠偷米〉，書同⑲，第五〇一～五〇五頁。

㉔ 同⑳。

引》將它定名為「西天問活佛，問三不問四」㉕。但是如果仔細區分，第一種說法祇是「西天問活佛」，第二種的說法才是「西天問活佛，問三不問四」。

五

《賢愚經・檀膩羈品》中三個單元的故事，無疑都是古印度的民間故事，在佛經裡是以檀膩羈為引線，把它們組合為一，用以凸顯國王（佛陀本生）的才智。但是，「似是而非」的一連串判決，在本質上是荒謬的。從故事的結尾看，國王作那種判決似乎是故意的，其目的是救援檀膩羈脫出困境。可是故事裡並沒有說明國王為什麼要救援檀膩羈；那些蒙受損害者，尤其是喪子喪父的苦主，他們又為什麼要無故受到損害？所以這個單元雖然有著「荒謬」的趣味，但並不能顯示國王的英明，反而有混淆是非標準的負面影響。在中國的民間故事裡，因為沒有一定要用以表示誰的才智，就順著它「荒謬」的本質發展，把它和 AT 1660 型故事結合，說它是昏官判案，既保持其趣味，也不扭曲是非，是比較合於情理的。

「兩婦爭兒」和「二人爭毯」中令爭執雙方互拽爭執物，實際上也是一種「荒謬」，因為把訴之於「理」的案件訴諸於「力」了。不過，因為這種「荒謬」祇是偵查的方法，結果仍是合乎情理的判決，所以讀者不僅感到有趣，也欣賞審判者的才智。在中國的民間故事裡，對孩子的爭執，衍生了假報孩子死訊以覘父子真情的方式；對物品的爭執，改力扯為破半平分的方式，雖然也都是基於人性之各有不同而進行偵測，但消褪了戲劇意味較濃的「荒謬」，表現了生活中的「情理之可有」，增強了真實感。這種

㉕　同❹，第七九頁。中譯本在第一三六頁。

真實，演變到了「疊布」求證，則已完全進入了生活中的「情理之必然」。

關於「西天問活佛」故事，在《賢愚經》中，國王對毒蛇和婦女所提問題的回答，都具有正面意義，也符合教義的宗旨，但是雉鳥的問題和國王的回答卻和它們不同。毒蛇和婦女的問題都是問為什麼他們會有那樣的苦惱，目的在求解除苦惱的方法。雉鳥問的則是為什麼在那一株樹上鳴叫會好聽，目的在求知所以好聽的原因。國王的回答是因為樹下埋有黃金，這是在宣揚黃金的效用。而國王又說，那是他的黃金，那麼他為什麼要埋在那株樹下呢？又為什麼要掘出來送給檀膩羇呢？這些都沒有說明。在現在流傳的故事裡，是果樹問為什麼結的果實苦澀，回答是因為樹下埋有黃金；土地爺問為什麼修煉千年不能上天，回答是因為貪戀黃金。這樣的問題和回答是說貪戀財富對完成生命中的某些目標是有妨礙的，就比較符合大眾的認知。所以，《賢愚經》中雉鳥的問題，若是改成問為什麼在那株樹上的鳴叫特別難聽，而回答是因為那株樹下埋了黃金，便與另外兩個問題的「模式」和意旨都一致了。至於在窮青年見到活佛時添入「問三不問四」或「問別人的就不能問自己的」波折，則不僅增加了故事的跌宕之趣，也提升了故事的教育意義；在技巧上，也就是所謂的「點鐵成金」吧。

——國際民間敘事研究會北京學術研討會（北京，一九九六年四月二十二～二十八日）論文

從漢文資料看飛頭傳說之發展及其流行區域

飛頭傳說謂人之頭於夜間飛去，比明始返。其基本構想，甚為特殊，自晉迄明，迭見記述。考此說之流行區域，係在今之越南境內。記錄之所依據，或直接聞自當地，或間接得自時人，是以各篇之年代固有先後，文字則非鈔襲，頗能顯示此一傳說於千餘年間之成長過程，乃研究口傳文學演變之難得資料。

一

晉（二六五～四二〇）孔約《志怪》第十條：

南方「落」民，其頭能飛。其俗所祠，名曰「蟲落」，因號「落」民。❶

❶ 孔氏《志怪》四卷，原書久已散逸，今所據為《古小說鉤沉》，共十條。《隋書》、《新唐書・藝文志》題此書為孔氏所撰，未署其名。傅惜華據《太平廣記・卷二七六》所錄「晉明帝「一則文末所注」孔約《志怪》」，知作者名約。又據《世說注》引此書「盧充」一事，有「其後生植，為漢尚書，植子毓，為魏司空，冠蓋相承至今」之語，知作者為晉人。見傅惜華《六朝志怪小說之存逸》，在《漢學》第一輯（北平，中法漢學研究所，一九四四），第一八八～一八九頁。

晉、張華（二三二～三〇〇）《博物志》卷九：

南方有「落頭民」，其頭能飛。其種人常有所祭祀，號曰「蟲落」，故因取名焉。以其頭飛，因眼便去，以耳為翼。將曉，還，復著體。吳時往往得此人也。❷

晉、干寶《搜神記》卷一二：

秦時，南方有「落頭民」，其頭能飛。其種人部有祭祀，號曰「蟲落」，故因取名焉。吳時，將軍朱桓得一婢，每夜臥後，頭輒飛去，或從狗竇，或從天窗中出入，以耳為翼。將曉，復還。數數如此，傍人怪之。夜中照視，唯有身無頭，其體微冷，氣息裁屬，乃蒙之以被。至曉，頭還，礙被不得安，兩三度墮地，噫咤甚愁，體氣甚急，狀若將死。乃去被，頭復起，傅頸。有頃，和平。桓以為大怪，畏不敢畜，乃放遣之。既而詳之，乃知天性也。時南征大將亦往往得之。又嘗有覆以銅盤者，頭不得進，遂死。

北魏、酈道元（？～五二七）《水經注》卷三七「葉榆河」注，引晉人《交州外域記》云：

---

❷《博物志》原書成於晉武帝時，今本為後人綴輯而成，版本計十六種，詳傅惜華《六朝志怪小說之存逸》。此處所據為《指海》本。《古今逸史》本此條在卷三，「落頭民」誤作「落頭蟲」。

交阯昔未有郡縣之時，土地有「雒」田，其田從潮水上下。民墾食其田，因名為「雒」民。設「雒」王、「雒」侯，主諸郡縣。縣多為「雒」將，雒將青綬銅印。

馬貞《史記索引》云：

《史記》卷一一三〈南越列傳〉：「佗因此以兵威邊，財物賂遺閩越、西甌、駱，役屬焉。」唐司

姚氏案：《廣州記》云：交趾有「駱」田，仰潮水上下，人食其田，名為「駱」人。有「駱」王、「駱」侯。諸縣自名為「駱將」，銅印青綬，即今之令長也。後蜀王子將兵討駱侯，自稱為安陽王，治封溪縣。後南越王佗攻破安陽王，令二使典主交趾、九真二郡，即甌、駱也。❸

案：東南亞有浮稻，亦名深水稻，高者可達五公尺半，於洪水上漲期間生長最速，水高亦與之俱高，元、周達觀《真臘風土記》「耕種」條，明、黃衷《海語》一卷「暹羅」條皆嘗記錄。此處所謂之「雒」（駱）田，疑即種植深水稻之田也。

據《交州外域記》所述，是「雒」為交阯（趾）之古稱。「雒」字乃記其音，故亦可作「駱」、作

❸ 《史記索引》所謂之《廣州記》，或為晉顧微所撰者，殘文見《說郛・卷六一》及《五朝小說》，或為裴淵所撰者，殘文見《太平御覽・卷八九二》，皆第五世紀或更早之作品。所謂「姚氏」，法儒鄂盧梭（L. Aurousseau）疑係第五第六世紀間撰《交州記》之姚文咸。說見馮承鈞譯《秦代初平南越考》（臺北，商務，民國六十年），第九三頁註九〇。

「落」。蓋「雒」、「駱」並從各得聲；「落」字從洛得聲，而「洛」字從各得聲。《廣韻》「雒」、「駱」、「落」俱音「盧各切」，今古之音皆同。《史記・南越列傳》之「以財物賂遺閩越、西甌、駱，役屬焉」、「其西甌、駱、裸國亦稱王」等句，則足證「駱」（雒、落）為種族名、為國名。故「雒民」、「駱民」，即孔約《志怪》所記之「落民」。而「其頭能飛」之說，知其源自交阯也。至於《博物志》、《搜神記》之作「落頭民」者，以下文「其頭能飛」而衍「頭」字，復傳鈔承譌，其誤甚明。

二

唐、段成式（？～八六三）《酉陽雜俎》卷四「境異」類：

嶺南溪洞中，往往有飛頭者，故有「飛頭獠子」之號。將飛前一日，頸有痕，匝項如紅縷，妻子遂看守之。其人及夜狀如病，頭忽生翼，脫身而去，乃於岸泥尋蟹蚓之類食。將曉飛還，如夢覺，其腹實矣。——梵僧菩薩勝又言：闍婆國中有飛頭者，其人目無瞳子。聚落時有一人（案：此處當有闕文）。據于氏《志怪》❹，南方落民，其頭能飛，其俗所祠，名曰蟲落，因號落民。——晉、朱桓有一婢，其頭能飛。❺

---

❹ 「于氏」當是「孔氏」之誤。

❺ 後晉李石輯此文入其《續博物志・卷一〇》云：「嶺南溪洞中，往往有飛頭者，故有飛頭老子之號。頭將飛一日前，頸有痕，匝頸如紅縷，妻子共守之。及夜，生翼飛去，曉卻還。——梵僧菩薩勝言，闍婆國中有飛頭，其俗所祠，名曰蟲

宋、歐陽修（一〇〇七～一〇七二）、宋祁（九九八～一〇六一）合撰之《新唐書》卷二二二下〈南蠻傳〉（歐陽撰本紀、志、表，宋撰列傳）：

南平獠，東距智州，南屬渝州，西接南州，北涪州❻。戶四千餘，多瘴癘。……有飛頭獠者，頭欲飛，周項有痕如縷，妻子共守之，及夜如病，頭忽亡，比旦還。

案：唐時嶺南道轄有今兩廣、越北，及雲南之東南部分（《新唐書・卷四三上》），段成式但云「嶺南溪洞中往往有飛頭者」，是泛指嶺南道各地區也。至於「獠子」一詞，則未必果指僚族。蓋前人所記僚人，常與苗、傜、僮、越、黎（俚）、蜑、濮、僰等相混；而自南北朝（四二〇～五八九）以來，「獠」之一名，亦已成為北人對南人之蔑稱。如褚遂良係錢塘人，武則天怒時斥其為「獠」，陸贄係蘇州嘉興人，唐德宗詈其為「老獠奴」，皆與種族無關❼。

茲審段氏文義，嶺南之飛頭故事，並非鈔襲舊說。蓋下文復曰：「梵僧菩薩勝又言：闍婆國中有飛

落，因號落民。」（《古今逸史》本）

❻《舊唐書・卷一九七・南蠻西南蠻傳》所記南平之地理位置為「東與智州、南與渝州、西與涪州接」。

❼《新唐書・卷一〇五・褚遂良傳》：「武氏從屋後呼曰：何不撲殺此獠？」《資治通鑑・卷一九九》「永徽五年九月」條同。《異聞錄》「上清」條：「德宗至是大悟，因怒陸贄曰『老獠奴』云云。」說詳陳寅恪〈魏書司馬叡傳江東民族條釋證及推論〉，見《中央研究院歷史語言研究所集刊》第十一本（民國三十三年）第七頁。

頭者」，是「嶺南飛頭」亦此僧所言，否則當曰「梵僧菩薩勝亦言：闍婆國中有飛頭者」也。揆諸當時之消息傳播條件，梵僧之得知嶺南及闍婆兩地飛頭故事，則恐來自途經其地之聽聞也。

考當時中國與印度間之交通，據賈耽於貞元年間（七八五～八〇四）所記，有海陸兩道。陸道又分為四線，茲撮舉其所經之主要地區於次：

㈠陸道

(1)由越南北部（安南、交阯）西經雲南（羊苴咩城），再西南入緬甸（驃國）。

(2)路線同上，唯自雲南西向入緬甸。

(3)由越南北部（驩州——在交阯之南，係唐代中期最南之一州，屬安南都護府，即古之日南，當今越南之河靜省）南下至越南中部（環王國）。

(4)由越南北部（驩州）西南行入柬埔寨（真臘）。

㈡海道

由廣州起帆，取道海南島外側（九州石），沿越南中南部海岸（奔陀浪）南下爪哇（訶陵），復西出馬六甲海峽❽。

---

❽《新唐書・卷四三下・地理志》。伯希和 (Paul Pelliot)《八世紀末中國與印度間之交通》(*Deux Itineraries de Chine en Inde a la fin du VIII Siecle*)，馮承鈞漢譯作《交廣印度兩道考》（臺北，商務，民國五十九年重印），原文在《法國遠東

上述賈耽所記海道中之訶陵國（爪哇），亦稱闍婆國（《新唐書》卷二二二下）。梵僧既言闍婆飛頭故事，當自海道來華。然爪哇飛頭故事，前既未聞，後亦無說。而陸道第三線所經之環王國（亦稱林邑、占城、占婆），地分南北中三區，各有都會。中區名「毘闍耶」（vijaya），今之平定省也。都會亦同名，漢文舊譯作「佛逝」，亦作「闍盤」❾，疑即是梵僧所稱之闍婆。

闍盤於十世紀末為占城（環王）之新都，即南宋趙汝適《諸蕃志》所稱之「新州」，蓋對原在北區之舊都而言❿。《酉陽雜俎》中梵僧所言之闍婆飛頭，宜是此闍盤地區之故事，其說如下：

就譯音之用字而言，婆，《廣韻》音「薄波切」；盤，《廣韻》音「薄官切」，兩字一聲之轉，而譯音固無正字。

若將梵僧所言之闍婆置於爪哇，則不僅爪哇之飛頭傳說前此後此皆無所聞，且海道來華不必經交阯，其所述嶺南飛頭故事當置於廣州。然唐時以交阯為南疆，廣州係南地，果有飛頭傳說，恐無待梵僧之來而始有聞。

學校校刊》(*Bulletin de L'Ecole Franc aise d'Extreme-Orient*) 第四號，一九〇四年出版於河內。

❾ 馮承鈞譯《占婆史》（臺北，商務，民國五十九年版），第一一頁。馮承鈞《諸蕃志校注》（臺北，商務，民國五十九年重印），第五頁。

❿ 馮譯《占婆史》，第五九頁。馮著《諸蕃志校注》，第四～五頁注一及注二。又，伯希和謂「闍婆」一名初見於一三一二年成書之《大越史記全書・本紀》卷六（馮譯《交廣印度兩道考》，第五四頁），然其地其名當早此已存在者也，遷都之前，漢文史籍無由及之耳。

若將此一闍婆置於越南中部，認知其為「闍盤」之同名異譯（越南之「闍盤」或作「佛逝」、「佛誓」，爪哇之「闍婆」亦或作「佛逝」、「佛誓」，詳馮承鈞譯《蘇門答剌古國考》，第四～八及第一〇〇頁，民國五十九年臺北商務印書館出版），是此僧實由陸路之第三線來華，所述闍婆飛頭故事，即後人所記之占城飛頭故事。徵諸元、明諸家之記述（原文詳後），其間一脈貫連，而所謂「飛頭者目無瞳子」一事，尤足輔證。

此外，梵僧既取道越南中部，由陸路經交阯北上，則嶺南飛頭之說，可置於交阯一帶，此與晉人筆記之「落民飛頭」相連貫者也。

至於《新唐書・南蠻傳》所記之「飛頭蠻」，就其行文觀之，與段氏所記，當屬一事，或即取材於《酉陽雜俎》者。然宋祁將其置於川江流域之南平，致誤之原因可能如下：

晉、張華《博物志》卷二「異俗」類云：「荊州極西南界至蜀郡，諸民（『民』或作『山夷』）曰獠子。」若以為《酉陽雜俎》中「飛頭獠子」一詞之「獠」字指僚族，「嶺南溪洞中」之「嶺」字指秦嶺，而段成式雖為山東臨淄人，然家於荊州，其父段文昌任劍南、西川節度使，成式嘗侍之於蜀（《新唐書》卷八九），則將其所記之「嶺南」「飛頭獠子」置於川江流域之南平，良有以也。

其實宋祁於《新唐書》〈南平蠻〉一傳中，誤移地點者，不僅此處。如唐時嶺南道亦有名「南平」之地，居民為俚（黎）族，由於俚族之文化習俗與僚族頗多近似之處，宋祁遂將兩地混而為一。此外，又將嶺南道之烏滸族誤置於川江流域為南平之烏武蠻，亦因若干文化習俗相同而致誤也。詳見芮逸夫先生〈僚人考〉一文，在《中央研究院歷史語言研究所集刊》第二十八本，第七二七～七七一頁。

三

元、汪大淵（十四世紀）數遊南海，所撰《島夷誌略》「賓童龍」條云：

其「尸頭蠻」女子害人甚於占城，故民多廟事而血祭之。蠻亦父母胎生，與女子不異，特眼中無瞳人，遇夜則飛頭，食人糞尖。頭飛去，若人以紙或布掩其項，則頭歸不接而死。凡人居其地，大便後必用水淨浣；否則蠻食其糞，即逐臭與人同睡。倘有所犯，則腸肚皆為所食，精神盡為所奪而死矣。

明初費信（十五世紀初）隨鄭和使南洋，所撰《星槎勝覽》「占城國」條云：

相傳「屍頭蠻」者，本是婦人也，但無瞳人為異。其婦與家人同寢，夜深飛頭而去，食人穢物。飛頭而回，復合其體，仍活如舊。若知而封固其項，或移體別處，則死矣。人有病者，臨糞時遭之，妖氣入腹，病者必死。此婦人亦罕有，民間有而不報官者，罪及一家。（馮承鈞校注本）

又，「賓童龍國」條：

「尸頭蠻」者，比占城害之尤甚，民多置廟，牲血祭之求禳。

明初馬歡以通譯隨鄭和使南洋，所撰《瀛涯勝覽》「占城國」條云：

其曰「屍頭蠻」（或本作「屍致魚」）者，本是人家一婦女也，但眼無瞳人為異。夜寢則飛頭去，食人家小兒糞尖。其兒被妖氣侵腹，必死。飛頭回合其體，則如舊。若知而候頭飛去時，移體別處，回不能合，則死。於人家若有此婦不報官，除殺者，罪及一家。（馮承鈞校注本）

又，「滿剌加國」條：

國中有虎化為人，入市混人而行，自有識者，擒而殺之，如占城「屍頭蠻」，此處亦有。

明初鞏珍以幕僚身分隨鄭和使南洋，所撰《西洋番國志》「占城國」條云：

其國中有人家婦人，呼名「尸只于」者，惟以目無瞳人為異。夜寢時頭能飛去，食人家小兒糞尖，則妖氣入兒腹，必死。其頭復回本體，相合如舊。曾有人能以婦人之體移置他處，其婦亦死。但知人家有此妖異不報官者，罪及合家。（向達校注本）

又，「滿剌加國」條：

其虎能變幻入市中，混人而行。有識者，即擒之，其怪與占城「屍頭蠻」同。「屍頭」此處亦有之。

清初高熊徵《安南志原》：

嘉興州（今越南東京屬）有飛頭獠子，……今不見有。（引自芮逸夫〈僚人考〉第七六五頁）

案：元、明時之占城已都於新州，即《酉陽雜俎》所記之闍婆（闍盤），是元、明各家所記之占城飛頭故事，即段氏筆記中梵僧所言之闍婆飛頭故事，其謂飛頭者「目無瞳人」，線索甚明。「賓童龍」即賈耽所記之「奔陀浪」。舊時占城國分為南、中、北三區，賓童龍即南區也；或謂係占城之屬國⓫，其飛頭故事既與占城傳說者同，故諸家之記述，或詳此而略彼，或詳彼而略此。高熊徵《安南志原》所謂「嘉興州有飛頭獠子」云云，雖屬當地往昔之傳聞，然亦證明當地於往昔有此傳說。嘉興州位於越北，古交阯之地也。上文推論《酉陽雜俎》之嶺南飛頭故事在交阯，此亦可為

⓫ 馮承鈞譯《占婆史》，第一一頁。又，《新唐書・卷二二二下・南蠻傳》「環王」條：「隋仁壽中，遣將軍劉芳伐之，其王范梵志挺（？）走。以其地為三郡，置守令。」（案：《隋書》劉芳作劉方，卷五三有傳）《宋史・卷四八九・外國傳》「占城」條：「其地東西七百里，南北三千里，南曰施備州，西曰上源州，北曰烏里州。」

助證。

「滿剌加」在今馬來半島南端，其地之有「屍頭蠻」傳說，僅見於《瀛涯勝覽》及《西洋番國志》兩書。以《瀛涯勝覽》及《西洋番國志》兩書所記之各國次序及文字內容幾盡相同，而鞏珍不曉外國語，自謂所記各國事蹟悉憑通事轉譯（〈西洋番國志自序〉），故其所稱之通譯當即為《瀛涯勝覽》之作者馬歡，彼固以通譯隨使南洋者也（〈瀛涯勝覽序〉），且《西洋番國志》之成書，亦必依據馬歡之記錄，故內容全同而文字較勝。是以滿剌加國之「屍頭蠻」傳說，雖有二書記其事，其實與一書無異。今《瀛涯勝覽》所記為：「國中有虎化為人，入市混人而行，自有識者，擒而殺之，如占城屍頭蠻，此處亦有。」末兩句之文義稍嫌含混，推敲其意，似是謂此類如占城「屍頭蠻」之怪事，此處亦有。《西洋番國志》之「其怪與占城屍頭蠻同，屍頭此處亦有之」，末句殆因誤申馬歡文意而來，不足為據。

又，馮承鈞氏校注《星槎勝覽》及《瀛涯勝覽》二書，以為書中所記之飛頭故事，全本《島夷誌略》之「賓童龍」條，惟少變其文而已⓬。向達校注《西洋番國志》，亦以為飛頭之說係參考《島夷誌略》而成者⓭。案：《島夷誌略》成書於十四世紀中葉，十五世紀初，費信、馬歡、鞏珍等隨鄭和使南洋，備其書以為參考，事屬必然。馬歡〈瀛涯勝覽序〉謂「余昔觀《島夷誌》」云云，恐即是汪大淵之《島夷誌略》也。諸人既備汪氏之書，抵各國後，依汪氏所記而有所徵詢，得其說而筆於紙，大體既同，則參酌

⓬ 馮承鈞《星槎勝覽校注》（臺北，商務，民國五十九年重印），第三頁，《瀛涯勝覽校注》（臺北，商務，民國五十九年重印），第六頁。

⓭ 向達〈校注鞏珍西洋番國志序言〉，在其校注之《西洋番國志》（中華版），第九頁。

舊記而成文，亦理之所有，亦證汪大淵所錄確為當地傳說，否則不致三家皆述其事也。且明初三家所述，皆言及當地官府對此事之處理態度，非《島夷誌略》所有。而受飛頭之害者，《島夷誌略》謂「凡人……倘有所犯」乃受害，《星槎勝覽》謂「有病者」遭之必死，《瀛涯勝覽》及《西洋番國志》則謂「小兒」遇之必亡，正為各錄所聞之現象，非是襲取汪氏舊文而稍變者也。

四

元明四家之稱飛頭傳說，或作「尸（屍）頭蠻」，或作「屍致魚」，諸家各有其說：

明、黃省曾《西洋朝貢錄》採用《瀛涯勝覽》原文時，兩名並取，謂「屍頭蠻一曰屍致魚」。

近人馮承鈞主張從《島夷誌略》「賓童龍」條作「尸（屍）頭蠻」，蓋以為明初各家之記載，皆以該條為本。所以作「尸致（只）魚」者，傳寫訛誤也⓮。

日本藤田豐八校注《島夷誌略》，以為「尸頭」係「西圖」之訛，「尸頭蠻」即《梁書》〈林邑（占城）傳〉之「西圖夷」，亦即《新唐書》〈環王（占城）傳〉及《通典》之「西屠夷」⓯。

案：飛頭故事最早見於晉人筆記，然無專稱。唐時就其特點呼為「飛頭獠子」或「飛頭獠」，意義至明。元時汪大淵稱之為「尸頭蠻」，明初三家或作「尸頭蠻」，或作「尸致魚」，皆意義不明。

藤田豐八以為「尸頭」係「西屠」、「西圖」之訛，亦待商榷。蓋有關西屠國之記載，最早見於三國

⓮ 馮承鈞《瀛涯勝覽校注》，第五頁。

⓯ 藤田豐八《島夷誌略校注》（雪堂叢刻本）「賓童龍」條注。

時吳國康泰所撰之《外國傳》⓰，最晚見於《新唐書》，以後無述焉。資料如次：

㈠康泰《外國傳》西屠國條（第三世紀）：「有銅柱表為漢之南極界，左右十餘小國，悉屬西屠，有夷民，所在二千餘家。」（《太平御覽》卷七九〇「西屠國」條引）

㈡《異物志》⓱：「西屠國在海水（邊？），以草漆齒，用白作黑，一染則歷年不變，一號黑齒。」（《太平御覽》卷七九〇「西屠國」條引，《文選》左思〈吳都賦〉劉淵林注引《異物志》作「西屠以草染齒，染白作黑」）

㈢酈道元《水經注》卷三六「溫水」條引《林邑記》：「建武十九年（公元四十三年），馬援樹兩銅柱於象林（林邑）南界，與西屠國分漢之南疆也。土人以之（其？）流寓，號曰『馬流』，世稱漢子孫也。」又引楊氏《南裔異物志》俞益期注曰：「馬文淵（援）立兩銅柱於林邑，岸北有遺兵十餘家，不反，居壽泠岸南而對銅柱，悉姓馬，自婚姻，今有二百戶。交州以其流寓，號曰『馬流』，言語飲食，尚

⓰《梁書》卷五四〈海南諸國傳〉總敘：「吳孫權時，遣宣化從事朱應、中郎康泰通焉。其所經及傳聞，則有百數十國，因立記傳。」又，康泰《外國傳》原書已佚，然六朝以來，頗經徵引，而其名不一，異稱凡十：曰《康泰扶南傳》、《扶南傳》、《扶南土俗》、《扶南士俗傳》、《康泰扶南記》、《康泰外國傳》、《康氏外國傳》、《吳時外國傳》、《吳時外國志》、《交州以南外國傳》。《外國傳》當為書之總稱，曰《扶南傳》、《扶南土俗傳》者，蓋舉書之子目。詳見許雲樵《康泰吳時外國傳輯註》（新加坡，東南亞研究所，一九七一年）引言。

⓱宋前誌南方事物而可簡稱為《異物志》者，有楊孚《交州異物志》、朱應《扶南異物志》、萬震《南州異物志》、楊氏《南裔異物志》等數種，原書皆逸，散見各書徵引。此處所引之《異物志》未審為何人著作。

與華同。山川移易，銅柱今復在海中，正賴此民以識故處也。」

㈣《梁書》卷五四〈海南諸國傳〉「林邑」條：「其南界水步道二百（？）餘里，有西圖夷（今本「圖」誤作「國」），亦稱王。馬援植兩銅柱，表漢界處也。」（《南史・海南諸國傳》「林邑」條同）

㈤唐、杜佑（七三五～八一二）《通典》卷一八八「林邑國」條：「其南水步道二千（十？）餘里，有西屠夷，亦稱王焉，馬援所植兩銅柱表漢界處。」注：「馬援北還，留十餘戶於銅柱處。至隋，有三百餘戶，悉姓馬。土人以為流寓，號曰馬流人。銅柱尋沒，馬流常識其處。」

㈥《新唐書》卷二二二下〈環王傳〉：「又有西屠夷，蓋援還，留不去者，才十戶，隋末孳衍至三百，皆姓馬。俗以其寓，故號馬留人，與林邑分唐南境。」

案：《新唐書・環王傳》所述之西屠國未見新材料，似係綜述舊文而又誤「西屠」「馬流（留）」為一，其痕跡於「與林邑分唐南境」一語中至為明顯。蓋占城於秦時為秦之象郡林邑縣（《通典》卷一八八「林邑國」條），是以占城建國後，我國載籍仍以林邑名之。唐至德年間（七五六～七五七），更號環王⑱。《新唐書》既以「環王」稱其國，文中則又仍其舊稱曰林邑，是節引舊文所致也。又，占城於秦時為秦之象郡林邑縣，於漢時則為漢之日南郡象林縣（《梁書・卷五四》「林邑國」條），故可謂其南界之西屠國「分漢之南疆」。唐時占城已建國，或稱林邑，或稱環王，唐之南疆在交阯、在驩州，不可謂林邑南界之西屠國「與林邑分唐南境也」。

⑱ 據占城出土諸碑，其自立國以來，未嘗有「環王」之號，馮承鈞氏以為其乃當時王號之省譯，見馮譯《占婆史》譯序第二頁。

由上列㈠、㈡條資料視之，西屠有屬國十餘，非是小邦；位於林邑南界而靠海，是後世賓童龍國之所在地。疑賓童龍之興起，即西屠之衰亡，蓋漢文載籍既記賓童龍後，即不見西屠之名。茲據唐、賈耽於貞元年間（七八五～八〇四）所撰之《入四夷路程》，越南中南部沿海已稱「奔陀浪」（賓童龍）而非「西屠」，則西屠國於第八世紀晚期當已不存在。又，三國吳之康泰已記西屠國（第三世紀），而晉人筆記所述飛頭傳說明指為南方「落」民，唐時段成式（第九世紀）記梵僧所語之飛頭傳說則稱「嶺南」及「闍婆（盤）」，未言「西屠」，今欲指稱十四世紀中葉汪大淵所云之「尸頭」即六百年前已不存在之「西屠」，不能無疑也。

意「尸頭蠻」之「尸」，或係「失」之訛，音近形似致譌也。「失頭蠻」猶唐時所謂之「飛頭獠」，一謂其頭夜半飛去，一謂其頭夜半亡失，皆就事賦名耳。「尸致魚」則如馮承鈞氏所謂，乃「尸頭蠻」之誤，蓋簡筆行草，形體近似也。

元明四家使用「尸頭蠻」或「屍致魚」情形如下：

汪大淵《島夷誌略》——尸頭蠻。

費信《星槎勝覽》——尸（屍）頭蠻。

馬歡《瀛涯勝覽》——屍致魚（占城國條，或本作屍頭蠻），屍頭蠻（滿剌加國條）。

鞏珍《西洋番國志》——尸只于（占城國條），屍頭蠻（滿剌加國條）。

此一現象必然引起之疑問有三：

㈠「尸頭蠻」若為「失頭蠻」之訛，何故汪大淵、費信、馬歡、鞏珍四人皆誤作「尸頭蠻」？

(二)馬歡之《瀛涯勝覽》有數種版本⑲，何以其「占城國」條或作「尸(屍)頭蠻」，或作「屍致魚」？

(三)何以《西洋番國志》於「占城國」條作「尸只于」，於「滿剌加國」條作「屍頭蠻」？

案：「失頭蠻」之誤作「尸頭蠻」，必始自汪大淵《島夷誌略》之誤刻，明初三家或以其為古稱，遂皆承其謁。

「尸頭蠻」之誤作「尸致魚」，當始於馬歡《瀛涯勝覽》占城國條之原稿字跡不清，於是或作「尸頭蠻」，或作「尸致魚」。其於「占城國」條作「尸頭蠻」者，或係認字未誤，或因字跡難認而據後文「滿剌加國」條及汪氏《島夷誌略》校正。

鞏珍所撰之《西洋番國志》，諸事乃經馬歡傳譯並依據其記錄而成，馬歡之字跡於此處既易被誤認作「尸致魚」，則作「尸只于」者，唯以同音字代之耳(如《瀛涯勝覽》爪哇國條記當地之短刀名「不剌頭」，《西洋番國志》作「卜剌頭」)。後文「滿剌加國」條作「屍頭蠻」者，則係馬歡之字跡於此處清楚易識也。

五

綜觀前文，晉人筆記中之飛頭傳說，流行於交阯，是今越北之地。唐時資料顯示，除交阯外，此一傳說亦流行於占城，是今越南中部之地。據元、明諸家所記，則除占城外，位於今日越南中南部之賓童龍國亦有此傳說。其流行區域，亦云廣矣。

⑲ 詳馮承鈞《瀛涯勝覽校注》序文第三頁，正文第五頁。

晉人之記載，以孔約《志怪》最為簡略，僅稱其頭能飛而已。然《志怪》原書久已散逸，今本《志怪》之此條乃自《酉陽雜俎》輯出，其間或有所節略。張華《博物志》則既言其以耳為翼，復云將曉而還，仍著於體。干寶《搜神記》並謂頭還時若以物隔其頸項則死，且詳述吳將朱桓有一婢女如此云云，蓋亦六朝志怪筆記之敘事常例。

唐人所記，續有所增，謂頭飛之前一日有預兆，而頭之飛去，乃覓食蟹蚓之類，其人之特徵為目無瞳子。

又，晉人言飛頭者，但曰「南方落民」，未嘗必其為男為女。唐人謂其人之頭欲飛，「妻子看守之」，當指男人而言，而所記闍婆國中之飛頭者目無瞳子云云，則仍未明言其為男為女也。

迨元人所記，主角確定為女性，所尋覓之食物易為糞穢，且能致人死命，故居所必須保持清潔以遠害。是其說於當時已注入社會教育之意義矣。

明初三家所錄，其中未經前人所道者有二：一云其人之頭飛回時或移體別處亦死，一云受害者係病人及小孩。然「移體別處亦死」乃由「頭飛回時以物掩項則死」旁衍而來，「受害者係病人及小孩」則為變易元時所記飛頭者可以使人喪生之說，皆非實質上之創新，而其後亦無聞焉。茲表列各時期所增添之要點於次：

晉	頭於夜間飛去，將曉而還。 以耳為翼。 頭飛回時若以物掩項則死。
唐	頭飛前一日頸有痕。 頭飛往岸泥覓食蟹蚓之類。 其人目無瞳子。
元	其人為女子。 覓食糞穢，逐臭與人同睡。若有所犯，致人於死。
明	頭飛回時，移體別處亦死。 病人與小孩遇之必死。

案：民間故事及傳說，以口耳相傳之故，難有固定形式。蓋既經輾轉敘述，細節遂迭經增刪更改。主要原因，由於敘述者對原說之細節未必能全部記憶，乃於有意無意間加以增刪；或時變地易，敘述者為適應其聽眾而稍作修改。然民間故事及傳說之所以生機活潑，實亦有賴於此。

今之研究口傳文學者，或溯其源，或究其用，或察其變。察其變者，取同一故事傳說於同一文化區域中之不同說法，或不同文化區域中之各種說法，加以比較。此類比較，最能顯示故事傳說之「當地化」，即敘述者為適應其聽眾，在不影響故事基本 架構之情形下，將聽眾不熟悉之部分，以其所熟悉者替代。

故事中若有令人遺憾不快之處，則於輾轉敘述過程中逐漸減弱，或強調其某種意義，或增添情節予以彌補，此亦人情之所趨。然而，由於民間傳說之無固定形式，雖取同一區域及不同區域中不同說法加以比較，其間先後承遞之軌跡則難明確斷定，因為所蒐各說必然都是迭經轉述者也。

二十世紀早期，英國從事心理學研究者曾經進行兩項實驗：㈠以二十名劍橋大學學生為對象，使每人閱讀一則印第安民間故事兩遍，然後每隔若干星期、若干月、若干年，使彼重寫此一故事，俾求得人們將故事一再重述時所生變動之種種規律。㈡此二十名學生中之一人先閱讀一則非洲民間故事兩遍，然後於十五至三十分鐘後，使彼寫出此一故事交予第二人閱讀，再相隔十五至三十分鐘後，使彼寫出此故事交予第三人閱讀，依此方式以迄第二十人，以視故事本身有何變化。

關於此一實驗，或以為不妥者凡三：㈠參與實驗者為英語地區之大學生，而材料則為印第安及非洲之故事，此與民間故事及傳說在某一民族內以民族語言傳播者有異。㈡參與實驗者接受故事之方法係閱讀，並非耳聞，二者之差異甚鉅。㈢參與實驗者複述故事之方式係書寫，並非口述。書寫方式使複述者得以多所斟酌，與口頭複述不同。

稍後，德國之從事民俗學研究者，以三十六名德國學生分為三組，每組十二人，分別以一則簡短冷僻之德國傳說為題材，使一人先讀，隔一天後使其寫出，交予第二人閱讀，依此方式以迄第十二人，以視故事經此三組傳述後之變化[20]。

[20] F. C. Bartlett, "Some experiments on the reproduction of folk stories", *The Study of Folklore* (Englewood Cliffs, N.J.: Prentice-Hall, 1965),pp. 243–258。及編者 Alan Dundes 為該文所撰之前言。

諸如此類之實驗，後繼者不乏其人[21]，然皆未能真正表現民間故事及傳說之傳播狀況，蓋時間悠悠，往昔之口述無由稽察，可供研究之材料難得。

越南飛頭傳說之見於漢文載籍，上下千餘年，代有記錄。此項記錄，並非存在於該傳說之流行地區，故不成為阻礙該傳說發展之「定本」，而每代之記錄又係當時人之敘述，並非早期記錄之鈔襲。所示情況，既非實驗之刻意安排，而千餘年之時間，更無可借代，此其所以彌足珍貴也。（一九七九年二月）

——原載於《中國學術年刊》第三期（臺北，一九七九年六月）

[21] 有關此類實驗之作者及報告，見[20]之編者前言及下文：Robert H. Lowie, "Some cases of repeated reproduction", *The Study of Folklore*, pp. 259–264.

第三輯

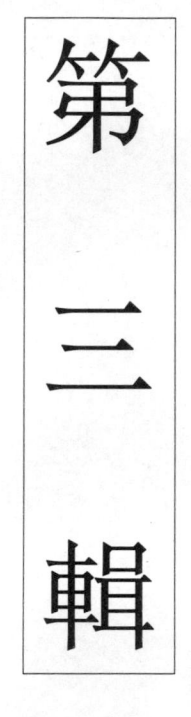

漢城關廟的傳說和特色

一

韓國的關廟始於漢城，漢城關廟的建造，則有著一則關公顯靈的傳說，概要如下：

明萬曆二十年（一五九二），日本出兵侵略韓國（那時稱朝鮮），即是韓國歷史上大傷元氣的「壬辰倭亂」。後來，明廷應朝鮮國王之請，派軍求援，與日軍激戰屢屢。萬曆二十五年（一五九七），明軍守漢城，日軍來犯，雙方對陣於漢城的東大門和南大門外。正當兩軍陷入苦戰之際，忽然關公顯靈，騎著赤兔馬，在半空中把青龍偃月刀一揮，削去了大片山頭，同時狂風驟起，飛沙走石，襲向日軍。明軍見狀，士氣倍增，奮勇衝殺，終於擊敗日軍，取得勝利。於是明軍將領就在漢城為關公建廟，藉以感謝和紀念他的顯靈助陣❶。

漢城的第一座關廟，由一位名叫陳寅的遊擊將軍發起建造❷。他因作戰負傷，在漢城的南大門外休

---

❶ ⑴（韓）孫晉泰《朝鮮民譚集》（日文）（鄉土研究社出版，無出版時地），第八〇～八二頁。故事由漢城金泰卿於一九二七年提供。⑵大韓民國國際觀光公社編《大韓民國》（漢城，一九八二？），第四頁〈韓中精神文化篇〉。

養，就在居所後方的山麓設廟塑像。這座廟的陳設大概很簡單，屋宇也不寬敞，明軍統帥楊鎬去看了以後，認為太簡陋，下令改建，要在正殿的左右設置長廊，並在前庭建造重門，時在萬曆二十六年（一五九八）春夏之際。這次改建，朝鮮國王和明軍高級將領都捐助了經費。據當時朝鮮大臣柳成龍的記載，廟中關公像以土塑成，「面如重棗，蠶眉鳳目，髯垂過腹。左右塑二人持大劍侍立，謂之關平周倉，儼然如生」❸。由於這廟座落在南大門（崇禮門）外，後來也稱「南廟」。

南廟改建後，不久就是農曆五月十三日的關公生日，朝鮮君臣和明軍在漢城的各級將領都前往祭奠。相傳關公生日這天若有風雷之異，則表示關公的神靈下降享祭。那年五月十三日的上午天氣清明，而午後黑雲四起，大風自西北來，雷雨交作，有頃而止❹。這陣大雷雨使明軍大喜，但是卻使朝鮮國王往祭的時間延後了一天。因為他在當天下午正要出發之際，忽然大雨暴下而不得不停行❺。

---

❷《朝鮮王朝實錄》（以下稱《實錄》）（漢城，一九七三）第四十冊，第三一頁及朝鮮仁祖「北廟碑」（在漢城景福宮）皆作陳璘，非。陳璘另有其人，係當時明軍水師提督，參見附錄一「古今島關廟」。

❸ (1)《實錄》第二十三冊，第四二二頁。(2)（韓）金宗弼《楓巖輯話》引《菊堂俳語》，見《韓國文獻說話全集》（漢城：太學社，一八九一）第八冊，第一〇〇～一〇一頁。(3)（韓）柳成龍《西厓集》，引自（韓）李喜謙《青野漫輯》卷六，見《韓國文獻說話全集》第十冊，第五八頁。

❹ 同❸ (2) (3)。

❺ 朝鮮國王往關廟致祭之前，朝鮮大臣為了國王應否親往致祭及致祭時如何行禮討論很久，最後議定國王親往致祭，致祭時「進跪焚香，連奠三爵」，前後各行三拜禮。詳見《實錄》第二十三冊，第四三八～四三九頁。

經過這次大祭，後來因調動而進出或路過漢城的明軍將領，也都前去行禮❻，甚至到漢城總督軍務的明廷兵部侍郎邢玠和在朝鮮各地作戰之明軍高級將領的會盟誓約，也在此舉行❼。關公顯靈助戰的故事，當時似乎是眾人周知而又言之鑿鑿的，不僅朝鮮國王知道，連中國的神宗皇帝也聽到了。所以，當大臣萬世德在南廟落成那年奉派到朝鮮接替楊鎬出任明軍統帥時，神宗皇帝特別撥款，囑他到了漢城為關公建廟，因此漢城就有了第二座關廟❽。

漢城的南門是南渡漢江通向朝鮮半島南部各地的要道，當時明朝的援軍大概主要駐守在南大門外，因此第二座關廟的廟址，起初也選在南大門外。不過，朝鮮君臣認為南門已經有一座關廟了，希望把這座關廟建在城東。朝鮮君臣希望把第二座關廟建在城東的真正原因是為了「風水」。據堪輿家言，漢城之東嫌虛，要建屋立宇，深鑿池溝，以鎮地脈，因此以前就有在城東建廟的建議❾。最後明軍接受朝鮮君

❻ 同❸(2)。

❼ 明萬曆二十六年（一五九八），兵部侍郎邢玠抵漢城總督軍務。八月與明軍之按察兩人提督三人詣關廟會盟，書寫一帖，大意謂同心戮力，勦滅倭奴，否者死於此，不得歸家。邢玠以下諸人於桌前先行四拜，邢詣香案前燒香，連進三獻，使人讀祝文，乃行四拜。贊者執白雞宰殺，取血和於溫酒，邢親讀誓帖，飲血盞。按察以下，如邢讀誓飲血酒。禮訖，邢以下諸將一拜三叩頭而出。見《實錄》第二十三冊，第四八五頁。

❽ (1)朝鮮仁祖撰〈北廟碑〉，碑石在漢城景福宮勤政殿迴廊。(2)朝鮮英宗撰〈顯靈昭德武安王廟碑〉，見朝鮮總督府編《朝鮮金石總覽》（漢城：日韓印刷所，大正八年（一九一九））下冊，第一三四二頁。碑石在漢城東大門關廟。

❾ 《實錄》第二十三冊，第六〇九及六四五頁。

臣的意見，決定把這座明神宗撥款興建的關廟建在東大門（興仁門）外❿，所以後來這廟也叫「東廟」。

東廟建地甚廣，正面有正門和中門，正殿兩旁置東西廡，完全是中國祠廟的格局和式樣。工役始於萬曆二十七年（一五九九）八月⓫，訖於萬曆二十九年八月，費時二載。不過，這廟的建造所以花了這麼長的時間，乃是因為當時朝鮮政府任用的經辦官員貪污不法，假公濟私，以致遲遲不能完工。後來朝鮮政府下令，從萬曆二十八年（一六〇〇）十一月一日起停工，到了第二年二月另派官員負責，復工續建，中間停頓了三個多月⓬。

東廟完工之初，庭中尚需移植大松樹，但是那時候已是仲秋，不宜移種，而參與規劃的明將因日軍已退，必須回國，於是他在向朝鮮國王辭行時，特別說明了將來移種大松時要注意的一些事⓭，這頗能顯示當時明軍將領對於建造關廟事務的仔細和認真。

南廟建成時，原始發起人游擊將軍陳寅曾另外捐贈銀兩買田，以田租供廟中香火⓮。起初或許確實

❿ 同❾，第六三七及六四五頁。

⓫ 《實錄》第二十四冊，第二六七頁。

⓬ 同⓫，第二六七、二六八、二七五、二九二頁。

⓭ 大意是：移植的時間宜在農曆二月初旬或中旬，新坑要挖得寬而深，坑底要平，底上需鋪幾斗麥子。移來的大松，其枝幹方位要和在原地一樣，同時也要多取原地的土來填坑。巨松在原地露出的根，移種時不可埋沒。見（韓）柳夢寅《於于野談》卷二，在《韓國文獻說話全集》第六冊，第一九二～一九三頁。

⓮ 同⓫，第一三九頁。

有此需要，但後來東廟和南廟的管理與維護，都由朝鮮政府指派官員專負其責，負責官員的階位高達六品⑮。歷代朝鮮國王對這兩座關廟，或親臨行奠⑯，或遣官致祭⑰，或題匾書聯⑱，或撰文寫詩⑲，禮敬一直不衰。正祖（一七七六～一八〇〇年在位）甚至親為關廟的祭禮譜製樂章⑳，有些君王則也借祭祀關廟以激勵將士㉑。

漢城第三座關廟是朝鮮國王仁祖私人所建，塑像和設施全部依照南廟，地點在城北，所以又稱「北廟」，落成於明崇禎十六年（一六四三）。那年十月，仁祖親自前往行酌奠之禮，後來還撰寫一文刻石，敘述建廟緣起。這塊碑石名「北廟碑」，現在陳列在漢城的景福宮裡。依據碑文，朝鮮國王在關公顯靈

---

⑮ 《實錄》第三十四冊，第五二八頁。

⑯ 《實錄》第三十九冊，第二四一頁；第四十冊，第三一頁；第四十三冊，第一一一、三七八、四八二、六三九頁。

⑰ 《實錄》第三十九冊，第二四二頁；第四十一冊，第四八九頁；第四十二冊，第六三二頁；第四十四冊，第七七頁。

⑱ 英宗（一七二四～一七七六年在位）曾先後親書「顯靈昭德王廟」及「萬古忠節，千秋義烈」匾聯，兩者皆分別懸於東廟及南廟。見《實錄》第四十三冊，第二二一頁；第四十四冊，第七七頁。

⑲ 肅宗（一六七四～一七二〇年在位）撰〈武安王廟詩〉兩首云：「生平我慕壽亭公，節義精忠萬古崇。志勞匡復身先逝，烈士千秋涕滿胸。」「有事東郊歷古廟，入瞻遺像肅然清。今辰致敬思愈切，願佑東方萬世寧。」（見《實錄》第三十九冊，第二六九頁）後來英宗也作詩分懸東、南二廟（《實錄》第四十三冊，第一一一頁），並親製祭文（《實錄》第四十三冊，第六三九頁）。

⑳ 《實錄》第四十五冊，第五五二頁。

㉑ 《實錄》第三十九冊，第二頁；第四十三冊，第四八二頁。

助戰後半個世紀又建關廟的緣故，是因為在他登位的第二十年（崇禎十五年，一六四二）發生了一次兵變，當時的情況很危急，但叛亂被迅速敉平。事後他和王妃都夢見了關公，關公對他們「諄諄若眷佑者」，因此由內府出錢，再建一廟奉祀。

宋徽宗曾在大觀二年（一一〇八）加封關公為武安王，朝鮮國王仁祖在北廟碑裡也使用了這個封謚，所以漢城的關廟有時也稱「武安王廟」。

上述的三座關廟，南廟和北廟都已不存在，東大門外的東廟則保持得相當完好和整潔，東西兩廡放著戰鼓和石碑等物，庭中植有紫牡丹，是南韓政府列為一四二號的「寶物」。

二

明神宗出錢所造的東大門關廟，有一些國內關廟所沒有的特色：

一、這廟的正殿上有兩座關公像，一座紅臉，一座黃臉。黃臉關公的神座在中央，長髯戴冠，端坐平視，享受主祭。紅臉關公雙目炯然，在黃臉關公左廂另設神座。據說紅臉代表生前，黃臉代表死後。

二、關像之前沒有一般關廟常見的關平像和周倉像，而在黃臉關像右後側的地上，有一座白衣小像，低眉垂目，拱手端坐。

黃臉關公像始於何時？文獻未見記錄，但是可以推測。據朝鮮王朝的《肅宗大王實錄》所載，肅宗在其繼承王位後第二十九年（清康熙四十二年，一七〇三）的農曆六月曾訪南廟，在訪前給禮部的命令說：「聞南廟安生像，明日舉動，歸路欲歷過，其令禮曹稟處。」到了南廟，行過揖禮，他對近侍說：

「此是生像，比東廟塑像大有生氣矣。」㉒由此可知，由明軍負責建造的南大門關廟關像是在中國習見的紅臉，明朝皇帝撥款而由朝鮮政府負責建造的東大門關廟關像則早已是表現朝鮮觀念的黃臉，所以肅宗才會說：「聞南廟安生像。」在南廟又說：「此是生像，比東廟塑像大有生氣矣。」從另一方面看，朝鮮王朝在南廟和東廟建成後都派專員管理，廟中大事如國王祭奠或修像補屋等，也都見於各廟實錄㉓。如果東廟的關像一開始是紅臉，後來再改為黃臉，則是一件大事，實錄當有所記，但是肅宗以前的各朝實錄並沒有這項記載。那麼，東廟的這座黃臉關像應是在明萬曆二十九年（一六〇一）和東廟屋宇同時完成的。至於現在黃臉關像左廂的紅臉關像，肅宗時顯然還沒有，那是後來添增的。

至於以紅臉像代表生前，以黃臉像代表死後，也就是以紅色表示陽，以黃色表示陰。這個「紅陽黃陰」的觀念也可以在其他朝鮮文物上有所印證：例如在當年朝鮮國王的王座後面，設有一座大屏風，屏風上畫的是「日月崑崙圖」。在漢城德壽宮裡所設「日月崑崙圖」中的太陽是紅色的（陽），月亮是白色的（陰）；但在漢城昌德宮裡的「日月崑崙圖」上，太陽是紅色，月亮則是黃色的。

關於黃臉關像右後側地上的白衣小像，據文獻記載，當年南大門關廟的正殿上也有一座與關公生平無關的塑像，往昔肅宗大王初訪該廟時，除了感嘆紅臉關像大有生氣外，又「指西壁隅僧像曰：此何為以設也？近待對曰：俗稱普淨長老也」㉔。「普淨長老」是何人？今已不知。他的位置在關廟正殿的西壁

㉒《實錄》第四十冊，第三二頁。
㉓《實錄》第三十九冊，第二四二頁；第四十一冊，第五二三頁；第四十二冊，第六三二頁；第四十四冊，第二四三頁。
㉔同㉒。

隅，則和東廟白衣小像的位置一樣——東廟的廟門南向，黃臉關像的右後側就是正殿的「西壁隅」——可能是一位佛教化了的韓國神靈。在本質上，東廟的白衣小像和南廟的普淨長老大概一樣，都相當於我國的土地公，因為韓國深山裡的佛寺都有別室供奉山神，算是外地神靈來定居後對地主神所表示的禮貌吧。不過，東廟這座白衣小像應該不是初建廟宇時就有的，否則當年肅宗大王在南廟比較了東、南二廟的關像後，就不會再指著西壁隅的塑像有所詢問了。

三

民國七十二年（一九八三）春，筆者初訪東大門關廟，進入平時深鎖的正殿參觀。不久，有一位中年的韓國婦女也自正殿的後門進入，手裡提著香燭及酒飯果菜等祭品，熟練地擺設供案，祭拜黃臉關公和白衣土地公，舉止俐落，態度虔誠。經由漢城淑明女子大學金勝心女士的翻譯，得知這位婦女姓梁，每年來此祭拜五次，四十多年從未間斷；家中有人生病，或孩子升學考試、兒子入伍服兵役等，都來祈求保佑。那天黃臉關像身上穿著一件白裳和一襲黃袍，看起來都很新，梁姓婦女說，那些都是她做的。她也知道關公來自中國。

關公在朝鮮半島上由明軍之武聖而成為民間祈祀之對象，大約是關廟建成以後不久的事。因為朝鮮政府雖然派了官員在關廟守值，但並不禁止民眾進入。後來前往遊覽或祭拜的人日益眾多，喧嚷雜亂，使關廟失去了肅穆氣象，而且廟宇也遭受污損，因此肅宗大王曾經下令禁止民眾進入關廟遊覽㉕。過了

㉕《實錄》第三十九冊，第二四二頁。

十二年，肅宗又因大臣奏請，下令禁止民眾進入關廟把關公當作一般驅邪賜福的神祇祭祀[26]。但是這些禁令似乎並無實際效果，或是效果並不持久。因為再過五十八年以後（清乾隆二十六年，一七六一），那時的朝鮮國王英宗也因民眾前往東、南二關廟祭祀祈福者太多而再下了一次禁令[27]。

至於為關公另外縫製袍服以示個人的崇敬，也可上溯至英宗，他在下令民眾不得進入關廟祭祀求福後六年（清乾隆三十二年，一七六七），下令致祭東、南二關廟，並且為關像準備了龍袍[28]。關公之所以能服龍袍，則是因為早在萬曆二十二年（一五九四），明朝皇帝已應道士張通元之請而進爵關公為帝了[29]。

四

漢城的關廟，除了上述最早的三座外，後來又有三座，規模都不大：一座在中區奬忠洞二街，一座在中區芳山洞，一座在成均館大學附近。

這三座關廟，現在祇剩下兩座。在成均館大學附近的那座已經名存實亡，據附近居民說，那廟的管理員因為家中屢遭禍事，認為關公不保佑他，一氣之下，便縱火焚廟後搬走了。

---

[26] 同[22]。

[27] 《實錄》第四十四冊，第八八頁。

[28] 同[27]，第二四三頁。

[29] 趙翼《陔餘叢考・卷三三》「關壯繆」條。

奬忠洞的關廟佔地十六坪，維護得很整潔，是朝鮮王朝最後一位王太子李垠（一八九七～一九七〇）的生母嚴妃所創建，廟內掛有一塊橫匾，是「南區關聖廟永信社員」陸軍中將趙性根等百餘人的題名錄，所署年月是昭和十年（一九三五）乙亥四月。從關帝廟在漢城創建的緣起看，這塊匾是一件很有意義的文物。因為公元一九一〇至一九四五年是日本侵佔了全部朝鮮半島的時期，這期間的韓國將領在日本的殖民統治下成立「關聖廟永信社」，「永」遠「信」奉當年因顯靈抗日才在漢城建廟的關公，其所含之民族抗日意識是十分明顯的。

芳山洞的關廟更小，祇有六坪多，座落在一條小巷裡，巷口大街是很熱鬧的攤販市場，但廟內廟外也都維護得很整潔。這廟屬韓國政府所有，是「地方有形文化財」第七號。

這兩座關廟也有著中國關廟所沒有的特色：在廟裡，關公的妻子是和關公同受供奉的。在中國，關公的義勇固然家喻戶曉，但關夫人的生平卻無從尋索㉚。韓國關廟中關夫人和關公同受香火祭奠，很平實地表示了一種人對神化人物的人情味。

五

在朝鮮文人的筆記裡，有一則關於建造南門關廟時選擇地點的故事：據說當決定要建造南廟時，對於地點頗有爭論。有人主張離城牆近些，有人認為要離城牆遠些，負責籌建關廟的大臣是李恒福（字白沙），他在眾議紛紜的情況下，便也猶豫再三，不能決定。一天，忽然有一名魁偉壯健的軍官來訪。當

㉚ 或云姓胡，餘不詳。同㉙。

時李恒福正有朋友在座，但這名訪客要求李恒福摒退朋友和侍從，和他單獨會談。這名訪客和李恒福密談後匆匆離去，李恒福的那位朋友回到室內，看見李恒福的神色很怪異，就詢問原因，李恒福起初不肯說，後來才告訴他，那位來訪的軍官，原來是關公派來指示建廟地點的信使。於是爭議消弭，南廟就在關公指定的地點上造了起來㉛。

另外還有一則提到關公的故事是這樣的：在一百多年前，南大門外有一沈姓士子，家貧乏食。有一年冬天，家中白日鬧鬼。鬼隱形而有聲，每天索取食物，後來還要沈生為他籌借旅費，讓他回鄉。沈生不允，但是不堪其擾，衹能照辦。不料過了十天，空中又有鬼聲，沈生大怒，對鬼說：我去向人借錢來給你作旅費，你應當知所感激，現在卻背約又來煩我，我要到關廟去向關公申訴，讓你受到懲罰。鬼聽了急忙聲明，他並非前鬼，而是前鬼的妻子㉜。

作為一名歷史人物，由於《三國演義》的流傳，關公在韓國久為大眾所知。民國七十五年（一九八六）四月，筆者和漢城檀國大學的成宜濟教授在天安市同坐一輛計程車，司機知道筆者是中國人後，一路上就興奮地大談關公、張飛、趙子龍。

作為一名被神化了的人物，由於在漢城顯靈助戰的傳說，關公久受朝鮮君臣的尊崇，也巧妙地在日本侵佔期間讓韓國軍人表達了抗日意識。而民間故事裡的關公遣使決定廟址、士人憤鬼無信而要到關廟

㉛ James S. Gale, *Korean Folk Tales* (Rutlend, Vermond, 1963/1982), pp. 155–156.

㉜ (1)（韓）佚名《青邱野談・卷二》「餽飯桌見困鬼魅」條，見《韓國文獻說話全集》第二冊，第一三〇～一三五頁。

(2)（韓）李源命《東野彙輯・卷八》「索飯仍告取櫃銅」條，見《韓國文獻說話全集》第四冊，第五一九～五二五頁。

投訴；實際生活裡的小市民怨關公不佑而縱火焚廟、梁姓婦人的虔誠供奉等，則都反映了關公信仰的深入民間。

此外，神化了的關公不僅在韓國民間被接受，並且也被韓國本土的原始巫教所接受——從前，漢城有些姑婆之輩，自稱關聖帝君降靈於己，因而設祠奉像，供人問卜，為人祈禳㉝。如今在瀋陽市的民俗博物館裡，展示了一批女巫作法時所使用的物件，其中有木刀一柄，刀身上寫的是「關雲將青龍刀」六字。溯其源起，都應當是從漢城創建關廟後一脈而來的吧。（一九八七年元月初稿，十一月重寫）

——原載於《大陸雜誌》第七十七卷第二期

㉝（韓）李能和《朝鮮巫俗考》（臺北，東方書局，民國六十年），第五三頁「殿內神」條。

奬忠洞關廟所供關公及關夫人像（金勝心攝）

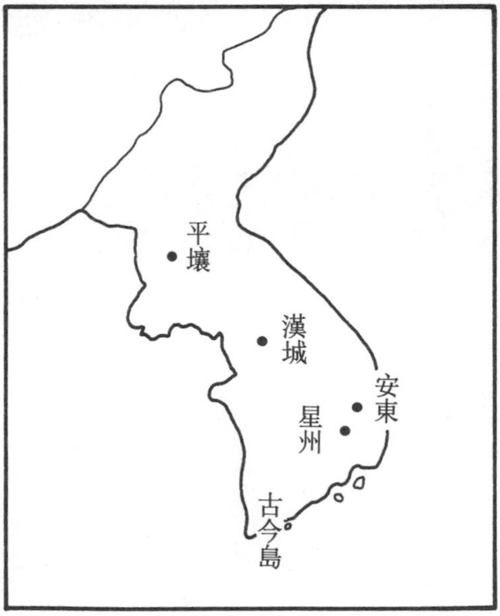

韓國關廟所在各城位置圖

【附錄一】援朝明軍在漢城以外地區所建之關廟

援朝明軍在漢城以外地區所建關廟有三座，都在朝鮮半島南部。朝鮮國王肅宗在其即位之第二十九年（清康熙四十二年，一七〇三）曾查詢漢城以外各關廟狀況，後來下令各廟由官府修補維護，並依時致祭。茲錄三廟資料於次㉞：

一、星州關廟——明將茅國器建於萬曆二十五年（一五九七）。

二、安東關廟——明軍真定營都司薛虎臣建於萬曆二十六年（一五九八）。

三、古今島關廟——明水師提督陳璘建於萬曆二十六年㉟。

【附錄二】平壤關廟的建廟傳說

平壤「關聖帝君廟」建於清光緒七年（朝鮮高宗十八年，一八八一）㊱，其廷碑載有該廟之建造傳說一則，茲迻錄於次㊲：

㉞《實錄》第四十冊，第三八〇及三八四頁。

㉟陳璘，《實錄》誤作陳寅，陳寅另有其人，於明軍為游擊將軍，係南廟創建人。又，古今島在順天外海，《實錄》未載古今島關廟建造時間，唯明軍與朝鮮水師乃於萬曆二十六年進駐該島，其年十一月，大敗日軍舟師於此（見《李忠武公遺事》，引自《青野漫輯．卷六》，見《韓國文獻說話全集》第十冊，第三二～三三頁），故該島關廟之建，當亦在此年。十一月之戰，於激鬥方捷之際，朝鮮名將李舜臣中丸陣亡，後與陳璘皆配享於此廟之東廡。

㊱明神宗於萬曆四十二年（一六一四）敕封關公為「三界伏魔大帝神威遠鎮天尊關聖帝君」，又封其夫人為「九靈懿德武肅英皇后」。同㉙。

㊲全文見《朝鮮金石總覽》下冊，第一三二五～一三二六頁。

歲乙亥（一八七五），浿中商人自燕販藥而歸㊳，開其封，有聖帝小像，驚而異之，虔奉於家。庚辰春（一八八〇），漢詩人朴道煥具香燭迎像入京，謀移安於南廟，叩籤得「蘇武還鄉」之卦，又夢詔于道煥曰：「吾將還歸于浿也。」浿人康仁誠、李能秀、張好民等聞之，驚喜嗟歎，以為西民有福，乃議建廟於箕城大聖山下㊴。以辛巳（一八八一）正月開基肇役，富者捐其貨，貧者效其力，爭趨競赴，而方伯牧守皆樂為之助，不幾月而功告訖。是歲十一月初二日，妥像于正殿，刀馬儀仗，一遵南廟之制。英靈毅魄，洋洋乎如臨咫尺，西之民其永有依歸，而默佑之功，將被於無窮矣。

㊳ 浿，平壤。浿水即大同江，平壤南臨此江，故亦以浿名。

㊴ 箕城，平壤之別稱，以商朝箕子曾居於此得名。

東明王的傳說

一

東明王是高句麗的開國君主。關於他的傳說，大要如下：

東明王的父親名解慕漱，是天帝之子；母親名柳花，是河伯之女。他們兩人無媒自婚，而解慕漱又一去不返，所以河伯就很生氣地把柳花囚於河底，後來被扶餘國的金蛙王撈起，養在宮中。

柳花在宮中獨居，但因日光的照映而懷孕，生下了一個大肉球。金蛙王認為不祥，把肉球扔進馬欄，但馬並不踩它；又把肉球丟在山裏，山裏的飛禽走獸看到了都來保護它，於是金蛙王就把肉球還給柳花。柳花剖開肉球，得一男嬰，起名叫高朱蒙，就是後來的東明王。

朱蒙長大後英勇善射，為金蛙王的七個兒子所嫉。金蛙王命朱蒙牧馬，朱蒙選了一匹駿馬，在馬舌上刺了一根針，使它不能飲食而日漸瘦弱。金蛙王不知情，便把這馬給朱蒙。於是朱蒙把針拔出，善加餵養，後來就騎了它和三個朋友南逃。他們逃到一條大江邊上時，無船可渡，而後有追兵。正在危急之際，江中魚鼈湧現，搭成浮橋，幫他們擺脫了追兵。最後，他們在鴨綠江的上游建國，朱蒙為王，國號高句麗。

朱蒙在逃離扶餘國之前已經娶妻，逃走時妻已懷孕，後來生了一個男孩叫類利。類利長大了要去找父親，他母親就把朱蒙出走時寫的一張紙條交給他。類利展開一看，上面寫著：

吾有藏物：七嶺七谷石上之松。能得此者，乃吾子也。

因此類利就進山去找藏物，但是一無所獲。回到家裏，忽然看見屋中有根松木柱子是帶稜的，數一數，整整七道稜（嶺）七道溝（谷），而且柱腳正在一塊圓石上。結果類利在這根柱子裏找到半柄斷劍。類利拿著那半柄斷劍去高句麗找他的父親東明王。東明王見了類利帶來的斷劍，便拿出自己的半把斷劍與之接合，這時有血從接縫處滲出，兩把斷劍便接合為一，於是就立類利為太子。東明王死後，類利繼位，成為高句麗的第二個國王❶。

二

關於東明王的傳說，可以分成兩部分：一是從他出生到建國，一是他和他兒子的相認團聚。他的出生和逃亡立國，最早之文字記錄見於東漢王充（二五～七五？）的《論衡》：

❶ 金德順〈東明王的傳說〉，見裴永鎮整理之《朝鮮族民間故事講述家金德順故事集》（上海文藝出版社，一九八三），第一三～二二三頁。

槖離國王侍婢有娠❷，王欲殺之，婢對曰：「有氣大如雞子，從天而下，我故有娠。」後產子，捐於豬溷中，豬以口氣噓之，不死。復徙置馬欄中，欲使馬藉殺之，馬復以口氣噓之，不死。王疑以為天子，令其母收取奴畜之，名東明，令牧牛馬。東明善射，王恐奪其國也，欲殺之。東明走，南至掩淲水，以弓擊水，魚鼈浮為橋，東明得渡，魚鼈解散，追兵不得渡，因都王夫餘❸。

（卷二·〈吉驗篇〉）

在這個記錄裏，後世傳說中東明王的父親是天帝之子、母親是河伯之女，以及他出母胎時藏身於肉球（卵生）等事，都還未出現。使東明王母親懷孕的原因也並非日光，而是「有氣大如雞子，從天而下」。《論衡》之後，這記載又見於晉朝干寶在公元三四〇年左右寫成的《搜神記》❹，文字和《論衡》所記全同❺，大概就是從《論衡》錄出的。稍後，南朝宋、范曄（三九八～四四五）在他《後漢書》裏也記錄這事：

初，北夷索離國王出行❻，其侍兒於後姙身。王還，欲殺之。侍兒曰：「前見天上有氣大如雞子

---

❷ 「槖離國」即「高麗國」，異字記同音也，亦即「北扶餘」。

❸ 地在卒本州，亦稱「卒本扶餘」，即「高句麗」。

❹ 李劍國《唐前志怪小說史》（天津，南開大學出版社，一九八四），第二八〇～二八一頁。

❺ 唯「槖離國」作「稾離國」，參見❷。

來降我，因以有身。」王囚之，後遂生男。王令置於豕牢，豕以口氣噓之，不死。復徙於馬欄，馬亦如之。王以為神，乃聽母收養，名曰東明。東明長而善射，王忌其猛，復欲殺之。東明奔走，南至掩淲水，以弓擊水，魚鱉皆聚浮水上，東明乘之，得度，因至夫餘而王之焉。（卷八五）

這段記載，說明國王侍婢之懷孕是在國王出行期間，所以國王回去後要殺她，彌補了《論衡》所述的不足，其餘都和《論衡》的記載相同。

在與《後漢書》差不多同時而出自高句麗自撰的〈高句麗廣開土王陵碑〉上（公元四一四年），關於其始祖的故事是這樣記述的：

惟昔始祖鄒牟王之創基也❼，出自北夫餘天帝之子❽，母河伯女郎，剖卵出生子，有聖德。鄒牟王奉母命，駕巡南下，路由夫餘奄利大水，王臨津言曰：「我是皇天之子，母河伯女郎，鄒牟王，為我連鼈浮龜。」應聲即為連葭浮鼈，然後造渡，於沸流谷忽本西城山上而建都焉。❾

❻　唐、李賢註：「索或作橐。」

❼　「鄒牟」即「朱蒙」，異字記同音也。一作「鄒蒙」，參見高麗朝一然禪師所撰《三國遺事・卷一・王曆第一》。

❽　或云即檀君。書同❼。

❾　（韓）許興植編《韓國金石文》（漢城，亞細亞文化社，一九八四），第一冊，第五～六頁。

在以前的敘述裏，東明王是不是天神後裔並未確定，祇是國王在他剛出生時把他丟進豬圈馬棚而不死以後，才「疑以為天子」、「疑以為神」，現在則有了新的說法，明確地說出東明王「出自天帝之子」，而他在河邊自稱是天帝之子，更是省略了一代。此外，這段記述裏又說他的母親是河伯之女，這大概是在魚鼈為東明王浮出成橋的情節基礎上產生的。並且又說東明王的出世是卵生，以示不同常人。於是，一百多年後，在北齊魏收（五〇五～五七二）寫的《魏書》裏，情節更詳細了：

高句麗者，出於夫餘，自言先祖朱蒙。朱蒙母河伯女，為夫餘王閉於室中，為日所照，引身避之，日影又逐。既而有孕，生一卵，大如五升。夫餘王棄之與犬，犬不食；棄之與豕，豕又不食；棄之於路，牛馬避之；後棄之野，眾鳥以毛茹之。夫餘王割剖之，不能破，遂還其母。其母以物裹之，置於暖處，有一男破殼而出。及其長也，字之曰朱蒙，其俗言「朱蒙」者，善射也。夫餘人以朱蒙非人所生，將有異志，請除之，王不聽，命之養馬。朱蒙每私試，知有善惡，駿者減食令瘦，駑者善養令肥。夫餘王以肥者自乘，以瘦者給朱蒙。後狩于田，以朱蒙善射，限之一矢。朱蒙雖矢少，殪獸甚多。夫餘之臣又謀殺之。朱蒙母陰知，告朱蒙曰：「國將害汝，以汝才略，宜遠適四方。」朱蒙乃與烏引、烏違等二人，棄夫餘，東南走。中道遇一大水，欲濟無梁，夫餘人追之甚急。朱蒙告水曰：「我是日子，河伯外孫，今日逃走，追兵垂及，如何得濟？」於是魚鼈並浮，為之成橋，朱蒙得渡，魚鼈乃解，追騎不得渡。……朱蒙至紇升骨城，遂居焉，號曰高句麗，因以為氏焉。（卷一〇〇．〈高句麗傳〉）

《魏書》裏的記述，和以往主要的不同是東明王母親致孕的原因；《論衡》所記，是借東明王母親的自述——「有氣大如雞子，從天而下，我故有娠」。現在則變成是因太陽照射所致了，而東明王逃亡到河邊時也自稱是「日子」。這可能是因為在較早的傳說中既然說東明王是天帝之子，是皇天哲嗣，那麼，「氣大如雞子，從天而下」的獲孕方式，便不如改以日光照逐更為貼切了，因為在往昔的觀念裏，太陽就是天帝❿。

此外，在東明王初生遭棄後受到豬馬保護的情節中，現在又增加了犬牛的避讓和飛鳥的照顧。而東明王從卵中出來的方式也有點變動：以前是剖卵出之，現在是「其母以物裹之，置於暖處，有一男破殼而出」，似乎是受舊說「有氣大如雞子」中「雞子」一詞的影響，因為那和孵小雞出殼的情形差不多。

稍後，在唐初所成三書中，也都見到這個傳說：一是姚思廉（五五七～六三七）所撰《梁書》（卷五四），所記與《後漢書》略同。二是魏徵（五八〇～六四三）等人所撰《隋書》（卷八一），所記與《魏書》所述之主要情節相同而較簡樸。三是僧人道世在總章元年（六六八）成書的《法苑珠林》，內容如下：

---

❿《三國遺事・卷一・紀異第二》「東夫餘」條：「北扶餘王解夫婁之相阿蘭弗，夢天帝降而謂曰：『將使吾子孫立國於此，汝其避之。東海之濱，有地名迦葉原，土壤膏腴，宜立王都。』阿蘭弗勸王移都於彼，國號東扶餘。」（韓）李奎報〈東明王篇〉引《舊三國史記・東明王本紀》記此事云：「夫餘王解夫婁……其相阿蘭弗曰：『日者天降我曰，將使我子孫立國於此，汝其避之。東海之濱，有地號迦葉原，土宜五穀，可都也。』阿蘭弗勸王移都，號東夫餘。」（《東國李相國集・卷三》）

寧稟離王侍婢有娠，相者占之曰：「貴而當王。」王曰：「非我之胤也，當殺之。」婢曰：「氣從天來，故我有娠。」及子之產，王謂不祥，捐圈則豬噓，棄欄則馬乳，而得不死，卒為扶餘之王。（卷二一）

和前面的一些記載比較，這條記述最為簡單，當是引取時有所節略，但原文已無從檢核。因為《法苑珠林》引書固然注出處，而這一條卻沒有。從其所節引的兩個要點看：

一、東明王母親的身分是最早傳說中的「國王侍婢」（第一至第四世紀），也還沒第五世紀記述中的神性（河伯之女）。

二、東明王母親懷孕的原因也是最早傳說中的「氣從天來」，不是第六世紀文獻中所見的「日光照逐」（《魏書》）。

可知《法苑珠林》那條記載，和以往的《梁書》、《後漢書》所記一樣，故事是屬於《論衡》一系最早期的，所引資料在時間上不會遲於第四世紀。

從上述三書的記載看，關於東明王的兩種傳說，在唐初（第六第七世紀）似乎是同時流傳的。然後是唐、杜祐在貞元十七年（八〇一）所成《通典》一書裏的記載，原文如下：

高句麗，後漢朝貢，云本出於夫餘，先祖朱蒙，朱蒙母河伯女，為夫餘王妻，為日所照，遂有孕而生。及長，名曰朱蒙，俗言善射也。國人欲殺之，朱蒙棄夫餘東南走，渡普述水，至紇升骨城，

遂居焉，號曰句麗，以高為氏。（卷一八六）

在這個記載裏，東明王母親的地位，由國王侍婢而改成了「夫餘王妻」。由於在第五世紀的傳說中已為她增加了神性，說她是河伯之女，那麼現在把她在宮中的地位相應調高也是理所當然的。否則，就會和以往兩個說她是河伯之女的記錄一樣（〈高句麗廣開土王陵碑〉，《魏書》），對她的宮中地位衹好避而不提。

再依時下推，則是韓國高麗王朝《舊三國史記》裏〈東明王本紀〉的記載。《舊三國史記》的撰者不詳，撰成年代在第十或第十一世紀⓫。這書因為後來金富軾（一〇七五～一一五二）重寫了一部新《三國史記》而不傳，但〈東明王本紀〉的內容，則由於高麗朝李奎報（一一六八～一二四一）依據它寫了一首長詩〈東明王篇〉，並引其本文為註而被保留下來。茲綴錄註文所引如次：

本紀云：夫餘王解夫婁老無子，祭山川求嗣。所御馬至鯤淵，見大石流淚，王怪之，使人轉其石，有小兒金色蛙形。王曰：「此天賜我令胤乎。」乃收養之，名曰金蛙，立為太子。其相阿蘭弗曰：「日者天降我曰：『將使我子孫立國於此，汝其避之。東海之濱有地，號迦葉原，土宜五穀，可都也。』」阿蘭弗勸王移都，號東夫餘。……漢神雀三年壬戌歲（公元前五九年），天帝遣太子降

⓫ 高麗朝統一朝鮮半島在公元九三六年，重寫《三國史記》的金富軾生於一〇七五年，故定《舊三國史記》撰成年代在第十或第十一世紀。

遊夫餘王古都，號解慕漱，從天而下，乘五龍車，從者百餘人，皆騎白鵠，彩雲浮於上，音樂動雲中，止熊心山，經十餘日始下。首戴烏羽之冠，腰帶龍光之劍。朝則聽車，暮即升天，世謂之「天王郎」。（河伯有三女），長曰柳花，次曰萱花，季曰葦花，自清河（鴨綠江）出遊熊心淵上，神姿絕麗，雜佩鏘洋，與漢皐無異。王謂左右曰：「得而為妃，可有後胤。」其女見王，即入水。左右曰：「大王何不作宮殿，俟女入室，當戶遮之。」王以為然，以馬鞭畫地，銅室俄成壯觀，於室中設三席，置樽酒。其女各坐其席，相勸飲酒，大醉。王俟三女大醉，急出遮，女等驚走。長女柳花為王所止。河伯大怒，遣使告曰：「汝是何人，留我女乎。」王報云：「我是天帝之子，今欲與河伯結婚。」河伯又使告曰：「汝若天帝之子，於我有求婚者，當使媒。今輒留我女，何其失禮。」王慚之，將往見河伯，不能入室，欲放其女。女既與王定情，不肯離去，乃勸王曰：「如有龍車，可到河伯之國。」王指天而告，俄而五龍車從空而下。王與女乘車，風雲忽起，至其宮。河伯備禮迎之，坐定，謂曰：「婚姻之道，天下之通規，何為失禮，辱我門庭。王是天帝之子，有何神異？」王曰：「唯在所試。」於是河伯於庭前水化為鯉，隨浪而遊，王化為獺而捕之。河伯又化為鹿而走，王化為豺逐之。河伯化為雉，王化為鷹擊之。河伯以為誠是天帝之子，以禮成婚；恐王無將女之心，張樂置酒，勸王大醉，與女入於小革輿中，載以龍車，欲令升天。其車未出水，王即酒醒，取女黃金釵，刺革輿，從孔獨出升天。河伯大怒其女曰：「汝不從我訓，終欲我門。」令左右絞挽女口，其唇吻長三尺，唯與奴婢二人，貶於優渤水中。優渤澤名，今在太伯山南。漁師強力扶鄒告（金蛙）王曰：「近有盜梁中魚而將去者，未知何獸也。」王乃使漁師以網引之，其網破裂。更造鐵網引之，始得一女，坐石而出。其女脣長，不能言，令三截其脣乃言。王知天帝子妃，以別室置之。其女懷中日曜，因以有娠。神雀四年癸亥歲夏四月生朱蒙，啼聲甚偉，骨表英奇。初生，左腋生一卵，大如五升許，王怪之，曰：「人生鳥卵，可為不祥。」使人置之馬牧，群馬不踐。棄於深山，百獸皆護。雲陰之日，卵上恆有日光。王取卵送母養之，卵終乃開，得一男。生未經月，言語並實。謂母曰：「群蠅嚕目不能睡，母為我作弓矢。」其母以華作弓矢與之，自射紡車上蠅，發矢即中。扶餘謂善射曰朱蒙。年至長大，才能並備。金有子七人，常共朱蒙遊獵。王子及從者四十餘人唯獲一鹿，朱蒙射鹿至多，王子妬之，乃執朱蒙縛樹，奪鹿而去。朱蒙拔樹而去。太子帶素言於王曰：「朱蒙者神勇之士，瞻視非常，若不早圖，必有後患。」王使朱蒙牧馬，欲試其意。朱蒙內自懷恨，謂母曰：「我是天帝之孫，為人牧馬，生不如死。欲往南土造國家，母在不敢自專。」其母曰：「此吾之所以日夜腐心也。吾聞：士之涉長途者須憑駿足。吾能擇馬矣。」遂往牧馬，即以長鞭亂捶，群馬皆驚走，一騂馬跳過二丈之欄。朱蒙知馬駿逸，潛以針捶馬舌根。其馬舌痛，不食水草，甚瘦悴。王巡行馬牧，見群馬悉肥，大喜，仍以瘦錫朱蒙。朱蒙得之，拔其針加餧云。（南行至淹滯），欲渡無舟，恐有追兵奄及，迺以策指天，慨然嘆曰：「我天帝之孫，河伯之甥，今避難至此。皇天后土，憐我孤子，速致舟橋。」言訖，以弓打水，魚鼈浮出成橋，朱蒙乃得渡。良久，追兵至也。追兵至河，魚鼈橋即滅，已上橋者皆沒死。朱蒙臨別，不忍睽違。其母曰：「汝勿以一母為念。」乃裹五穀種以送之。朱蒙自切生別之心，忘其麥子，息大樹之下，有雙鳩來集。朱蒙曰：「應是神母使送麥子。」乃引弓射之，一矢俱舉，開喉得麥子。以水噴鳩，更蘇而飛去。（朱蒙自立為王後），沸流王松讓出獵，見王容貌非常，引而與坐曰：「僻在海隅，未曾得見君子。今日邂逅，何其幸乎。君是何人？從何而至？」王曰：「寡人天帝之孫，西國之王也。敢問君王繼誰之後？」讓曰：「予是仙人之後，累世為王。今地方至小，不可分為兩王。君造國日淺，為我附庸可乎？」王曰：「寡人繼天之後。今主非神之胄，強號為王，若不歸我，天必殛之。」松讓以王累稱天孫，內自懷疑，欲試其才，乃曰：「願與王射矣。」以畫鹿置百步內射之，其矢不入鹿臍，猶如倒手。王使人以玉指環懸於百步之外射之，破如瓦解。松讓大驚。……松讓欲以立都先後為附庸，王造宮室，以朽木為柱，故如千歲。松讓來見，竟不敢爭立都先後。（王）西狩獲白鹿，倒懸於蟹原，咒曰：「天若不雨而漂沒沸流王都者，我固不汝放矣。欲免斯難，汝能訴天。」其鹿哀鳴，聲徹於天，霖雨七日，漂沒松都。王以葦索橫流，乘鴨馬，百姓皆執其索。朱蒙以鞭畫水，水即減。六月，松讓舉國來降。

案：〈東明王本紀〉以前所錄的朱蒙傳說，除了他的出生和魚鼈搭橋之外，餘者如父為天帝之子，母為河伯之女，他自幼善射等，都祇是概括性的敘述，沒有比較具體的描寫或情節。在這篇〈東明王本紀〉裏，種種生動的情節出現了：

一、身為天帝之子的朱蒙之父，除了乘五龍車從天而降外，並以馬鞭劃地成宮室，又於接受河伯試驗時變獺、變豺、變鷹，最後從髮釵所刺出的小孔中脫身返回天上。

二、身為河伯之女的朱蒙之母，被河伯處罰並貶居水底後，一般漁網都不能把她撈起，必須打造鐵綱。當朱蒙南逃而忘帶麥種時，她能使雙鳩為其銜送。

三、朱蒙自幼善射（這是東明帝所以名「朱蒙」的原因），生未經月，就能以蓽製弓矢射落紡車上的蒼蠅。南逃後與沸流國王爭雄比箭，則於百步外箭穿玉指環。此外，也讓朱蒙表現了一下神裔所具有的神力，如「逼鹿求雨」、「以鞭退水」等。

綜觀東明王傳說的成長，至此乃告完成。稍後，在金富軾的《三國史記》和一然禪師（一二〇六～一二八五）的《三國遺事》裏，以及在現在的民間故事裏，關於東明王的傳說，主要情節都不超逾《舊三國史記》裏〈東明王本紀〉的記載。這個傳說的完成，清楚地顯示了一種傳說發展的軌跡：當其初生，祇是一兩個主要的特殊情節，然後以這些情節為中心，加以細節的調整和添補，漸次形成一則完整的故事。但細節的調整或添補，在開始祇是概括性的敘述，沒有具體情節；必待生動的情節具備，才是真正的完成。

三

關於東明王和他兒子類利以斷劍相認的故事，形成較晚。文字記載最早見於《舊三國史記》裏的〈東明王本紀〉：

（類利）少以彈雀為業，見一婦戴水盆，彈破之。其女怒而詈曰：「無父之兒，彈破我盆。」類利大慚，以泥丸彈之，塞盆孔如故。歸家問其母曰：「我父是誰？」母以類利年少，戲之曰：「汝無定父。」類利泣曰：「人無定父，將何面目見人乎。」遂欲自刎。母大驚，止之曰：「前言戲耳。汝父是天帝孫、河伯甥，怨為夫餘之臣，逃往南土，始造國家，汝往見之乎？」對曰：「父為人君，子為人臣，吾雖不才，豈不愧乎。」母曰：「汝父去時有言：吾有藏物，七嶺七谷石上之松。能得此者，乃吾之子也。」類利自往山谷，搜求不得，疲倦而還。類利聞堂柱有悲聲，其柱乃石上之松，木體有七稜。類利自解之曰：「七嶺七谷者，七稜也。石上松者，柱也。」起而就視之，柱上有孔，得毀劍一片，大喜。前漢鴻嘉四年夏四月奔高句麗，以劍一片奉之於王，王出所有毀劍一片合之，血出連為一劍。王謂類利曰：「汝實我子，有何神聖乎？」類利應聲，舉身聳空，乘牖中日，示其神聖之異。王大悅，立為太子。⑫

其後《三國史記》所記，與此大同，祇是作了些文字的精簡工作和刪除了「彈丸補洞」及「聳身空中坐於窗中射進之日光上」兩個神奇情節：

初，朱蒙在扶餘，娶禮氏女有娠，朱蒙歸後乃生，是為類利。幼年出遊陌上彈雀，誤破汲水婦人瓦器，婦人罵曰：「此兒無父，故頑如此。」類利慙，歸問母氏：「我父何人？今在何處？」母曰：「汝父非常人也。不見容於國，逃歸南地，開國稱王。歸時謂予曰，汝若生男子，則言：『吾有遺物，藏在七稜石上松下，若能得此者，乃吾子也。』」類利聞之，乃往山谷索之。不得，倦而

⑫ 引自李奎報〈東明王篇〉，參見⑩。

還。一旦，在堂上，聞柱礎見（間）若有聲，就而見之，礎石有七稜，乃搜於柱下，得斷劍一段。遂持之……見父王，以斷劍奉之。王出己所有斷劍合之，連為一劍，王悅之，立為太子。

比較這兩則記錄，藏劍的隱語都是故事核心。但就藏劍的隱語而言，則更早見於干寶《搜神記》。干寶，《晉書・卷八二》有傳，生卒年代不詳，大致上生在公元二八五年前後，卒於三五〇年左右，撰成《搜神記》一書的時間大概在三四〇年前後⓭。其書原為三十卷，在北宋初年可能還完整⓮，以後就散佚了。今本干寶《搜神記》有兩種：一是明、胡應麟依據殘本再從各書中輯出引文而成的二十卷本，一是明、商濬所輯的八卷本。八卷本全書共四十條，其中也見於二十卷的祇有十二條，是明人真膺雜糅的偽本⓯。父親留下隱語使兒子去找尋藏劍的故事見於二十卷本：

楚干將莫邪為楚王作劍，三年乃成，王怒，欲殺之。劍有雌雄，其妻重身，當產，夫語妻曰：「吾為王作劍，三年乃成。王怒，往，必殺我。汝若生子，是男，大，告之曰：『出戶望南山，松生石上，劍在其背。』」於是將雌劍往見楚王。王大怒，使相之：劍有二，一雄一雌，雌來，雄不

⓭ 同❹。

⓮ 《隋書・經籍志》「雜傳類」著錄三十卷，與《晉書・干寶傳》所述合。《日本國見在書目》、《舊唐書・藝文志》、《新唐書・藝文志》並同，唯《新唐書・藝文志》以之入「小說家類」。

⓯ 書中多用北朝和隋唐五代地名，又有北魏、劉宋元嘉及蕭齊元明中事。書同❹，第二八九頁。

來。王怒，即殺之。莫邪子名赤，比後壯，乃問其母曰：「吾父所在？」母曰：「汝父為楚王作劍，三年乃成。王怒，殺之。去時囑我：『語汝子：出戶往（望）南山，松生石上，劍在其背。』」於是子出戶，南望，不見有山，但覩堂前松柱下（在？）石礎之上，即以斧破其背，得劍。（卷一一）

干將之子尋得寶劍後，就想為父親報仇，但被楚王得知，便逃入山中。後來遇一俠士，乃自刎，以己頭及劍付俠士，使之持獻楚王，乘機刺殺之。

在這個故事中，干將讓他妻子告訴未來兒子的尋劍隱語是「出戶望南山，松生石上，劍在其背」，而高句麗東明王使他妻子告訴未來兒子尋物隱語是「吾有藏物，七嶺七谷石上之松」（《舊三國史記・民間故事》）、「吾有遺物，藏在七稜石上松下」（《三國史記》）。這些隱語，基本上是一樣的。就文獻記錄看，第四世紀成書的干寶《搜神記》中記錄了東明王南逃途中得助於魚鼈搭橋的故事，但並未說他南逃時留下了藏物隱語；干寶《搜神記》所記藏物隱語的情節是戰國鑄劍大匠干將莫邪的故事，兩者很清楚地是分開記錄的。東明王留下藏物隱語的情節最早見於高麗朝的《舊三國史記》，那已是在第十或第十一世紀，其間相差了六、七百年左右。看來似乎是人們在傳述東明王故事的過程中，吸取了干將莫邪故事中藏劍尋劍的情節。

就事而言，東明王在南逃之際，由於妻子已經懷孕，折劍留下一半，以為將來父子相認的憑證，是可能的，也是合理的。所以敘事者吸取了干將父子藏劍尋劍的情節，以增加故事的趣味。事實上，東明王的妻子和他走後才出生的兒子，在他建國後第十九年，也一同逃離夫餘去和他會面了⑯。因此，即使真有折劍為憑的事，斷劍也不是必需的信物了，那祇有在他妻子不同時在場時才是父子相認的唯一依據。

由於干寶《搜神記》最遲在北宋初年（十一世紀）以後就散佚了，而東明王藏劍隱語的最早紀錄則見於第十或第十一世紀的《舊三國史記》，那麼，這個以隱語指示東西藏在何處的情節，可能就是在五代宋初的第十第十一世紀從干將故事裏取入東明王故事的。

四

東明王故事中的藏劍隱語雖然採自干將故事，但也作了些加工。干將故事中的隱語祇是說「松生石上」，指以石為柱礎的松木柱子；東明王故事中的隱語則是「七嶺（七稜）七谷（溝）石上之松」《舊三國史記・民間故事》或「七稜石上松下」《三國史記》。在民間傳說和《舊三國史記》裏，都把「七稜七溝石上之松」解作「有七道稜角和七條凹溝的石上松柱」，但這種柱子在東亞地區古今都罕見。《三國史記》把「七稜石上松下」解釋成「在有七道稜角之礎石上的松柱之下」，指松木柱子的礎石是刻有七道稜的，似較合於作為想像基礎的事實。

案：戰國時期的柱礎式樣目前尚無遺物可以考知，現存漢代柱礎則都是素礎，不加雕飾。六朝的柱礎是素式花式互見，唐宋的柱礎則多寶蓮瓣或各種花紋⑰。所謂「松生石上」之石，當指素式石礎，「七

---

⑯ （韓）金富軾《三國史記・卷一三・高句麗本紀第一》。

⑰ 祁英濤《怎樣鑑定古建築》（北京，文物出版社，一九八一），第一九～二〇頁。

稜七溝」之石，顯然是指刻了如寶蓮瓣之類花紋的礎石。如果那時中原地區的文物式樣在整個東亞地區有其普遍性，那麼，故事裏的隱語也反映了故事的時代。前述東明王故事採入干將故事中隱語尋物的時間可能在五代宋初的第十第十一世紀，「七稜七溝」的礎石或許可以作為一個輔證。（一九八六年六月二十七日漢城初稿，一九八七年四月臺北重寫）

——原載於《華岡文科學報》第十六期

「春香傳」及其同類型故事之比較

一

「春香傳」是韓國家喻戶曉的一則愛情故事，原作者不可考，大概在十八世紀上半葉開始流行❶，迄今仍為大眾所喜愛。韓國的歷代文人和藝人，或以詩歌，或以小說，或以戲曲等不同體裁，一再地表現這個故事❷；有的以韓文寫成，有的以漢文寫成，有的以韓漢文混用體寫成，故事的概要如下：

南原府使李震元，有子名李夢龍，丰姿俊朗，貫通詩書，時年十六歲。一日，夢龍出遊，認識了官妓月梅的女兒春香。春香那時也是十六歲❸，美貌絕世，才德兼備。兩人相互愛慕，於是山盟

❶ 許世旭〈春香傳考釋〉，在《東方雜誌》復刊第三期，也見於其所譯《春香傳》（臺北，商務，民國六十年）第一〇頁。

❷ 最近之作品有李家源所撰漢文〈春香歌〉（漢城，國民書館，一九七九），長四千八百六十句，計三萬四千零二十字。

❸ 或云春香較李夢龍小一歲，見俞喆鎮《懸吐漢文春香傳》（漢城，東昌書屋，一九一七）第四〇頁。然該書起首謂夢龍時年十六（第一頁），春香芳年二八（第四頁），固同歲也。

海誓，私訂了嫁娶之約。過了半年，李震元升調漢城，夢龍不得已隨父上京。南原的新府使卞學道是個暴虐好色之徒，見春香色美，便命她入侍。春香堅拒不從，卞學道惱羞成怒，將春香痛加杖責，並且上枷下獄。夢龍隨父上京後，勤讀苦學，次年應試及第，受命為「暗行御使」，微服巡查南原一帶，途中聞知春香的遭難和寧死不屈，便兼程趕去。到了南原，復知卞學道的種種貪贓枉法和春香的命在旦夕，於是在卞學道的生日宴上表明身分，罷黜卞府使，救出春香，共慶團圓。

這個故事反映了一些韓國李朝的政治制度和社會情形，了解這些情形，對閱讀「春香傳」和其同類型的故事很有幫助：

㈠李朝的社會分為四個階層：最高的是官員兼大地主階級，俗稱「兩班」，是朝廷文武兩班官員的合稱。後來兩班階級也有在經濟上沒落的，但是他們在政治上始終享有特權，祇有他們的子弟才能應考作官。其次是「中人」，他們是政府中負責事務性和技術性工作的胥吏。再其次是「常民」，即是從事農、工、漁、商等業的平民。最低的是「賤人」，驛卒和公私奴婢等都屬於這個階層。官妓是賤民階級，按照當時的法律，奴婢的子女仍是奴婢，因此官妓月梅的女兒春香仍應當是官妓。所以南原的新府使命令春香入侍而春香堅拒不從，他就以抗拒官命為藉口，將春香杖責下獄，還準備在他的生日宴上當眾打死。

㈡「兩班」是不和「中人」、「常民」通婚的，當然更不能娶官妓或官妓的女兒為妻，在很特殊的情形下，也祇能娶以為妾。所以，「春香傳」中的李夢龍隨父到漢城後，很快就結婚娶妻，然後應試及第，救出春香，娶以為妾。而李夢龍若要娶春香為妾，也必須先及第。因為那時的習俗，若未入仕，是不能娶妾的。

㈢「暗行御史」是李朝國王的直屬秘密調查員，任命是秘密的。受命者接受任命後，要立即微服前往指定的調查地區，甚至不可回家逗留，以免洩漏消息。而這種派遣是常有的事，並不是有了特殊情況才派人前往察看。由於微服巡查是一件很辛苦的工作，受命者又必需是地方官員所不熟悉的人，所以原則上是指派不受眾人注意而又為國王信任的年輕朝官擔任❹。因此，李夢龍及第後很快受命為「暗行御史」是可能的，也和當時實際情形符合的。

㈣「暗行御史」查知地方官員的枉法事件後，除了以書啟上稟國王外，有權立即將之免職。所以，李夢龍在卞學道的生日宴上罷黜卞學道的職務，是合乎當時法制的。

二

在十八、十九世紀的韓國漢文筆記裡，有幾個和「春香傳」類似的故事，在時間上，有的可能和「春香傳」產生的時間差不多，有的則較晚。茲撮要引述於次：

㈠沈一松早孤失學，日事遊蕩，遇宴必赴，而蓬髮弊衣，毫無羞澀之態，人皆視之為狂童。一日，又往權臣宴席，雖為人毆逐而不肯離去。時有少年麗妓名一朵紅者，容貌歌舞，獨步一世。一松慕其色，接席而坐。宴罷，一朵紅往訪一松，遂隱身其家，督沈讀書，並使娶妻。數年後，一松怠倦廢學，一朵紅乃離去，寄身於一老者家中執炊事。臨行留言曰：如聞登科，便即歸來。於是一松發憤力學，終登科

❹ Chon Pong-Dok, "The System of Royal Inspectors", *Legal System of Korea* (Seoul, 1982), pp. 117–142.

名。謝恩遊街之日，往謁老者，蓋一松之父執也，乃重逢一朵紅，與之同歸，復續前好云云。（見《溪西野譚》、《青丘野談》、《記聞叢話》、《海東奇話》、《選諺篇》、《錦溪筆談》諸書❺）

㈡禹夏亨家貧，初登武科，赴防邊地，有汲水女婢貌甚美，與之同居。期滿，將返鄉，婢贈以所蓄銀六百兩，使向京中求仕，約以來日出宰此地時相聚。既別，婢乃託身於一鰥夫，勤為治產。數年後，夏亨果來出宰某邑，女乃盡還所理產業於鰥者，隻身往會夏亨。夏亨見之，喜不自勝，適喪妻，因以女處內衙正堂，使主家政。女撫育嫡子，指揮奴僕，恩威並濟，一家洽然稱之。後夏亨升遷至節度使，年近八十而卒。夏亨既亡，女還家政於嫡子婦，絕粒以殉。（見《溪西野譚》、《東野彙輯》、《記聞叢話》、《選諺篇》諸書❻）

㈢盧玉溪早孤家貧，居南原，年長而無結婚之費，有堂叔為宣川令，奉母命前往乞助。既至，阻於閽人，不得入。正徬徨之際，遇一童妓，邀玉溪於見官後往其家。玉溪既見其叔，叔遇之甚冷落，乃往妓家。妓贈以私蓄白銀五百兩，促其歸，期以十年之內，登科入仕，彼當潔身以俟。玉溪歸而娶妻營產，勤奮力學，數年後登第。未幾，以暗行御史抵宣川，重訪妓家，則童妓自玉溪別後即告失蹤。然風聞成川深山之小菴中數年前有女子隱居，被髮掩面，不與人往來。玉溪乃攀蘿而登，則果昔日之童妓，遂攜之同歸，愛重終身。（見《溪西野譚》、《青丘野談》、《記聞叢話》、《選諺篇》諸書❼）

❺ 東國大學校附設韓國文學研究所編《韓國文獻說話全集》（漢城，太學社，一九八一），第一冊，第二〇一頁；第二冊，第五六四頁；第五冊，第四三、四二〇、四九六頁；第八冊，第二三〇頁。

❻ 同❺，第一冊，第二三〇頁；第四冊，第二二七頁；第五冊，第六〇及五三八頁。

㈣李萬雄未第時，貧而喪父。時有武倅善相術，將赴永興府使之任，自相其面，當在任死於御史之手。及見萬雄，相之，則不久當為御史者，乃假託為其父生前舊交，往哭致哀，並囑萬雄待其赴任後往訪，俾予資助。未幾，萬雄冒雪跋涉而往，然武倅望見其容貌大異於前，將不得為御史，乃翻臉不認，語言之間，遂生衝突。武倅盛怒之下，呼吏將萬雄逐出，並申令不得有收容者。時歲寒日暮，棲止無所，萬雄自忖必死，連聲呼救，聲頗淒切。適有村嫗偕女經過，邀李至家，饋飯留宿以活之。次日將行，阻於風雪，嫗乃詳叩李之門閥，知為京中兩班子弟，係有前程者，即以女婚之，留其過冬。此一期間，萬雄對武倅之貪饕不法，頗有所聞。次年春，萬雄返家，老嫗多贈財物，俾其償債。是年李登科，於國王召對時備陳永興事始末。國王即下密旨三道，一於出闕門後拆閱，一於抵目的地後拆閱，一於最後拆閱。萬雄出門拆封，蓋授任永興府暗行御使之命也。萬雄抵永興後，先往女家。其時女以接納萬雄獲罪，為府使罰入官衙供役；及返，見萬雄弊服破笠，大驚，然情好依舊。萬雄知女心誠，遂喚暗中護衛之隨從同往官衙封庫查案。旋拆第二封，是委萬雄為永興府使之命也。又拆第三封，則命其娶女為次夫人也。於是萬雄以綵轎迎女，入處內軒云云。（見《東野彙輯》卷四「繡衣紿訪茶母家」條❽）

㈤金宇杭未第時，窮甚，欲嫁女而乏資，往求任江界府使之親戚。既至，阻於閽人，不得入。逗留數月，資斧告罄，為店主所窘，鬻馬而償其債。後候於道旁，始得見其親戚。然府使素暴虐，遇之殊冷落，自享珍肴，待以惡食，宇杭大怒，遂為府使逐出。時夜黑天寒，宇杭不堪凍餒，而府中有一美妓隨

❼ 同❺，第一冊，第二五六頁；第二冊，第五三二頁；第五冊，第七五及五六二頁。

❽ 同❺，第三冊，第四五三頁。

其後，邀至家中，饗以美饌。次晨，贈以私蓄，並為貲馬，使之歸，囑他日富貴毋相忘。宇杭返抵京中，未幾，應試及第，國王召對，宇杭以江界之事上陳。國王即下密旨三道：其一任命宇杭為江界府暗行御使。其二為江界府使撤職。其三為著該妓上京。宇杭遂弊服而往，深夜抵妓家，誑以遇盜，盡失所贈。妓好言相慰，毫無厭色。後無意中發現宇杭持有暗行御使之馬牌，始悉真相。次日，即往官府罷黜府使。(見《錦溪筆談》。案：《錦溪筆談》傳世者，目前唯有漢城高麗大學所藏之抄本，亦即輯入《韓國文獻說話全集》者。然此本此條所記未完，其後誤接沈一松事。就故事之格局言，最後該妓當隨宇杭上京，由國王特許為宇杭之妾❾）另一說云：宇杭受命為暗行御使時，國王未知其受辱遇救之往事。宇杭弊服抵妓家後，為保留弊服以偽裝身分，乃告妓實情，並與妓商量處理府使之辦法，蓋認真查辦，則人或以為出諸私怨。該妓遂建議條列府使之不法事實，使彼自動辭職，以免查究。府使辭職後，宇杭回京覆命，臨行語妓云，目前官位低下，猶未能娶其為妾，心固願之也。後宇杭官位較高，向國王言及往事，乃由國王下旨，娶該妓為次妻云云❿。案：暗行御史由從三品以下之官員擔任⓫，宇杭所謂官位低微猶難娶妾，其真正原因或為久貧而初入仕，經濟能力不足之故，否則「春香傳」中之李夢龍娶春香便與此牴觸。

㈥趙文命以副使赴中國，過安州，張宴於百祥樓。時有一童妓，年纔十二，才貌俱絕。文命愛之，

---

❾ 同❺，第八冊，第二二五頁。

❿ "Kim Uhang meets a kisaeng", *A Korean Decameron — a collection of Korean tales* (part 1), tr. by Pak Tae-Yong (N. P., 1961), pp. 41–53.

⓫ 同❹，第一二八頁。

戲執其手到柱前，以指劃柱曰：汝長若等此，則吾豈虛渡今宵耶？乃贈扇而去。後以正使再過安州，該妓使人進扇，上題一絕云：安陵一別黯消魂，忍忘當時劃柱恩；摩挲篋裡扇猶在，半是秋風半淚痕。蓋童妓受扇後即垢面弊服，深自晦藏，常讀詩書，以待文命之再來，其間雖官長之威不能奪其志也。文命急召見，嘉其誠，遂於回程時攜之同歸。（見《錦溪筆談》⑫）

三

「春香傳」和前面引述的六個故事，都是「兩班」階級的男主角和「賤人」階級的女主角，克服了當時政治和社會所給予的限制而結合在一起。男方解除外界束縛的方法總是登科入仕（第六則故事裡的趙文命在遇見童妓時已貴為副使，這祇是他已具有了破除束縛的條件，並非有其他辦法）；女方的方法總是隱晦等待（除了「春香傳」外，在其他六個故事裡，女主角的隱晦等待都沒有受到外力干擾）。可是，這些故事的基本類型固然相同，情節的發展則各有路線，所以給讀者的感受也不同。

在第一則沈一松的故事裡，沈一松起初並沒有感到社會制度所給他的束縛。他是「兩班」階級，家境很好，不喜歡讀書，也不想做官；他喜歡一朵紅，一朵紅也喜歡他，而且還立刻歸隱到他家裡住，他已別無所求。但是一朵紅則不同，她出身低微，毅然在最紅的時候急流勇退，除了喜歡沈一松外，也希望他們之間的關係獲得社會的承認，這便需要沈一松應試入仕之後才能做到。所以當沈一松不願讀書後，她祇有以離開的方法促使沈努力；而她離開沈家後也不得不設法隱於老者之家執炊事，以免為人覬覦，

⑫ 同❺，第八冊，第二三三二頁。

亦以維生。在這故事裡，一朵紅的能幹和苦心，沖淡了故事的愛情氣氛。

在第二則禹夏亨的故事裡，男女雙方的愛情是無可懷疑的，但是女主角的籌劃和幹練籠罩了全局，男主角顯得很弱，以致情節的發展上襯不出高潮，也不像一個愛情故事。

在第三則盧玉溪的故事裡，男女主角的表現都很適當：最初是盧生的乞助、徬徨、受冷落，女主角的鼓勵、贈金、期許，和潔身以俟的承諾；後來盧生既登第，發現女主角失蹤，於是不辭辛勞地遍訪窮搜，終於在深山峭壁的小菴裡尋獲，可是女主角卻因為潔身以俟的承諾，不僅隱跡深山，並且數年不飾容貌以避困擾，所以不肯立時相見。這些都寫得很好。但是故事裡雙方的行事都很順利，毫無來自第三者的阻力，因此缺乏了懸宕引人的氣勢。而盧生對女主角的愛重，由於當初女主角的困中贈金，會使人覺得或許含有報恩的心情，這也不免削弱了愛情故事的氣氛。而女主角在道旁一見盧生，就贈金自隱，數年無悔，在一個落魄的陌生人身上匆匆押下自己一生的命運，在常情上也不容易解釋。

第四和第五兩個故事，則不僅基本類型相同，而且主要情節也相似：男主角都是家道中落的「兩班」階級，都是在困頓瀕死的邊緣被女主角救回，接著便是贈金、託身。男主角在登第後也都有機會向國王陳述自己的遭遇而領受密旨為暗行御史及娶女為次夫人。但這兩則故事的最大敗筆也都是男主角受命為暗行御史後不先去查撤貪官暴吏，卻先去測驗女主角——他的救命恩人——是否會嫌他貧困，而忘了當初女主角贈金託身之時他就是在貧困中的。

在第六則趙文命的故事裡，所述祇是女主角的痴情，男主角毫無表現。

和這六個同類型的故事比較，「春香傳」在情節安排上的優點就很明顯：

㈠男女主角在很自然的情況下相識相愛慕，相識六個月以後分離，雙方有一段感情滋長和相互瞭解的時間。分離的原因是由於男主角的父親升調京城任職，於是兩人的感情便第一次表現在他們所無法抗拒的外力上。

㈡女主角對男主角的愛情，再借第三者卞學道用權勢逼迫而女主角寧死不從來具體表現。

㈢男主角對女主角的愛情，則由受命為暗行御史往南原途中聞知春香危急後失魂落魄的舉止來具體表現。這種一方危急一方往救的情節，容易在讀者心中造成懸宕。

㈣男主角趕抵南原後，關心女主角的安危，冒險先去牢中偷偷會見女主角。這樣的安排，使男女雙方在久別後有面訴情懷的機會——這種相互訴情之辭實際是訴向讀者或觀眾的，因此故事最感動人的地方也就在這一節——然後故事到達高潮：查辦府使，拯救春香。

透過了這一串的情節，讀者對故事裡的男女主角纔會有鮮明生動的印象。但是，這些情節卻是其他六個故事所沒有，或是雖有一部分而未加適當處理的。此外，這些情節也使得用各種文體再寫這個故事的文人和藝人，能充分發揮他們的想像力去繪形繪聲地穿插細節，於是故事便愈傳愈精彩，而遠非其他同類型的故事所能望其項背了。（一九八四年元月二十三日）

——原載於《韓國學報》第四期

龍井

一　前言

民間故事的形成，有時吸取了較早的傳說，也常常能反映一些當時的觀念。茲譯介韓國的民間故事「龍井」，並試探其情節淵源及其所反映的情況於次。

二　龍井

慶州有一口古井，大家叫它「龍井」，附近鄉村裡的一位老人，告訴我們這井的來源如下：

在新羅王朝最後一位國王的時期，村裏有一名年輕的獵人，他很孝順他的母親，他的狩獵技巧出色，遠近聞名，箭術尤其超群，甚至可以射中飛雁的左眼。

可是，每當他的朋友飲酒作樂時，他總是默默無語，因為他沒有父親。他的父親在他小時候就離家了，所以他根本不記得他父親是怎樣的一個人。每次他問母親，父親去了那裏？他母親祇是說：

「你出生後三個月，你父親就到唐國（中國）去做生意，從此沒有了他的消息。」這婦人在等待丈夫回來期間，忍受貧苦和困擾，撫育孩子長大。她等了十多年，為了維生，她做粗重的苦工，也做針線細活。她很想替她的兒子娶媳婦，可是沒有人願意把女兒嫁給她兒子，因為她兒子沒有父親。

有一天，這名年輕的獵人說出了他想去中國尋找父親的念頭。他母親說：「如果你走了，我怎麼能活得下去呢？不過，如果你一定要去，我也不阻止你。希望你能平平安安地把你父親找回來。」當獵人決心動身去中國時，他母親衹好合掌祈求上蒼，保佑他兒子平安歸來。那天，獵人登上了駛向中國的商船。

船隻啟航時，海上風平浪靜。到了黃海，卻發生了一件怪事：平靜的海上突然起了風暴，接著又平靜如前，可是船不動了。雖然船隻是順風滿帆，但是卻一點也不移動。所有的水手都來全力划槳，而船仍是滯留原處，好像是有什麼東西阻止它移動。於是，一位年紀最長的水手說：「這顯然是黃海的龍王顯靈。我們之中一定有人做了壞事，龍王生氣了。」

水手和乘客聽了這話都認為很對。可是，當他們要找出是誰做了壞事時，卻沒有人承認。「快承認吧！請馬上出來！一定有人在上船之前做了錯事，或是看了不該看的東西。或者在這船上犯了罪。」

過了三天，船一點也不動，好像在海中下了錨似的。因此，船長不得不採取行動來挽救他的船隻了。他下令說：「船上每一個人都脫下上衣投到海裡去，龍王也許會把這個罪人的衣服揀出來。」

遵照這命令，船上大約二十個人都把衣服脫下投到海裡，這名年輕的獵人也不例外。但是，當別人的衣服在海面飄流時，年輕獵人的衣服卻深深沉入了海底。於是水手用一艘小船把他送往附近一座滿佈岩石的島上，然後大船就繼續向目的地航行了。

年輕的獵人被留在滿是岩石的荒島後，極力思索他可能犯了什麼罪，但怎麼也想不出來。他懷疑是不是在山裡獵取了許多野獸而構成了罪狀，可是他沒有在河裡或海裡殺過任何魚，龍王不至於會對他生氣的。他歎了一口氣，看著那艘船在遠處的地平線上消失。當他想到還沒有到中國就要餓死在這荒島上時，感到了挫折和沮喪。這時候，忽然浪濤高升如山，一位看起來像是神仙的老人出現在波濤上對他說：

「年輕人，我是黃海的龍王，來求你幫忙，請不要拒絕。」

接著，這位自稱龍王的老人在海上走過來跪在他面前。年輕的獵人聽說老人就是龍王，驚奇得不得了。又聽到龍王對他那樣說話，簡直糊塗了，根本不明白那是怎樣的請求，祇好說：

「龍王，對於幫助您這樣的神而言，我是太卑微了。」

「年輕人，請仔細聽我說！」龍王含著眼淚道：「我家安安靜靜地住在這裡很久了。但是，從上月開始，每天中午有一個妖怪出現，一一地吞噬了我的家人。現在祇剩下我和我的女兒了。我知道你的箭術神妙，所以請你幫忙。」

龍王繼續又說：「每天中午，有一種奇怪的聲音從天而降，使得我全家神志迷糊。當這聲音飄落下來後，一個看不見的妖怪就來割破每人的肚子使之喪生。」

這名年輕的獵人聽了龍王的訴說後，便答應幫忙。這也因為他希望龍王幫助他離開這荒島。

「年輕人，明天中午妖怪出現時請用箭射它！」龍王進入水中時，一再地這樣請求。

第二天中午，一個年老的女怪出現在天空，帶來了強烈的旋風。她看起來太可怕了，長長的頭髮，滿佈皺紋的面孔，還有一顆尖銳的牙齒露出脣外。她在海上繞了幾個圈子，開始向龍宮作法。於是，海浪像山一般湧起，兩條巨龍——一白一黃——浮出水面。年輕的獵人被這景象嚇呆了，但隨即記起了龍王的請託，舉箭對著那妖怪的胸膛射去。那箭穿透了妖怪的胸膛，妖怪便跌落地面，慘叫而亡。獵人想到他竟然殺了人，便不寒而慄。但是那死屍漸漸變成了一隻九尾狐。

這時，龍王像昨天那樣出現了。他邀請獵人去龍宮休息並慶功。獵人到了龍宮，看見宮殿寬敞而壯麗，裝飾著真正的珍珠、黃金和珊瑚。龍王為了表示謝意，請他隨心所欲地取他想要的東西：

「你救了我們的命，你要什麼就拿走什麼好了。」

可是，年輕的獵人看到周圍那麼多昂貴的珍玉，躊躇地說不出要什麼。這時候，一隻大烏龜走到他身旁耳語說，他應該要龍王的女兒。於是年輕的獵人就回答龍王道：「我祇要你的女兒。」

龍王對這項要求有點不高興，但他不願食言，因此說：「我不想把女兒嫁給一個人。但是如果你堅持要娶她，那麼就把她帶走吧。」

龍王決定把女兒嫁給獵人，並且給獵人許多珍貴的珠寶。年輕的獵人在龍宮住了四天，就和龍女回去他的故鄉慶州。他帶著嬌妻和珠寶，一路上費了不少時日。

可是，有一件事是很奇怪的，就在他們回抵家鄉的當天，龍女掘了一口井，並且告訴她的丈夫說：

「每月初三，我必須回到父親的宮殿去，那天你切不可向房中偷看。」

每月初三的夜裡，獵人不進入妻子的房間；那口井則在那夜發出輕微的波濤之聲。經過幾次這樣的夜晚後，獵人起了好奇心。有一次，他忘了自己的諾言而窺視了他妻子的房間。他看到他的妻子脫去衣服變為一條白龍，出房躍入井中。這時井水溢出，並且成為明亮的白色。獵人見了不禁發抖，後悔沒有遵守承諾。

不久，龍女到獵人的房裡對獵人說：「我不能和你一起住了，因為你不守諾言，偷看了龍宮的秘密。」說完就跳入井裡，再也沒有回來。

那口井是直通龍宮的。獵人每天坐在井邊祈求他的妻子回來，也後悔自己的愚蠢行為。但是他的妻子一直沒有回來。❶

三　高麗王先祖的故事

上述「龍井」故事，和韓國高麗朝金寬毅《編年通錄》中所記高麗朝始祖王隆之父作帝建的傳說大致相同：

有名虎景者，自號聖骨將軍，自白頭山遊歷至扶蘇山左谷，娶妻家焉。富而無子，善射，以獵為

❶ 譯自 "Ten Well", *Korean Folk Tales* (Seoul, The Si-sa-yong-o-sa Publishers, 1982), pp. 51–56.

事。一日，與同里九人，捕鷹平那山，會日暮，就宿巖竇。有虎當竇口大吼，十人相謂曰：「虎欲啗我輩，試投冠，攬者當之。」遂皆投之。虎攬虎景冠，虎景出，欲與虎鬥，虎忽不見，而竇崩，九人皆不得出。虎景還告平那郡，來葬九人，先祀山神，山神見曰：「予以寡婦主此山，幸遇聖骨將軍，欲與為夫婦，共理神政，請封為此山大王。」言訖，與虎景俱隱不見。……虎景不忘舊妻，夜常如夢來合，生子曰康忠。康忠……生二子，季曰損乎述，改名寶育，……於摩訶岬構木菴。有新羅術士見之，曰：「居此，必大唐天子來作婿矣。」後生二女，季曰辰義，美而多才智。年甫笄，其姊夢登五冠山而旋❷，流溢天下。覺，與辰義說。辰義曰：「請以綾裙買之。」姊許之，辰義令更說夢，攬而懷之者三，既而身動若有得，心頗自負。唐肅宗皇帝潛邸時，欲遍遊山川，……抵摩訶岬養子洞❸，寄宿寶育第，見兩女，悅之，請縫衣綻。寶育認是中華貴人，心謂果符術士言，即令長女應命，才踰閾，鼻衄而出。代以辰義，遂荐枕。留期月，覺有娠，臨別云：「我是大唐貴姓。」與弓矢，曰：「生男則與之。」果生男，曰作帝建。……作帝建幼而聰睿神勇，年五、六，問母曰：「我父誰？」曰：「唐父。」蓋未知其名故耳。及長，才兼六藝，書射尤絕妙。年十六，母與以父所遺弓箭，作帝建大悅，射之，百發百中，世謂神弓，於是欲覲父。寄商船，行至海中，雲霧晦暝，舟不行三日。舟中人卜曰：「宜去高麗人。」作帝建執弓矢，

❷ 旋，便溺。見《左傳・定公三年》「夷射姑旋焉」註。

❸ 「唐肅宗」或作「唐宣宗」，因唐肅宗實際未嘗出遊，無從附會。詳《高麗史》卷首〈高麗史系〉註語所引閔漬《編年綱目》。

自投海，下有巖石，立其上，霧開風利，船去如飛。俄有一老翁拜曰：「我是西海龍王，每日晡，有老狐作熾盛光如來像，從空而下，羅列日月星辰於雲霧間，吹螺擊鼓，奏樂而來，坐此巖，讀臃腫經，則我頭痛甚。聞君善射，願除吾害。」作帝建許諾。及期，聞空中樂聲。果有從西北來者，作帝建疑是真佛，不敢射。翁復來曰：「正是老狐，願勿復疑。」作帝建撫弓撚箭，候而射之，應弦而墜，果老狐也。翁大喜，迎入宮，謝曰：「賴郎君，吾患已除，欲報大德。將西入唐覲天子父乎？富有七寶東還奉母乎？」曰：「吾所欲者，王東土也。」翁曰：「王東土、待君之子孫三建，必矣。其他唯命。」作帝建聞其言，知時命未至，猶豫未及答。坐後有一老嫗戲曰：「何不娶其女而去。」作帝建乃悟，請之。翁以長女翥旻義妻之。……龍女嘗於松嶽新第寢室窗外鑿井，從井中往還西海龍宮，即廣明寺東上房北井也。嘗與作帝建約曰：「吾返龍宮時，慎勿見，否則不復來。」一日，作帝建密伺之，龍女與少女入井，俱化為黃龍，興五色雲。異之，不敢言。龍女還，怒曰：「夫婦之道，守信為貴。今既背約，我不能居此。」遂與少女復化龍入井，不復還。❹

案：金寬毅是十二世紀中期高麗毅宗（一一二四～一一七〇）時人，文中「買夢」和「海上除妖」二事，也見於高麗僧人一然（一二〇六～一二八九）在十三世紀末寫成的《三國遺事》，但是時間和人物都不同。

❹ 引自《高麗史》卷首〈高麗史系〉。

《三國遺事》中的「買夢」故事，也是妹妹向姐姐買夢，人物是第七世紀的新羅大將金庾信和他的兩個妹妹……

（新羅）太宗大王名春秋，……妃文明王后文姬，即（金）庾信公之季妹也。初，文姬之姊寶姬，夢登西岳捨溺，彌滿京城。旦，與妹說夢。文姬聞之，謂曰：「我買此夢。」姊曰：「與何物乎？」曰：「鬻錦裙可乎？」姊曰：「諾。」妹開襟受之。姊曰：「疇昔之夢，傳付於汝。」妹以錦裙酬之。後旬日，庾信與春秋公正月午忌日蹴鞠於庾信宅前❺，故踏春秋之裙，裂其襟紐。請曰：「入吾家縫之。」公從之。庾信命阿海（寶姬）奉針，海曰：「豈以細事輕近貴公子乎？」（原注：古本云因病不進）因辭。乃命阿之（文姬）。公知庾信之意，遂幸之。自後數數往來。……行婚禮。真德王薨，（春秋）以永徽五年甲寅（公元六五四年）即位。……太子法敏、角干仁問❻、角干文王、角干老且、角干智鏡、角干愷元等，皆文姬所出，當時買夢之徵，現於此矣。❼

《三國遺事》裡的「海上除妖」故事，時間安排在新羅的真聖女大王時代（八八七～八九七），主角

---

❺ 正月午忌日即正月十五日。「午忌」一作「烏忌」，《三國遺事・卷一》「射琴盒」條：「以十五日為烏忌之日，以糯飯祭之。」

❻ 角干，新羅官號。儒理王九年置官十七等，一曰伊伐飡，或云角干。見《三國史記・卷三八・職官上》。

❼ 《三國遺事・卷一》「太宗春秋公」條。

是新羅的一名士兵。

王之季子……奉使於唐，聞百濟海賊梗於津㠀，選弓士五十人隨之。舡次鵠島❽，風濤大作。信宿浹旬，公患之，使人卜之。曰：「島有神池，祭之可矣。」於是具奠於池上，池水湧高丈餘。夜夢，有老人謂公曰：「善射一人，留此島中，可得便風。」公覺而以事諮於左右曰：「留誰可矣。」眾人曰：「宜以木簡五十片，書我輩名，沈水而鬮之。」公從之。軍士有居陁知者，名沈水中，乃留其人。便風忽起，舡進無滯。居陁愁立島嶼，忽有老人從池而出，謂曰：「我是西海若❾。每一沙彌，日出之時，從天而降，誦陁羅尼，三繞此池，我之夫婦子孫皆浮水上，沙彌取吾子孫肝腸，食之盡矣，唯存吾夫婦與一女爾。來朝又必來，請君射之。」居陁曰：「弓矢之事，吾所長也。聞命矣。」老人謝之而沒，居陁隱伏而待。明日，扶桑既暾，沙彌果來，誦呪如前，欲取老龍肝。時居陁射之中，沙彌即變老狐，墜地而斃。於是老人出而謝曰：「受公之賜，全我性命，請以女子妻之。」居陁曰：「見賜不遺，固所願也。」老人以其女變作一枝花，納之懷中。仍命二龍捧居陁知及使舡，仍護舡入於唐境。唐人見新羅舡有二龍負之，具事上聞。帝曰：「新

---

❽《三國史記・卷三七・地理志四》：「鵠島，今白嶺鎮。」《新增東國輿地勝覽・卷四三》「康翎縣建置沿革」條：「古白翎島本高句麗鵠島，高麗稱白翎鎮。本朝世宗十年，永康、白翎合為康翎縣。」三品彰英《三國遺事考證》（東京，塙書房，一九七五），卷中，第一六一頁：「鵠島，現在黃海道甕津郡地方之島。」

❾若，海神名。見《莊子・秋水篇》「於是焉河伯始旋其面目望洋向若而歎」註。

羅之使，必非常人。」賜宴坐於群臣之上，厚以金帛遺之。既還國，居陁出花枝變女，同居焉。❿

《三國遺事》的成書時間，雖然比金寬毅的《編年通錄》晚了一百多年，其中「買夢」和「海上除妖」的故事又這樣相似，但《三國遺事》的材料並非取自《編年通錄》，乃是各依古籍，纂述往事，並且資料來源並非一種，這從《三國遺事》的「買夢」故事裡注明了古本異說可以得知，而情節互借也原是民間傳說中常見的情形。此外，《編年通錄》和《三國遺事》雖然都寫成在高麗時期，但所記故事和傳說都流傳已久而又見於古籍，在時間上是早於高麗朝的，這從《三國遺事》一書的命名可以得知。

至於「龍井」故事的產生時期，就故事中的時間設在新羅末代君王而仍稱中國為「唐國」這一點看，恐怕不會早於高麗朝。因為新羅、百濟、高句麗三國在朝鮮半島上鼎足而立的「三國時期」約當於中國的西漢以迄唐初。新羅藉唐朝的兵力統一朝鮮半島以至後來為高麗所取代，時間上相當於中國的唐朝，因此造成了新羅時期就是中國唐朝的一般印象，但實際上唐朝比新羅早亡了二十多年。新羅末代國君敬順王（九二七～九三五）時期是中國五代的後梁（九〇七～九二三）和後唐（九二三～九三五），雖然後唐也可以稱唐國，但是「龍井」故事中所謂的唐國恰巧可以指後唐，大概衹是一種巧合。說故事者有此錯誤和巧合，可能的原因是後人憑著「新羅時期在中國就是唐朝」的一般印象，在借用新羅早期的故事時一併把原故事中的「唐國」也承用了⓫。所以，「龍井」故事的產生時代，若在高麗朝，其基本結構可

❿ 《三國遺事·卷二》「真聖女大王·居陁知」條。

⓫ 韓國以往稱中國，因朝代不同而分稱「唐國」、「明國」、「清國」等，與早年旅居美洲華僑之自稱「唐人」，概稱祖國為

能直接取自三國時間就有的傳說；若在高麗末期或朝鮮王朝，則其基本結構可能取自《編年通錄》，並在「海上除妖」一節裡，又參酌了《三國遺事》裡之書寫眾人姓名以占神意的辦法而稍加變更。

四　投衣詢神

在「龍井」裡，黃海龍王請獵人助他射妖時，一開始就對這位他以神力留阻下來的年輕人跪了下來，接著是含淚陳述情況。這樣的描寫，使龍王的請求成了哀求，對於一位海龍王所予以人們的威猛形象而言，未免顯得太懦弱了些。

但是這可能是一種情況的反映：當人們的造船和航海技術不發達時，海上航行的危險性極大，於是傳說中的海龍王便成了人們絕對敬畏的海神。當人們的造船和航海技術相當發達後，民間關於海龍王的傳說便逐漸減少，而其威嚴的王者形象也不免淡化。若從這個角度看，則「龍井」的產生時間當在十四世紀以後，那已是朝鮮王朝了。

此外，在《三國遺事》的「海上除妖」裡，決定誰留在島上的辦法是把五十名弓士的名字分別寫在五十片木簡上，然後置於水中，誰的木片下沉誰就留下。在「龍井」裡，決定誰該留下的辦法是把各人的衣服脫下投海，誰的衣服下沉誰就留下。這種拿各人衣服代表本人以探詢神意的辦法，在《三國遺事》全書中沒有，在《編年通錄》裡也沒有；它的出現是在後來朝鮮王朝的筆記故事裡。以《編年通錄》所記虎景與同里九人在山中遇虎的一事為例，當時大家是以各人的帽子代表本人丟出去試探命運的。這表

「唐山」者不同。

現高麗王朝先祖因虎神庇祐而不死的故事，在朝鮮王朝時也被用來表現朝鮮王朝先祖的福大命大，但是「投冠」則改成了「投衣」。十九世紀中期的李義準，在其《溪西野譚》裡是這樣說的：

我朝穆祖兒時，與樵童六、七人，同至南門外川邊大石下嬉戲。有大虎咆哮欲噉人，樵童⑫曰：「吾輩必無盡死之理，此中有當死食者，推與之可也。」仍各以所著小服投之，以驗其應食者。自上至下，無一衣見攫者，至穆祖投衣，虎立而攫之。眾樵以穆祖推與之，穆祖不得已，直往虎前。川上大巖忽地崩落，六、七樵兒無一免者，穆祖獨免，而虎亦因忽不見。⑬

這個故事還有另外一種說法：朝鮮王朝的先祖在年輕時和兩位朋友登山遊覽，在一塊大石下野餐時來了一隻老虎，最後他被老虎馱走而落石則把他的兩朋友壓死了。故事裡的人數和地點雖然都不同，但是當初他們以為老虎是來擇人而噬時，也是各人投出自己衣服以測神意的——韓國民間以虎為山神⑭。

稍後，在十九世紀末期由李源命纂成的《東野彙輯》裡，有一篇題作〈落小島砲匠獲貨〉的故事，說有一朴姓火砲匠，隨朝鮮王朝所遣使者乘船往中國，在海上遇到風濤，情況危急。

---

⑫ 原文「童」誤作「軍」。

⑬ 《韓國文獻說話全集》（漢城：民族文化社，一九八一），第一冊，第四五五～四五六頁。

⑭ “The Tiger’s Aerolite”, *Traditional Tales of Old Korea*, compsed by Park Yongjun (Seoul, Hanguk Munhwa, 1974), Vol. II, pp. 364–372.

於是篙師曰：「以行中必有不利之人。當此大厄，無論上下，各脫下一件衣也。」眾從其言，乃以衣取次投水。至砲匠之衣，獨沉焉。梢工曰：「何可因一人之故而滿船之人同被水厄乎。願急速投之水中，以救一船之命。」上使憐其無罪而死，良久默想，曰：「此處有近島否？」梢工曰：「有一小島，不遠矣。」……遂不得已相與議其糗粮衣服釜鬲刀劍所需，落留砲匠於島中而去，約以竣事還路當邀汝而共歸。

祇是朴姓火砲匠在島上並沒有遇到龍王，而是看見了大海蟒上岸，於是在大蟒所經之地埋刃殺之，得到海蟒腹中的大珠共五、六包。後來原船自中國返航時將其帶回，遂成鉅富⑮。

但是，這個故事在十六世紀末柳夢寅的《於于野談》裡已經有了。不過船在海上回旋不進時，決定何人應當離船的方法還不是投衣詢神，而是使每個人一一下船上岸，看誰離船後船即能行：

至海中一島泊船，樵。及乘順風，將放舡，舡自回旋不進。舡中人皆曰：「自古舡行者，一人有水厄，滿舡人皆被其災。今我舟中人必有水厄者，請試之。」每下一人於陸，舡猶迴遑。至火砲匠下陸，輒沛然不滯。遂相與議，具糗粮衣服釜鬲刀劍所需諸器，強留之島中而去，約曰：「竣事而過，當邀汝於此，同載而還。」⑯

⑮ 同⑬，第四冊，第四二六～四三二頁。
⑯ 同⑬，第六冊，第一一一～一一四頁。

所以，「投衣詢神」情節的產生時間，大概不會早於十七世紀。

從另外一資料看，在一九四八年於漢城記錄的一則民間故事說：有一位宰相告訴國王，其所以早年喪妻後不再續娶的原因，是由於他的妻子為他犧牲太多，最後甚至付出了生命。他年輕時家境貧困，妻子為人縫紝，以支持他讀書應試，常常三餐不繼。有一次，他回到家裡，見他妻子獨自在房中吃東西，看到他回家，就匆匆把東西藏起，繼續縫衣。當時他心中十分不高興，但後來發現他妻子是為了需錢買米而趕工，那時是在舐土塊以抵饑渴。過了幾年，他考試及第，乘船往濟州島任職，在海上忽然受阻於風濤，船不能前進，並且情況危急。水手認為那是因為船上有了不該搭乘的旅客，測定的方法是各人把自己的衣服投入海中，誰的衣服下沉，誰就是神意不許坐船的人。結果是他妻子的衣服下沉，於是他妻子立刻躍入海中，使船繼續前進，終於平安抵達了目的地⓱。

這個故事記錄於一九四八年，但其產生時間必然較此為早。就故事裡「以土充飢」的情節看，大臣貧困時妻子以土充飢的事在文人筆記裡也曾經記載，依據一九二五年纂成的《大東奇聞》中所引《俚言》一書，大臣在早年極貧以致妻子取土充飢的，是十七世紀初的李爾瞻，他是朝鮮王朝第十五代國王光海君在位時（一六〇八～一六二三）的大臣：

（李爾瞻）嘗甚貧，一日入內，則妻不勝飢，括壁土而食，乃以曲徑出仕顯榮。其死也，顧謂世

⓱ "Three unmarried minister", *Folk Tales From Korea*, collected and translated by Zong In-Sob (Elizabeth, N.J., Hollym International,1982), pp. 106–107.

人曰：「稍忍飢。」⑱這件事的真實性可以不論，但因而可知這類故事的產生時間不會早於十七世紀，而與之共為同一故事中情節的「投衣詢神」也不會早於十七世紀。

因此，從「投衣詢神」的情節看，「龍井」故事的產生時間大概是在朝鮮王朝中期或更晚（一七〇〇～一九一〇）。

五　孝親思想

在《編年通錄》裡，作帝建在五、六歲時知道其父是唐朝貴族，到十六歲箭術精妙之後打算渡海會見父親。但是，當他為龍王除了妖怪，龍王問他要西入中國會見父親還是取得財寶回去奉侍母親以便酬謝他時，他的回答卻是要做朝鮮半島的國王，似乎見父侍母都不是他的本意。高麗朝末期的理學家齊賢（一二八七～一三六七）曾經對此提出懷疑，認為高麗王朝的先祖不會這樣的⑲。這因為他是從理學家特別強調禮教孝道的觀點來看在早期社會中構想的故事。若就故事論故事，則作帝建的言行並非不能解釋：因為故事裡並未說明他所以要渡海去見父親的動機，從未見過父親而想見面，固然是人倫之常情，但是箭術既精，又知父親是大唐貴族或天子，則他之會見父親的動機是希望藉助建國也並非不合理。那

⑱ 姜斅錫《大東奇聞》（漢城，景文社，一九八一），卷三「李爾瞻護盲人至家慰謝」條。

⑲ 見《高麗史》卷首〈高麗世系〉。

麼，作帝建回答海龍王的話，可能正是說出了他前往中國見父親的真正動機。也因此當龍王告訴他時命未至後，他就娶女回家了——仍是持寶奉母，不過加娶了龍女而已。

可是，「龍井」故事雖然和作帝建的傳說同一型式，但細節卻有所不同，它一開始就強調獵人孝順母親和思念父親，並且常常因為思念到中國經商的父親而悶悶不樂，甚至含辛茹苦將他養大的母親在矛盾心情下並不怎麼願意他冒險渡海，而他仍是決心啟程。所以，獵人的渡海原因已表示得很清楚：一方面是要見從他小時候就離家的父親，另一方面也是為母親把父親找回來，這是他母親在他決定動身時所說的希望。但是獵人一旦娶了龍女之後，故事裡就不再提他渡海尋父的意願，回去後也不提等他尋父回去的母親了。似乎獵人渡海尋父的動機並不是為了母親和平時自己對父親的思念，祇是因為他在家鄉由於沒有父親而娶不到妻子的緣故，所以既得娶妻，於願便足。顯得故事開始時強調獵人的孝母思父，祇是為陸地上的獵人會航行海上找一個理由而已。

不過，獵人渡海可以有很多沒有「後顧之憂」的安排，例如可以說他改行往中國經商，而故事在開始時也不必敘述他的雙親和強調他的孝思。因此，從另外一個角度看，「龍井」故事強調孝母思父作為男主角航行海上的理由，很能反映出孝親觀念的深入民間，其深入之程度，甚至已成了一般人思想上的一個模式，因為他是大眾不必考慮就會接受的理由，也是說故事人在可能時不必多加思索就會自然增入的理由，所以才會「理所當然」地放在故事裡而忽略了進一步融入整體。

就常情而言，父母子女間的慈和孝是一種天性，但是政府也會將它作為一項政策而特別強調。在韓國，朝鮮王朝的政策之一是尊儒抑佛，所以，理學家式的孝道是受到政府特別強調和宣揚的。經過不斷地強調和宣揚，「孝親」成為一項自覺其有意義的道德行為，其道德價值不斷增高的結果，孝親觀念便逐漸在一般人的思想上形成了一種模式。「龍井」故事裡獵人以「孝母尋父」為渡海理由而忽略了將其融入整體的情形，唯有在這樣的環境中才可能造成。那麼，「龍井」故事之產生於朝鮮王朝，也就不會是在初期，而應當是在中期或中期以後了。這和「以衣詢神」情節所顯示的故事產生時間是一致的。

六　結論

在「龍井」裡，「海上除妖」是個主要情節。但是，那口古井則顯然是說故事人的靈感泉源。也許在曾作為新羅首都的慶州某處真有那麼一口附會了傳說的古井存在，好像開城廣明寺井附會了作帝建的傳說一樣⑳，那是整個故事裡人們唯一可能看到的實體。

由於「龍井」的產生時間較晚，這個關於慶州古井的傳說，在基本結構上——井通龍宮，龍女因丈夫不守信諾而由井中一去不回——當是參酌了《編年通錄》中所記開城廣明寺井所附會之作帝建的故事；凡夫所以娶到龍女的「海上除妖」情節，則參酌了《三國遺事》中的故事，其中「以衣詢神」的單元是編故事者採用朝鮮王朝時期流行的說法；而主角渡海的理由片面地強調「孝母尋父」，則顯示了編故事人所處時代的一種思想背景和模式。（一九八四年七月臺北初稿，一九八五年五月漢城重寫）

——原載於《大陸雜誌》第七十二卷第六期

⑳《新增東國輿地勝覽・卷四・開城府》「廣明寺」條。

計擒龍馬

一

在韓國濟州島濟州市的西郊海岸，有一塊形狀奇特的大岩石，名叫「龍頭岩」，因為它像一個昂向天空的龍頭，是濟州市的名勝之一。

關於這座「龍頭岩」，有著這樣的一個故事：

昔有白馬居海中，欲化為龍，時時登岸嬉戲。此馬矯健異常，非凡人所能控馭，亦非常馬所得並馳。有壯士思捕之為坐騎，往伺海邊。候數日，白馬果出，然見壯士佇伺，即歸潛海中，蓋於無人之際方嬉戲於海岸也。

壯士乃於海邊豎一草人，並隱窺於僻處。經數日，白馬又出。見草人，初甚驚疑，後知其為草人，遂登岸，且與之戲，久而習焉。

壯士見其計已售，乘夜移去草人，以己代之。及曙，白馬自水中登岸，無所疑也。壯士待其行近，即奮力緊抱其頸。白馬受驚，嘶躍不已。瞬間，狂風驟起，烏雲密佈，巨浪洶湧，大雨傾盆，晦暝中但聞白馬屢屢長嘶而已。未幾，風平浪靜，雨過天晴，然白馬及壯士皆失蹤影，唯見岩石如龍首者巍立海邊耳。後人以白馬渴望成龍，乃稱此石為「龍頭岩」。或曰其地於雨天猶可聞馬鳴之聲，或曰雨天可見白馬立於岩上注視天際云云。❶

這個故事雖然是為了說明「龍頭岩」的產生原因，但主要情節則是「計擒白馬」，在故事所依附的實物和故事情節之間，配合得並不緊密，似乎祇是將一則計擒白馬的故事，依據「龍馬」一詞的概念，和「龍頭岩」聯繫在一起而已。

「龍馬」一詞，初見於中國上古「河出圖」的故事——相傳黃河中有龍馬銜圖而出，伏羲氏依圖畫成了八卦❷，這是把「龍」和「馬」兩個動物聯在一起的開始。至於「龍馬」是怎麼樣的一個動物呢？較早的解釋是「龍形像馬」❸，就是像馬的龍。但是馬和龍在外形上是極不相似的，它們如何相像呢？前人沒有具體的說明。可能因為龍是傳說中的動物，可以在天上，也可以在水中，馬則是真實的陸地動

❶ "The Dragon Head Rock", *Traditional Tales of Old Korea*, Compiled by Park Yongjun (Seoul, Hanguk Munhua, 1974), Vol. 4, pp. 348–352.

❷ 《易・繫辭上》：「河出圖，洛出書，聖人則之。」《禮記・禮運》：「河出馬圖。」唐・孔穎達疏：「龍而形象馬，故云馬圖，是龍馬負圖而出。」

❸ 《藝文類聚・十一・帝堯陶唐氏》引《尚書・中候》：「龍馬銜甲，赤文綠色。」註：「龍形象馬，甲所以藏圖也。」

物，「龍馬」既然出自河中，所以就解釋為像馬的龍了。其實，依照漢語詞彙的構成習慣，形容詞在前，「龍馬」應當是像龍的馬。不過，無論是像馬的龍，或是像龍的馬，若是指外形上的相像，都很難使人有一個明確的概念❹。於是，「龍馬」一詞後來主要用以指如龍一般矯捷的駿馬，最為人所耳熟能詳的，大概是南唐李後主在〈望江南〉一詞中的「車如流水馬如龍」了吧❺。

當然，「龍馬」也可以指由龍變成的馬，比較為人熟知的是明人小說《西遊記》中唐玄奘的坐騎，那是由龍變成的❻。至於馬變成龍的故事，則很少見。韓國民間故事裡的龍馬，一般是指能飛能跑的神馬❼。

關於濟州島「龍頭岩」的故事，除了上面的那一則外，還有一個如下：

濟州島漢拏山頂有水池名白鹿潭，有龍居焉。一日，潭龍竊得山神之寶珠，欲銜以升天，因順山溪潛行下山，匿於海邊一深淵。然其離淵升空之際，為山神察覺，以箭射之。此龍中箭，跌落海灘，化為岩石，即今之「龍頭岩」，故石之形狀如龍首之高昂欲起也。該龍藏身之海邊水潭，即龍頭岩附近之「龍淵」。❽

❹ 唐人筆記曾把「龍馬」說成「兩脇有鱗甲」之馬，其鬃尾像龍之所有。見《太平廣記・卷四三五》引張讀〈宣室志〉。

❺ 李煜〈望江南〉：「多少恨，昨夜夢魂中。還似舊時遊上苑，車如流水馬如龍，花月正春風。」

❻《西遊記・十五回》。

❼ In-Hak Choi, *A Type Index of Korean Folktales* (Seoul, Myong Ji University, 1978), Types numbered 205, 215, 417.

❽《觀光濟州》（漢城，宇進文化社，一九七一）——無頁碼。

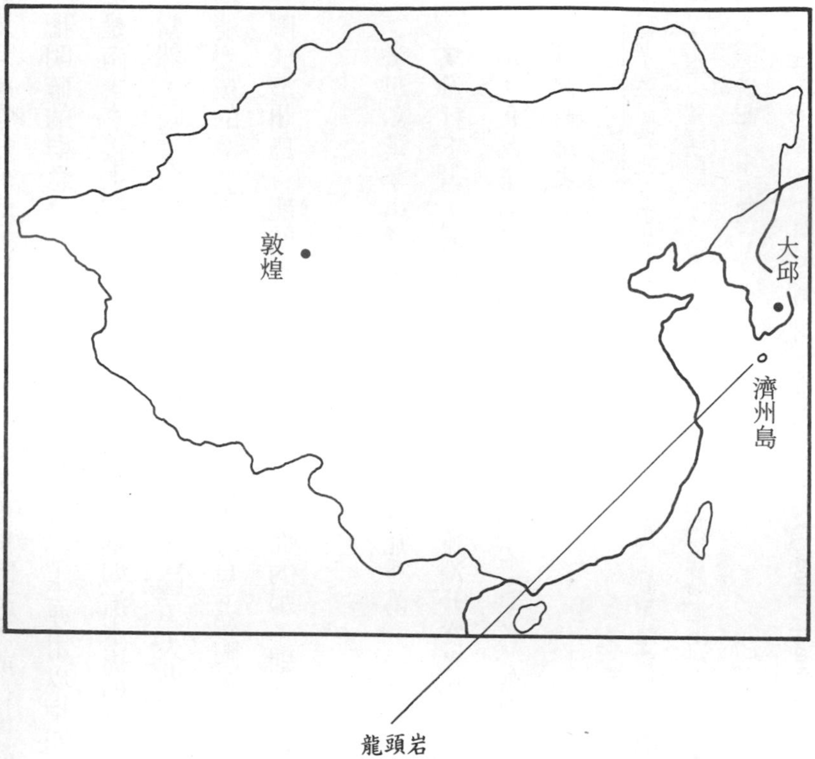
敦煌
大邱
濟州島
龍頭岩

故事裡提到的「龍淵」，是漢拏山的山泉流到海邊懸岩後，下落為瀑布而形成於瀑布之下的大水潭，潭面可以泛舟觀瀑，也是濟州市郊的遊覽地區。以這個「山神射龍」故事和前面所說的「計擒白馬」故事比較，這個故事的情節和所依附的實物便很貼切，也顯出這才是直接為「龍頭岩」構想出來的故事，「計擒白馬」則是由別處移來湊接在龍頭岩上的。

二

韓國大邱市有著一則關於「龍馬淵」的故事，內容如下：

龍馬者，善奔之馬而又能飛如龍者也，居於大邱市之水潭。有力敵萬夫之壯士聞而欲生擒之，久伺潭邊，果見一龍首馬身者出於水，然見潭邊有人，立即回沉。久之，龍雖再出，仍因見潭邊有人而歸潛水中。

於是壯士紮一草人，立之於潭邊坡頂。龍馬又出，以其為真人而驚返。然因草人靜立不動，久而習焉，終於祛疑登岸，甚至以首或鼻摩擦草人，以為無害也。不數日而視草人為遊伴矣。壯士隱身於遠處，窺知一切，乃匿於草人之後，迨龍馬行近，突出抱其頸。龍馬掙扎欲遁，長嘶不已。無奈壯士神力，不得脫逃而終受擒。

相傳壯士騎龍馬而升天，其水潭則今稱「龍馬淵」者也。❾

❾ "Dragon Horse Pond"，書同❶，第三冊，第二四六～二四八頁。

從故事內容看，這個大邱市「計擒龍馬」的故事，大概就是濟州島「計擒白馬」故事的源頭。因為「計擒白馬」故事裡的白馬，在外形上和龍無關，顯然是移述這個故事的人不僅有「龍馬」一詞的概念，而且是相當明確的「龍首馬身」的概念，才會把它和「龍頭岩」聯繫在一起，而大邱的「計擒龍馬」故事，對龍馬正是作了這樣的描寫。

其次，「計擒龍馬」所依附的實物是水潭，「計擒白馬」所依附的實物是「龍頭岩」。所以「計擒龍馬」的結局可以是人馬登天，留此深潭；而故事被移往濟州島繫於「龍頭岩」的結局，則祇能說白馬化為岩石，於是壯士何去，便無從說明了，這是移植而受原故事局限的明證。

三

在中國甘肅省敦煌縣西南六十六公里處有一座叫陽關的村子，附近就是古陽關的遺址。在陽關村南方一公里處，有一個由多股地下泉流匯成的湖澤，名叫渥洼池⑩。關於「渥洼池」，敦煌地區也有著一個和「計擒白馬」、「計擒龍馬」十分相似的故事。故事的源起，可以上溯至漢武帝元鼎四年（公元前一一三年）。《漢書・卷六・武帝本紀》云：

（元鼎四年）秋，馬生渥洼水中，作……天馬之歌。

---

⑩ 西漢渥洼池即唐時壽昌海，今就其池築為黃水泊水庫。據敦煌石室所出五代後晉天福十年（九四五）寫本《壽昌縣地境》云：「源出縣南十里，方圓一里，深淺不測，即渥洼池水也。」

唐、顏師古（五八一～六四五）注《漢書》，對「馬生渥洼水中」的解釋，引用李斐的說明如下：

南陽新野有暴利長，當武帝時，遭刑，屯田敦煌，數於此水旁見群野馬中有奇者，與凡馬異，來飲此水。利長先作土人，持勒靽於水旁，後馬玩習久之，代土人持勒靽，收得其馬，獻之。欲神異此馬，云從水中出。

從《漢書》的記載看，在渥洼池邊確有駿馬被捉住後獻給了漢武帝，漢武帝在他的詔書裡還特別提到這匹馬：

渥洼水出馬，朕其御馬。⓫

因為得到這匹馬而寫的〈天馬歌〉歌詞，也記錄在《漢書》的〈禮樂志〉裡⓬。李斐的時代不詳，所指「馬生渥洼水中」是為了強調那匹馬的神異，並非事實，固然不錯，但漢武帝既在他的詔書裡津津樂道，

⓫《漢書・卷六・武帝本紀》，元鼎五年十一月。

⓬《漢書・卷二二・禮樂志二》。詞云：「太一況，天馬下。霑赤汗，沫流赭。志俶儻，精權奇。躡浮雲，晻上馳。體容與，厲萬里。——元狩三年馬生渥洼水中作。」案：「狩」當作「鼎」，〈漢武本紀〉作元鼎四年，或是馬抵宮中之歲，此處作三年，則是馬初見於渥洼水畔之時。

則可證這個故事在公元前二世紀末已在敦煌地區流傳。

關於「馬生水中」的附會，在當時並非祗有「渥洼馬」一個，《漢書》上更早的記錄是「元狩二年（公元前一二一年）夏，馬生余吾水中」⑬。顯然這也是受「上古黃河中有龍馬負圖而出」傳說的影響，認為河中出馬是國家瑞兆而產生的。

就故事內容看，敦煌這個「計擒天馬」故事是有事實作基礎的，也切實地反映了當時當地的環境：

㈠敦煌在漢武帝元鼎四年——「馬生渥洼水中」以後兩年——秋季才建郡，並且「徙民以實之」⑭。在此之前，這一帶地荒人稀，所以會有成群野馬在渥洼池邊飲水。至於因為「絲路」暢通，商旅輻湊，乃至廣鑿佛窟，漸成佛教重鎮，則是建郡後幾百年的事了。

㈡因為地荒人稀，是個畜牧地區，假人手中拿一個勒靽，正是牧人實際捕馬經驗的反映，那是西北地區牧人現在還在使用的馬套子。

此外，〈天馬歌〉的歌詞說：

太一況⑮，
天馬下。

---

⑬ 同⑪。
⑭ 同⑪。
⑮ 太一，天帝。況，賜。顏師古注：「此馬乃太一所賜，故下來也。」

霑赤汗，
沫流赭。

可知那匹「渥洼馬」流的汗是紅色的。那麼，把它說成「生渥洼水中」，神異其事，因之可以將它視為一種吉祥的徵兆而獻給皇帝，一方面是有著上古傳說的背景，一方面那馬也的確有其特異之處，不僅是矯健迅捷而已，否則不會有人冒險把這種附會當作真事去告訴漢武帝的。

大邱市位於新羅王朝（公元前五七～公元九三五年）首都慶州附近，是一個農業區，當地的「計擒龍馬」故事不知起於何時，但是故事所附會的水湖「龍馬淵」是用漢字命名的，韓國讀音是「Yong Ma Yon」，這應當是漢字詞彙在日常語言中佔相當比例以後的事。朝鮮半島之使用漢字，至今有文獻記錄可考徵的，最早見於高句麗，其次是百濟和新羅，時間可以上推至公元第一世紀高句麗太祖大王時期（五四～一四五），是東漢初年。至於半島上的普遍使用漢字，則有待佛教的流行其地，時在第四世紀高句麗小獸林王在位時期（三七一～三八三），是中國的東晉時期⓰。因此，大邱的「計擒龍馬」故事雖然不知道始於何時，但不會比這個西漢初年的「計擒天馬」故事早，則是可以斷定的。

從另一個角度看，農業地區的水湖，不以主管雨水的神龍或其他水族故事附會，卻在毫無實物的依憑下，加上畜牧地區的捕馬故事，則應當是有愛好這一則捕馬故事者為之移述的了。

⓰ Tai-jin Kim, *A Bibliographical Guide to Traditional Korean Sources* (Seoul, Asiatic Research Center, Korea University, 1976), p. 12.

所以，若是再上溯大邱市「計擒龍馬」故事的源頭，就不得不歸之於也以水湖為背景但有事實為基礎的敦煌「計擒天馬」故事。祇是在移述的過程中，將農業地區常用以驅嚇鳥雀的草人代替了原故事中的土人，並且由於不熟悉牧人生活，沒有注意勒靬對於捕馬之重要——或許由於農耕地區的聽眾並不熟悉勒靬之類的東西，或許因為已依上古傳說把駿馬改成龍馬而要突出壯士的神力（但故事的重點在智擒，並非力取），便把捕馬工具忽略或省略了。

敦煌地區的「計擒天馬」故事，流傳迄今已有兩千多年⑰，又記錄在唐人對《漢書》的註解裡。在這兩千多年中，或由文人的引述，或由商旅的傳播，尤其唐時敦煌已為佛教重鎮，或由入唐的新羅僧人傳說，這個故事移入朝鮮半島的機會是很多的；而其由敦煌至大邱，再越海至濟州島的線索，循著「水中出馬」和「以假人為計」兩個要點，也是一脈可尋的。（一九八五年十月十七日，農曆九月初四，時客漢城）

——原載於《大陸雜誌》第七十五卷第二期

⑰ 易希高〈智擒天馬〉，在其《絲路傳奇》（重慶，重慶出版社，一九八四），第一〇〇～一〇九頁。

兔子和烏龜

一

「兔子和烏龜」是一個在韓國流傳很廣的民間故事。看題目，很容易使人把它聯想到《伊索寓言》裏的「龜兔賽跑」，其實兩者之間毫無關係。茲敘述其內容概要於次：

有一次海龍王病了，必須吃兔子的肝才能好。於是，烏龜自告奮勇到陸地上去捉兔子。到了岸上，烏龜把海中景色和龍宮情形說得天花亂墜，將兔子騙進了龍宮。

兔子知道了原來是要取他的肝作藥，便說明：由於他的肝能作藥，世上的人都想要。他為了避免麻煩，所以把肝取出來洗乾淨了藏在山上。如果來的時候知道龍王要肝，他就帶來了。現在他也願意去取來獻上。否則，殺了他也沒有用，因為他的肝不在他身體裏，而他死後便沒有人能找到他所藏的肝。

最後，龍王相信了兔子的話，叫烏龜送兔子回去取肝。兔子因此逃出龍宮，保全了性命。烏龜則

無可奈何地看著上了岸的兔子，再也無法可想了。❶

根據《三國史記》的記載，這個故事在第七世紀就已經有人引述（詳見次節），民間的流傳則應當更早。所以，它在韓國至少已流傳了一千三百多年。朝鮮王朝（一三九二～一九一〇）的文人，將它記錄改寫的作品也很多，題目有〈兔公辭〉、〈兔公傳〉、〈兔生傳〉、〈兔生員傳〉、〈兔處士傳〉、〈狡兔傳〉、〈鱉主簿傳〉、〈兔鱉傳〉、〈兔鱉山水錄〉、〈兔先生鱉主簿立傳〉、〈水宮歌〉等十餘種❷。

二

「兔子和烏龜」故事的文獻記錄，最早見於高麗王朝金富軾（一〇七五～一一五一）的《三國史記》。在第七世紀中葉時，朝鮮半島上三國鼎立，北方是高句麗，東南是新羅，西南是百濟。百濟興兵攻打新羅，殺了新羅王子春秋的女兒女婿。因此春秋（後來即位為太宗武烈王，與唐聯合，在唐高宗五年滅百濟）入高句麗請兵復仇，卻被高句麗羈留不放。於是春秋貨賄高句麗王寵臣先道解，先道解則對春秋說了一個故事：

---

❶ "The Hare Liver", *Folk Tales of Old Korea*, tr. by Tea Hung Ha (Seoul, Yonsei University Press, 1959), pp. 50–57.

❷ ⑴《韓國古小說目錄》（城南，韓國精神文化研究院，一九八三），第一〇四～一〇五頁。⑵裴永鎮整理《朝鮮族民間故事講述家金德順故事集》（上海文藝出版社，一九八三），第三九七～三九八頁，〈兔子和烏龜〉整理附記。

子亦嘗聞龜兔之說乎？昔東海龍女病心，醫言：得兔肝合藥，則可療也。然海中無兔，不奈之何。有一龜白龍王言：吾能得之。遂登陸，見兔言：「海中有一島，清泉白石，茂林佳菓，寒暑不能到，鷹隼不能侵，爾若得至，可以安居無患。」因負兔背上，游行二三里許，龜顧謂兔曰：「今龍女被病，須兔肝為藥，故不憚勞負爾來耳。」兔曰：「噫，吾神明之後，能出五臟，洗而納之。日者少覺心煩，遂出肝心洗之，暫置巖石之底，聞爾甘言徑來，肝尚在彼，何不迴歸取肝，則汝得所求，吾雖無肝尚活，豈不兩相宜哉。」龜信之而還。才上岸，兔脫入草中，謂龜曰：「愚哉汝也，豈有無肝而生者乎。」龜憫然而退。

春秋聽了這個故事，意有所悟，便上書高句麗國王立誓說：新羅的二嶺，原是高句麗的國土，他回去後要請求新羅國王把這塊土地還給高句麗。這時春秋的妻兄金庾信將軍見春秋到高句麗已有兩個月還不回來，恐有不測，集合了三千勇士，準備前往營救。於是高句麗王就客客氣氣地送春秋回國了❸。

除了韓國本土的這個記錄外，再向上推溯，可以在古印度《五卷書》和三份漢譯佛經中看到同類型的故事，祇是故事裏的角色不同。

在《五卷書》裏，角色是海怪和猴子。他們本是好朋友，但是海怪的妻子不高興海怪和猴子交往，假稱生病，要吃猴心才能好。於是海怪便騙猴子到他家去吃飯，途中得意地說出實情，猴子聽了，立刻誘稱將心留在岸上，要回去拿，因而逃歸❹。

❸（韓）金富軾《三國史記・卷四・金庾信傳上》。

在《六度集經》裏，角色是鼈和猴子。起因是鼈的妻子病了，想吃猴肝。於是雄鼈就以到水府觀賞「妙樂」誘騙猴子入海，但在途中說出了實情。猴子一聽，急忙說肝留在樹上，因而得回❺。

在《生經》裏，角色也是鼈和猴子，但是起因則和《五卷書》所說相同：鼈和猴子是好朋友，引起了鼈妻的不高興，便佯稱生病，要猴肝醫治。雄鼈受逼，就假意請猴子到家去吃飯，騙猴子上路。到了海上，雄鼈說出實情，猴子聽了大驚，急忙說明肝掛樹上，未曾持來，促鼈送其回岸取肝，回岸後即與鼈絕交❻。

在《佛行本集經》裏，角色是海虬和猴子。起因是虬婦懷妊，思食猴心，於是雄虬就以海之彼岸花果豐饒為誘，騙猴子騎在他的背上前去。等猴子上了背，雄虬就沒入水中。猴子覺得奇怪，游向彼岸為何要沒入水中，因此海虬向他說了實情。猴子聽了就說，心留在樹上，要回岸上去拿。猴子逃回樹上後就不再下來。海虬見猴子不下來，就再以彼岸有豐富的水果為誘，但猴子已不為所動了❼。

就這五則早期的記錄看，《三國史記》中的一則是高句麗大臣指點新羅太子脫身回國的方法，取其兔子的脫身智機；《五卷書》中的一則旨在教人交友謹慎，遇難鎮靜；佛經中的三則都是佛陀說法時的譬喻，取其猴子逃回後的澈悟，因而絕意妄想，守道不惑。

❹ 季羨林譯《五卷書》（臺北，彌勒出版社翻印，民國七十二年）第四卷書。
❺ 三國吳・康僧會譯《六度集經》卷四。
❻ 西晉・竺法護譯《生經》卷一第十。
❼ 隋・門那崛多譯《佛本行集經》卷三一。

三

在上述五則早期的記錄裏，角色的名稱雖不盡相同，但故事的結構都一樣——龜鼈或海虬把猴兔騙往海上後，都得意地在半途就說明了事情的真相。猴兔則立刻諉稱心肝留在岸上，中途折返往取，得以逃歸。想吃猴心兔肝的鼈婦龍女都沒有和猴兔會面，那純粹是猴兔和龜鼈海虬之間的一場鬥智。

此外，在中國的漢族、蒙族、藏族中，在猶太民族中，以及在亞洲的日本、菲律賓、印尼、印度，歐洲的拉脫維亞、匈牙利，美洲的波多黎各，非洲東部的桑士巴海島等地，也都流傳著這個故事，鬥智的對手也純粹是烏龜和猴子，或是烏龜和貓❽，其間沒有第三者的介入。

在現今傳自朝鮮王朝的韓國民間故事裡，情節稍有不同了：烏龜把兔子騙往海上後，便不動聲色地將其帶回龍宮，向要吃兔肝的龍王交差。兔子明白了原來是殺身大禍的真相後，便極力使龍王相信，他的肝已自體內取出，藏在山上，要讓他回陸地去拿。因此，在智力的較量上，是烏龜掌握了兔子的好奇與貪欲而把他騙進龍宮，兔子又掌握了龍王的患得患失心理而使自己脫險。也就是烏龜贏了兔子，兔子贏了龍王；並非像早期的故事那樣，烏龜贏了猴子，猴子又贏了回去。那麼，這樣的變動可能顯示些什麼呢？

在《五卷書》和三則佛經故事裡，龜鼈海虬去誘捕猴子是因為他們的妻子要吃猴心猴肝，出發點是

---

❽ ⑴Nai-Tung Ting, *A Type Index of Chinese Folktales* (Helsinki, Academia Scientiarum Fennica, 1978), p. 29, Type number 91.
⑵Stith Thompson, *The Types of the Folktale* (Helsinki, Academia Scientiarum,1973), p. 41, Type number 91.

夫妻之情。在《三國史記》的故事裏，烏龜去誘騙兔子是因為龍女有病要吃兔肝。烏龜和龍女之間是什麼關係？烏龜為什麼要替龍女捉兔子？故事中沒有說明。但是依一般的理解：龍女是龍王之女，龍王是海中之王，烏龜則必然是龍王的臣民。所以，烏龜上岸誘捉兔子，應當是執行龍王的命令。

在現今流傳的這個韓國民間故事裏，因病要兔肝合藥的是龍王，烏龜也有明確的官職——主簿或丞相，並且說明烏龜去捉兔子是出於志願。於是這個故事便是：龍王有病要吃兔肝，有才智的臣下烏龜便設法捉來一隻兔子，結果卻因為龍王的愚昧而把事情弄砸了。故事裡烏龜的自告奮勇和誘捉兔子成功，使他具有幹練而又效忠君王的形象。

在朝鮮王朝流傳的一些寫本裏，有的就稱這個故事為「鼈主簿傳」，把烏龜作主體，突出他的忠臣形象。有的甚至還加上一段說：蒼天有感於烏龜的忠誠，降下一塊兔肝，讓他醫好了龍王的病❾。有的則在兔子逃歸後加寫：烏龜「悵望久之，落淚而退，歸語龍王，席藁請罪」，而龍王竟上書天庭玉皇，控告兔子欺詐。兔子答辯說：「好生惡死之心，存命保身之策，原無大小，豈有貴賤。與其無辜而就死，不若挾詐而圖生。」最後賴玉皇之「抑強扶弱」，公正處置，兔子終於保全了性命❿。這是除了加強烏龜的忠誠形象外，也突出龍王的恃勢而愚昧，並借兔子之口為弱者說了些公道話。

由於講故事人會因生活經驗不同而在故事中作出不同的強調，那麼，在從前要求絕對忠於國君一人的君主政制下，在存在著公私奴隸制度和賤民階層的朝鮮王朝社會裡，這個借用人間政治制度的動物故

❾ 同❷(2)。

❿ 〈兔公辭〉（漢城，韓國國立中央圖書館藏抄本）。

事，表現了龍王愚昧而恃勢，烏龜幹練而盡忠的形象，有的甚至還為弱者兔子說幾句公道話，則其點化舊說之處，大概是出自曾經宦海滄桑的在野士人之手了。（一九八六年十月初稿，一九八七年十一月重寫）

——原載於《高仲華先生八秩榮慶論文集》

【附記】

韓國這個「兔子和烏龜」的民間故事，也流傳在我國東北的朝鮮族中，譯成漢文的一則是由八十多歲的金德順女士所講述⓫。金德順在一九〇〇年出生於韓國的慶尚北道，三十歲時才移居中國⓬，她講的那則故事來自韓國是毫無疑義的。在故事的結尾，烏龜奉龍王之命把兔子送回陸地去取肝而被兔子逃脫以後，「烏龜想回龍宮也不敢回去了。因為，沒有帶回活兔子的肝，龍王是不會饒恕它的。烏龜從此只好留在陸地上生活，只有憋不住的時候才到水裏待一會兒，可是再也沒有能回到龍宮裏去！」使這故事又解釋了烏龜的習性。

在日本流傳的這個故事，最早紀錄見於公元一〇五〇年（宋仁宗皇祐二年）前後編成的《今昔物語》卷五。這書共三十一卷，第一至五卷的故事都取自印度。現在流傳的故事稍有添增，解釋了兩種動物的特點，大意是：海龍王的妻子或女兒生病，要猴肝為藥，因此烏龜上岸去騙來了一隻猴子。猴子到了龍宮，有個海蜇向他洩漏了要取肝作藥的陰謀。猴子聽了，便對烏龜說，他的肝在來前取出洗滌，留在樹上待乾，沒有帶來，要烏龜送他回去拿。烏龜和猴子

⓫ 同❷(2)，第三八九～三九七頁。
⓬ 裴永鎮〈金德順和她所講的故事〉，書同❷(2)，第三頁。

回到岸上後，猴子憤怒地抓起烏龜就向岩石上摔，以致烏龜殼上到現在仍有裂痕。烏龜逃回龍宮，向龍王報告海蜇洩密的事，於是龍王把海蜇處以抽骨之刑。所以，現在的海蜇是沒有骨頭的⓭。

⓭ Hiroko Ikeda, *A Type and Motif Index of Japanese Folk-literature* (Helsinki, Academia Scientiarum, 1971), p.27, Type number 91.

鹿足母子

一

北韓平安南道安州地方，有一則「鹿足母子」的民間故事，內容概要如下：

中國在唐朝的時候，有一次派出十二支軍隊進攻高句麗，高句麗國王聽到消息，準備在安州應戰，內心十分焦慮。那時高句麗王后聽說，統率這十二支軍隊的十二名將軍年齡都在二十歲左右，是同胞兄弟，個個眉濃聲洪，脾氣暴烈，容貌性格，十分相像。於是她要求高句麗王在安州原野築造一座石堤，讓她在那裏會見這十二名將軍。

石堤築成後，高句麗王后和十二名將軍在堤上見面了。見了面，王后取出十二雙襪子，分送給十二名將軍，並且要他們當時就穿。當十二名將領脫去鞋子換穿新襪時，顯出了他們的雙腳都是鹿足。於是王后告訴他們：二十年前，她曾一胎產下十二名男嬰，他們和她自己一樣，雙腳都是鹿足，高句麗王知道了，認為是不祥之兆，下令把嬰孩投入海中，她祇好把他們放在箱子裏，讓他們順流出海而去。說著，王后也脫去襪子，把她的一雙鹿足顯示給十二名將軍看。原來那十二名鹿足男嬰後來被一名漁夫救起，長大後文武雙全，從軍為將，奉命進攻高句麗。結果母子相認，雙方化干戈為玉帛，十二名將軍率軍退回。

因為十二名將軍每人率領了三千名士兵，所以當時母子相會之處就被稱「十二三千」。❶

這個故事有兩個特徵：⑴母子之間的敵對狀況，經過一種特殊方式證明雙方的母子關係後，就化干戈為玉帛。⑵這一件事就是當地地名的由來。

從這兩個特徵看，古印度有一則類似的佛教故事，見於東晉法顯的《佛國記》，全文如下：

（毘舍離）城西北三里，有塔名「放弓仗」。以名此者，恒水流有一國王，王小夫人生一肉胎，大夫人妬之，言：「汝生不祥之徵。」即盛以木函，擲恒水中。下游有國王遊觀，見水上木函，開看，見千小兒端正特殊，王即取養之，遂便長大，甚勇健，所往征伐，無不摧伏。次伐父王本國，王大愁憂。小夫人問王，何故愁憂。王曰：「彼國王有千子，勇健無比，欲來伐吾國，是以愁耳。」小夫人言：「王勿愁憂，但於城東作高樓，賊來時置我樓上，則我能卻之。」王如其言。至賊來時，小夫人於樓上語賊言：「汝是我子，何故作反逆事？」賊曰：「汝是何人？云是我母。」

---

❶ "The Field of Twelve, Three Thousand", *Traditional Tales of Old Korea* (Seoul, 1974), Vol. 5, pp. 356–357，其他記載這故事的韓文日文書目，見 In-Hak Choi, *A Type-Index of Korean Falktales* (Seoul, 1978), pp. 70, 217.

小夫人曰：「汝等若不信者，盡仰向張口。」小夫人即以兩手搆兩乳，乳作五百道，俱墮千子口中。賊知是其母，即放弓仗。……後人得知，於此處立塔，故以名焉。千小兒者，即賢劫千佛是也。

法顯所記的這個「一母乳千兒」故事，更早見於三國吳時康僧會譯的《六度集經》，故事中說明女主角是麋鹿所生，對「鹿足母子」故事中母子鹿足的由來提示了一點線索，但並沒有把故事附會在任何地名上❷。

❷ 《六度集經・卷三》：「鹿（於梵志小便處）舐小便，即感之生（妊？）。時滿生女，梵志育焉。年有十餘，光儀庠步，守居護火。女與鹿戲，不覺火滅。父還恚之，令行索火。女至人聚，躇步處一蓮花生。火主曰：『爾繞吾居三匝，以火典爾。』女即順命，花生陸地，圍屋三重。行者住足，靡不詠奇。斯須宣聲，聞其國王。王命工相相其貴賤，師曰：『必有聖嗣，傳祚無窮。』王命賢臣聘迎禮備，容華奕奕，宮人莫如。懷妊時滿，生卵百枚。后妃逮妾，靡不嫉焉，豫刻芭蕉為鬼形象，臨產，以髮被覆其面，惡露塗芭蕉，以之示王。眾妖弊明，王惑信矣。群邪以壺盛卵，密覆其口，投江流矣。天帝釋下，以印封口，諸天翼衛，順流停止，猶柱植地。下流之國，其王於臺遙睹水中有壺流下，煒輝光耀，似有乾靈，取之觀焉。覩帝印文，發得百卵，令百婦人懷育溫暖。時滿體成，產為百男，生有上聖之智，不啟而時明。顏景誇世，相好希有。力幹勢援，兼人百倍。言音之響，有若獅子之吼。王即具白象百頭，七寶鞍勒，以供聖嗣，令征鄰國。四鄰降伏，咸稱臣妾。只伐所生之國，國人巨細，靡不悚慄。王曰：『孰有能卻斯敵者乎？』夫人曰：『大王無懼。視敵所由，攻城何方，臨之興觀，為王降之。』王即視敵所由而立觀矣。母登觀揚聲曰：『夫逆之大，其有三矣：不遠群邪，招二世咎，斯一也。生不識親，而逆孝行，斯二也。恃勢殺親，毒向三尊，斯三也。懷斯三逆，其惡無蓋。爾等張

在法顯之後，唐朝的玄奘法師遊學印度時也聽到了這個故事，並且記錄在他的《大唐西域記》裏。故事裏不僅說明女主角是麋鹿所生，也說她「唯腳似鹿」，全文如下：

（吠舍釐國）有窣堵波，千子見父母處也。昔有仙人，隱居巖谷，仲春之月，鼓濯清流，麀鹿隨飲，感生女子，姿貌過人，唯腳似鹿。仙人見已，收而養焉。其後命令求火，至於仙廬，足所履地，跡有蓮華。彼仙見已，深以奇之。令其繞廬，方乃得火。鹿女依命，得火而還。時梵豫王畋遊見華，尋跡以求。悅其奇怪，同載而返。相師占言，當生千子。餘婦聞之，莫不圖計。日月既滿，生一蓮花，花有千葉，葉坐一子，餘婦誣罔，咸稱不祥，投殑伽河，隨波泛濫。烏耆延王，下流遊觀，見黃雲蓋乘波而來，取以開視，乃有千子。乳養成立，有大力焉。恃有千子，拓境四方。兵威乘勝，將次此國，時梵豫王聞之，甚懷震懼，兵力不敵，計無所出矣。是時，鹿女心知其子，乃謂王曰：「今寇戎臨境，上下離心，賤妾愚忠，能敗強敵。」王未之信也，憂懼良深。鹿女乃昇城樓，以待寇至。千子將兵，圍城已匝，鹿女告曰：「莫為逆事。我是汝母，汝是我子。」千子謂曰：「何言之謬。」鹿女手按兩乳，流注千岐，天性所感，咸入其口。於是解甲歸宗，釋兵返族。兩國交歡，百姓安樂。（卷七）

口，信現于今。」母捉其乳，天令湩射遍百子口，精誠之感，飲乳情哀，僉然俱曰：『斯則吾親。』泣涕交頸，叉手步進，叩頭悔過。親嗣始會，靡不哀慟。二國和睦，情過伯叔。異方欣然，靡不稱善。」

由於玄奘記下了王后為麋鹿所生而是鹿足的情節，因之前述韓國「鹿足母子」故事的源頭和演變軌跡就很清楚了——它把「一母乳千兒」的證明方式改成「母子同為鹿足」，而這個轉變的啟示，也就在原有的故事裏。

二

在「一母乳千兒」的故事裏，因為同時授乳千兒，母親必須在高處，所以法顯的記載是在城東築一高樓，玄奘的敘述是在城樓。但是，故事裏證明母子關係的方法既改為同是鹿足，母子遠遠地分處高樓上下就不適宜，必須是近距離的面談以便顯示彼此的特徵，於是早期故事裏的高樓變成了石堤。不過，石堤在「鹿足母子」裏沒有什麼特別意義，因為母子也可以在軍營中會見。可能這反映了從前「建壇會盟」的形式，否則就是故事從源頭處無意中留取的一塊胎記了。

三

在朝鮮王朝編撰的《安州方志》裏，也有著與「鹿足母子」差不多的記載❸，內容如下：

州西九十里有三千野。諺傳：高句麗時王妃鹿足夫人，一產十二子，以為不祥，盛于函中，棄之海上。厥後唐將十二人，各率三千兵，渡海來犯界。鹿足夫人聞而出迎於野，結樓坐其上，招立

---

❸ (1)《平安南道安州郡邑誌》神異部。(2)《安州郡邑誌》神異部。兩書皆寫本，藏漢城大學圖書館，屬奎章閣圖書。

十二人于其櫓樓下，先以十二乳試之，乳皆入口；又以十二襪賜之，襪皆適足。於是十二將皆驚，列拜而跪曰：「生我者母，襪我者母。父母之邦，其可犯之乎。」遂降，仍作古行城居之，其地謂之「十二三千」。

這個說法是「一母乳千兒」和「鹿足母子」的綜合體，可能是「一母乳千兒」過渡到「鹿足母子」的形式。因為授乳十二子的情節取自「一母乳千兒」是很明顯的，可是以十二襪賜十二將領皆適足就說得不清楚，是尺寸大小正合適呢？還是襪子的形式正合適他們的鹿足？由於故事中並未說明十二將領也是鹿足，那麼應當是指大小合適，但是這在故事中沒有什麼意義。相較之下，「鹿足母子」裏略去授乳的情節，說明王后要求十二將領當場換穿新襪以顯示他們的雙腳都是鹿足，送襪的目的明顯，也屬必要。去舊說，存新意，後出轉精，「鹿足母子」是一個很好的例子。

四

關於鹿女王妃的故事，也見於《大方便佛報恩經》，祇是沒有說鹿女王妃是鹿足；坐在蓮花葉下的男孩則是五百個，並非一千名；而這五百名太子也未被投入河中流放國外，乃是由後宮的五百夫人扶養長大。原文如下：

（佛言）：爾時有國，號波羅柰，去城不遠有山，……其山有一仙人住在南窟，復有一仙住在北窟，二山中間有一泉水，其水邊有一平石。爾時南窟仙人在此石上浣衣洗足已，便還止所。去後未久，有一雌鹿，來飲泉水，次第到浣衣處，即飲是石上浣垢衣汁。……尋便懷妊，……產生一女。……爾時南窟仙人聞是鹿大悲鳴聲，心生憐愍，即出往看，見此鹿產生一女，……即以草衣裹拭將還，採眾妙果隨時將養，漸漸長大，至年十四。其父愛念，常使宿火，令不斷絕。忽於一日，心不謹慎，便使火滅。其父苦責數已，語其女言：「我長身以來，未曾使此火滅，汝今日云何令滅。北窟有火，汝可往取。」

爾時鹿女即隨父教，往詣北窟，步步舉足，皆生蓮花。行伍次第，如似街陌。往至北窟，從彼仙人，乞求少火。爾時仙人見此女人福德如是，足下生於蓮花，報言：「欲得火者，汝當右遶我窟滿足七匝。」行伍次第，了了分明，隨其舉足，皆生蓮花。遶七匝已，語其女言：「欲得火者，復當在此右邊還歸去者，當與汝火。」爾時鹿女為得火故，隨教而去。

其女去後，未久之間，波羅柰王將諸大臣百千萬眾……入山遊獵，……往到北窟仙人所，見其蓮花遶窟行列，爾時大王心生歡喜。……爾時仙人即白王言：「大王當知，此蓮花者，非我所能。……是南窟仙人生育一女，姿容端正，人相具足，世間難有。其女行時，隨其足下，皆生蓮花。」王聞是語，心生歡喜，即往南窟，見彼仙人，頭面禮足。爾時仙人，即出問訊：「大王遠涉途路，得無疲極？」爾時大王報仙人言：「聞君有女，欲求婚姻。」……爾時大王即入窟中，見其鹿女，心生歡喜，即以沐浴香湯、名衣上服、百寶瓔珞，莊嚴其身。乘大名象，百千導從，作倡伎樂，還歸本國。……爾時其父上高山頂，遙看其女，……竚立良久。女去不現，竟不迴顧。爾時其父心生恚恨，而作是言：「畜生所生，故不妄也。我小長養，今得成人，為王所念，而反孤棄。」即入窟中，誦持咒術而呪其女：「王若遇汝薄者，皎然不論。若王以禮待接汝者，當令退沒，不果所願。」

爾時波羅柰王到宮殿已，拜為第一，名曰「鹿母夫人」。……未久數日，便覺有娠。……月滿產生，生一蓮花。仙人呪力，令王瞋恚，而作是言：「畜生所生，故不妄也。」王即退其夫人職，其蓮花者，使人遺棄。

其後數日，波羅柰王將諸群臣入後園中遊戲觀看，作倡伎樂，鬥其象馬并諸力士。中有第一大力士，踉蹡顛蹶，以足蹴地，地皆震動，動蓮花池。其花池邊有大珊瑚，於珊瑚下有一蓮花，迸墮水中。其花紅赤，有妙光明。王見此花，心生歡喜，向群臣言：「如此花者，未曾有也。」即使使者入池取之。其花具足，有五百葉，於一葉下有一童男，……（王）即問青衣：「鹿母夫人所生花者遺於何處?」答言：「大王，埋此池邊大珊瑚下。」王審實其事，知鹿母夫人所生。王自入宮，向鹿母夫人自責悔過。……即遍宣令國土，選取五百乳母。爾時鹿母夫人白大王言：「王莫耗國土召諸乳母，王宮中自有五百夫人。諸夫人者，妬我生男，王今可以一太子與一夫人，令其乳哺，非其子耶。」王報夫人：「五百夫人常懷嫉妬，惱害鹿母，鹿母今者欲令我鞭打杖策，擯出驅遣，奪其命者，不逆夫人。夫人今者云何於怨嫌中放捨，此事甚難及也。又復能開天地之恩，以其太子與諸夫人。」……夫人言：「貪恚所生，皆由嫉妬。諫惡以忍，諫怒以順。我從生已來，未曾與物共諍。諸夫人者，自生惱害。譬如有人夜行，見杌便起賊想，或起惡鬼之想，尋時驚怖，四散馳走，或投高巖，或覆水火，荊棘叢林，傷壞身體，因妄想故，禍害如是。一切眾生，亦復如是。自生自死，如蠶處繭，如蛾赴燈，無驅馳者。一切眾惡，從妄想起。諸夫人者，亦復如是。我今不應與彼群愚起諸諍訟。」五百夫人即前禮鹿母夫人，自謝悔過，奉事鹿母，如蒙賢聖，如母姊妹；所養太子，如所生不異。

時五百太子年漸長大，一太子力敵一千，鄰國反叛不賓屬者自往伐之，不起四兵，國土安穩。天神歡喜，風雨以時，人民豐壤熾盛。❹

在這個故事裏，因為五百太子沒有被流放到外國，所以也就沒有前面那些故事中最有趣的主要情節——諸子領兵攻打本國，母子經過特殊的證明方式，由敵對而相認。這個故事的重心是在鹿女後來對國王說的那段話上。在那段話裏，釋伽牟尼借鹿女之口，透過對五百夫人的批評，說明眾煩惱都由嫉妬而起，眾惡都自妄想而生。而鹿女所以能有機會發揮這些道理，也正是在故事的情節處理上，五百太子不是被流放於國外，乃是由鹿女建議交給嫉妬她的五百夫人去撫育，使她們每人得到一名養子。

不過，鹿女最後說的那段話固然是針對嫉妬她的五百夫人而言，但是整個故事裏並未說明那五百位夫人如何因嫉妬而傷害她。當初鹿女產下一朵蓮花後，國王心生瞋恚，把鹿女的名位廢免，把蓮花拋棄，乃是因為南窟仙人的咒術，並非由於五百夫人的讒言。五百夫人嫉妬鹿女是人之常情，但故事中沒有伏筆，到後來卻把故事要闡說的精義借此發揮，在前後的照應上是銜接不密的。相較之下，若取法顯《佛

---

❹《大方便佛報恩經・卷三・論議品第五》。

國記》和玄奘《大唐西域記》中所說，鹿女諸子被拋棄都是因為其他夫人的讒言，則就呼應緊密了。

借故事以闡明經義，是佛經中常見的情形，因此佛經中的故事十分豐富。但是那許多故事不可能都出自一、二人的構思，所以早期佛經中必然吸取了不少印度古代的民間神話和傳說，借彼舊瓶，注我新酒。這個鹿女故事，應當也是一則古印度的民間故事，而在傳播過程中逐漸有了各種不同的改變。大致上說：從《六度集經》到法顯和玄奘所記，延伸至韓國平安南道安州郡的「十二三千」故事，都強調母子親情和情節趣味，保持著濃厚的民間故事色彩，可歸為一系。《大方便佛報恩經》中之有所改變以闡揚哲理，則是另成一系了。（一九八六年四月初稿，一九八七年十一月重寫）

——原載於《韓國學報》第八期

一石致富

一　一石致富

在一九八四年底大韓航空公司出版的機艙雜誌裡，介紹了一則韓國的民間故事「一石致富」❶，內容如下：

從前，在一個村子裡住著一名貧窮的農夫。他有三個兒子，但都還小，所以日子過得很艱苦。最小的兒子才七歲，可是最聰明，懂得很多。有一天，他在家人前面表示了他的古怪意見。他說：「爸爸，我們這樣窮，那是因為你在管家。現在我要來管家，我要你們依照我的話去做事。如果這樣，我們一定能像那邊的那個富人一樣過好日子。」

大家都覺得小弟弟的這個建議毫無價值，但是決定看看他到底有什麼辦法。

他父親問：「你是說我們將能過得和那個有錢人一樣舒適?」

❶ "A family that became rich with one stone", *Morning Calm* (Korean Air Inflight, No. 6, 1984), pp. 47–50.

他母親道：「說說看，你的發財辦法是什麼？」

小兒子說：「從明天開始，你們每個人從田裡工作回來時都要帶一塊石頭。」

他大哥打斷他的話說：「做什麼用？」

「不知道就別說話！」

從第二天開始，大家都在田裡勤奮地幹活，回家的時候，每人帶一塊石頭。過了幾個月，院子裡就隆起了一座大石堆。

到了中秋節的前夕，大家都像以前一樣，在田裡做完工就帶一塊石頭回家，但是父親卻空手而回。

小兒子看見了，很生氣地說：

「爸爸，你為什麼不帶一塊石頭回來？」

「聽著，孩子，明天是中秋，我想今天我可以歇歇。」

「不，爸爸。回到你工作的田裡去帶一塊石頭回來。沒有這種決心，你成不了富翁。」

父親不得不聽從兒子。他走出門去，但是外邊已經天黑，所以他並沒有回到田裡去，祇是在一條溪流對岸的峭壁上拾了塊石頭就回家。

「爸爸，要你這樣做真是抱歉，但是我們不久就要發財了。」

那天夜裡，鄰村的那富翁向屋外觀望，看到這農夫的房子像金子般的發光，十分奇怪。他想：

「那裡一定是一塊吉地。如果我搬過去住，我將會更有錢。」

懷著這個想法，富翁在第二天早上祭祀了祖先之後，把農夫叫去，對他說：

「我要你來，並非你有了什麼過失，而是請你幫我一個忙。」

「幫忙？是什麼事要我這樣低下的人做呢？」

「我是說真的。你願意把房子賣給我嗎？」

「您要我的房子？您已有了這樣華麗的住宅，為什麼還要一間茅草小屋呢？」

「我不是說著玩的。無論如何你要把房子賣給我。」

「老爺，這話可是真的？」

「我告訴你了，我不是說著玩的。」

「雖然這不是開玩笑，可是，我不能作主賣我的房子。」

「什麼？你不能作主賣你的房子，你是什麼意思？」

「說起來很難為情，但不得不說明。事實上，我家是我最小的兒子作主，我們都依照他的話做事。如果他反對賣房子，那麼雖然這祇是一座茅草小屋，我也不能賣。」

「真是一個奇怪的家庭。既然如此，就把你的兒子帶來吧。」

於是，這個最小的兒子被帶到了鄰村的富人家裡。

「我父親已經告訴我你要買我們的房子。你出多少錢呢？」

「嗯，我出五十石米，怎樣？」

「這差得太多了，老爺。別再談這件事吧。」

「那麼你要多少錢呢？」

「不是賣錢，而是交換。」

「交換?交換什麼?」

「以您的房子和傢俱換我們的房子和傢俱。」

富人全神貫注地想了一會。他覺得這個孩子真是狂妄，但他忘不了昨夜所見那閃爍的金子。他想，如果他搬到那個地方去住，必然會更富有，他的子孫中也必然有人會做大官。

「好，我同意你所提議的交換。」

「那麼我們立刻搬怎樣?」

「今天是中秋節。不管我們是多麼急，還是明天搬吧。」

「不，老爺，中秋節更好。可不是嗎?因為這是大家都休息不做工的一天。由於我們各自的傢俱並不搬，所要做的祇是搬動我們自己而已。」

「雖然我們同意交換，但我必須搬走米袋，那是我家世世代代的幸運神❷，我有了幸運神才能發財。你們可能也有甕缸之類的幸運神吧，你也可以搬來這裡。」

這孩子必須點頭同意了，因為如果他失去這次交易，他的家庭將會很卑微。事實上，他明白他家沒有被視作幸運神的甕缸。他家太窮了，根本沒有放米的缸。

「是的，老爺，我懂。請讓我看看您的幸運神。」

富翁和他的僕人便帶這孩子進入了一間大倉庫，庫房的一角堆著幾百個米袋。在另一角落，則堆

❷ 韓國舊俗，每家有其認定之幸運神，呼為「喔迫」，或為物品如米袋醬缸，或為動物如蟒蛇蛤蟆。

著成綑的絲綢和布疋，還有各種水果。進入倉房後，富翁命令僕人把米袋搬出去。

「老爺，您應該祇搬走這些您認為是幸運之神的米袋，絕對不可搬走其他東西。」

「我知道。你在從前常受騙嗎？為什麼這樣多疑？」

「那麼我該回家去準備了。」

回到家裡，這孩子就開始尋找一件可以稱是幸運神的東西帶走，但是沒有一樣東西可以讓富翁看起來像個幸運神的。找遍了整個屋子以後，他在院子看到了那座石堆。

「啊，有了。我把石堆頂上的那塊石頭帶走好了。這是父親昨夜帶回來的，是個很好的紀念品。」

等富翁和他的幸運神米袋到了，這孩子就帶著那塊石頭搬進了富翁的房子。

兩家各自搬妥後，貧窮的農夫在愉快的中秋節突然成了有錢人，全家快樂極了，他們現在明白最小的兒子沒有胡說。

那天夜裡，富翁望著他以前的大房子，從前有錢的日子在他記憶裡閃耀著，這時，一個奇怪的景象出現了：他從前的房子發散著金光，好像他在昨夜看見的情形一樣，那的確神奇。

可是，那是有緣故的，農夫最後帶回家的一塊石頭是個金塊，他的房子發出金光是金子的效力。貧農意外地變成了有錢人。他那個聰明非凡的小兒子後來做了大官。

案：家庭裡的長幼之序，大概是隨著人類家庭制度的建立就有的。在韓國，這種家庭裡的長幼之序向來很嚴，因此，上述「一石致富」裡幼童治家的情節，在韓國的民間故事裡顯得十分特別。

可是，經由這個特別的情節，整個故事要表現的是什麼呢？故事中一再強調幼童的聰明，那麼真是表現了幼童的聰明嗎？

故事一開始就說：幼童認為父親治家不當，應該由他來接管，大家祇照著他的話去做事，便可過富有的好日子，於是他要每人每天從田裡工作回來時帶回一塊石頭。這一切都顯示幼童對於如何使家庭變富是胸有成竹的。但是，從整個故事看卻不是這樣。他要每人每天從田裡帶回一塊石頭，而這些石頭在故事裡毫無意義，因為最後一塊金石並非從他們的田裡帶回，乃是他父親不願走回田裡而在半途拾取的。如果幼童的父親不是因為偷懶而在半途拾一塊石頭充數，幼童將如何利用從田裡取回的那堆普通石頭致富呢？他大哥問他帶回石頭做什麼，他斥責說：「不知道就別說話。」儼然是天機不可洩漏的樣子。但是，且不管他的話——不知道就不能問——是否合理，從整個故事看，顯然他自己也並不知道要大家把這些石塊帶回家做什麼，雖然故事開始時是把他說成胸有成竹的樣子。所以，在要每人每天帶回一塊石頭這件事上，並沒有顯示出這名幼童有什麼聰明之處。

其次，最後那一塊石頭是金子，父親不知道，富翁不知道，幼童自己也始終不知道——因為他把那塊石頭帶走是由於富翁說他也可以搬走他家的幸運神，而他家實際上根本沒有可視作幸運神的東西，才搬走那塊石頭作為紀念品。那麼，富翁出價要買貧農的茅屋而幼童不知原因就堅持作荒謬的交換，並不能顯出幼童的才智，反而顯得幼童很無知。

若說這個故事的意義在說明富翁的貪婪和因貪而招致損失，則故事裡的每個人到最後仍然不知道那塊石頭是金子，富翁出高價取得茅屋是因為誤以為那塊地的風水好，而風水的是非得失並不是相信者立時可驗的。

所以，這個「一石致富」的民間故事，可能是在輾轉敘述的過程中，不知不覺失去了故事的重心，它的原始面貌應該不是這樣的。

二　治家之道

在韓國的忠清北道，流傳著一則「如何做一家之主」的民間故事❸，也是關於幼童治家的事。內容如下：

在清州地方，有一個三代同堂之家。他們總是為錢和糧食發愁，因為他們的家境不好，難以負擔孩子們的飲食所需，雖然孩子的人數比成人少得多。

一天，正當大家在為糧食發愁的時候，一個十歲的孫子說：「我們貧窮的原因是因為我們家沒有人作主。」

「你怎麼可以說那樣的話？祖父不是我們的一家之主嗎？」

「不是。祖父沒有資格作為一家之主。」小孩說。

「那麼，你的父親是一家之主嗎？」祖父生氣地問他的孫子。

❸ “How to be the head of a family”, *Traditional Tales of Old Korea.* Compiled by Park Yongjum (Seoul, Hanguk Munhwa, 1974), Volume II, pp. 211–214.

「我們必須有一個正式的程序推我為一家之主。」小孩說：「可是你們都把我當作小孩子，我怎麼能成為一家之主呢？」

「好，我們就讓你做。」他的家人說。

「也許是我吧。其他人都不行。」

「那麼你認為誰才是一家之主呢？」

「他也沒有資格。」

「我們要做些什麼呢？告訴我們怎麼做。」

「你們一定要從頭到尾都正正式式的。因為我就要管你們每一個人，並且主持這個家，所以需要有一項儀式宣佈這件事，讓每一個人都知——不僅是我們全家，也是整個村子。」

因此全家就在院子裡舉行了一項儀式，讓這個孫子成為一家之主。祖父說：「我們太窮了，無法為我們的祖先舉行祭禮。請保佑我們全家。我們決定讓我的孫子代替我成為一家之主。」

於是，穿了新衣服的新一家之主說：「我雖然年輕，但是，作為一家之主，我決定為我們家做些特別的事。希望上天保佑我們全家。」

舉行儀式以後，全家站在院子裡聽新的一家之主宣佈新規則。

「第一，我們的一日三餐一定要在正常時間吃。在吃飯時間不到的人就不能再吃那一餐。第二，任何人出門一定要帶一點東西回來——無論是什麼東西。第三，每人在入睡之前要想一想，自己為這個家做了多少事。」

典禮就在要求全家遵守三個規則的說話之後結束。家裡每一個人剛聽到這規則時，都認為很容易遵守，但實行時才知道不容易做到。有些人有時候就是吃不到飯。等到大家養成習慣以後，祇要婦女們把菜和飯拿上飯桌，他們立刻就吃。準備三餐和清洗碗碟是整天忙碌的事。

有時，祖父回家後說：「我忘了帶東西。」於是又出去拿點東西回來，甚至祇是一根稻草。時常進進出出的孩子們，帶回來的是一些沙土、小石塊之類的東西。

最後，他們決定最好帶回一些有用之物。他們有一個肥料堆，因此祖父就拾取狗糞等作為晚上施肥之用。孩子們收集小石塊來填塞被大雨沖壞的牆壁。大人們聚集大石頭，在崩坍處建造護壁。每個人都能為他們的家有所貢獻，即使它看起來是那樣微不足道。

整整一年就這樣過去了。他們回想一年來所做的種種，決定再讓這個孫子作為一家之主，他已經是十一歲了。那孩子也願意繼續再做，並不增加什麼新規章。

家中每樣事情都順順利利地又過了一年。這時，這個孩子說：「爸爸，我要你做一家之主，因為祖父太老了。我相信，在過去兩年裏我們所做的一切中，你已經學了很多管理的方法。」

這個故事所要表現的意思很明白。故事中的三代同堂之家，不像是一脈單傳的三代同堂。既然是「小孩子的人數比成人少得多」，它顯然是祖父健在而兄弟等婚後並未分居的大家庭。在一個人口眾多的大家庭裡，如果各人的生活習慣不同，作息時間不一樣，三餐要為各人特別準備，則浪費之處定多，因此以三餐準時開飯、過時不候不補的規章，使全家的生活步調一致，避免不必要的浪費，這是可以理解的。

其次，要每人回家時，無論什麼東西帶一點回家，是喚起每個人對團體的責任感。至於要每人在入睡之前想一想自己為這個家做了多少事，乃是使那份責任感持久不衰的方法。

可是，故事雖然有意義，卻缺少了趣味。最後那個孩子對他父親說話的口氣，在韓國社會裡更是難以想像的事。這個故事之得以保存和流傳，大概是它的重點在以前大家庭時代還具有意義的緣故。

三　金子和石牆

在中國的吉林省延邊朝鮮族自治州，有一則「金子和石牆」的民間故事❹，大要如下：

從前，有個山溝裡住著一個農夫。家裡有三個兒子，整年過著窮苦的生活。有一天，這個勤勞善良的農夫，領著三個兒子下田幹完活回來，走到向陽坡上的地頭，停下了腳步，叫住三個兒子：

「孩子們，你們看這塊地多好哇，向陽、土質好，就是石頭多點。這不要緊，只要我們不偷懶，手腳勤，勁往一處使，也就好辦了，你們說呢？」

三個兒子二話不說，滿口同意了父親的意見，並且暗自下了決心，要把地裡的石頭全部搬出來。於是搬石頭的艱苦勞動便開始了。勤勞的兒子們，每天一收工，就跟著父親，到這塊地裡揀石頭，再將石頭一塊一塊地抱回來，在自家周圍壘起石牆。

❹ 在《朝鮮族民間故事選》（上海，上海文藝出版社，一九八二），第一一八～一二一頁。

日復一日，年復一年，不覺過了三個春秋，石頭終於搬得差不多了，石牆也壘得差不多了。正在這當兒，發現地中間有塊磨盤那麼大的石頭，幾個人又推又扛，費了九牛二虎之力，才把它抬回到牆角下放停當。

這位農夫房子後頭，有一個貪財無度的財主。他住的是富麗堂皇的房舍，過著豪華奢侈的生活，但還不滿足。農夫的石牆，就給這個財主看中了。有一天早晨，他往外一看，在陽光映照下，那堵石牆散射著黃澄澄的光彩。他不禁大吃一驚，邁過門檻，定神直視著石牆。噢，原來這不是石牆，是一堆金子呀！他貪婪地咽了咽唾沫，心裡撥著算盤。撥來撥去，他忽地往大腿上一拍，站起身來，就找農夫去了。

「農夫，我找你，有事。咱倆本是鄰居，我看到你們父子過得夠苦，心裡怪可憐。我自己過得好，不關照點鄰居，這怎麼行啊！喂，咱倆換房子好不好？我還給你添上種一斗穀的地，一挂牛車。」

聽到財主假惺惺的話，開始，農夫不同意，也沒有心思換財主的房子住。但一來財主纏住不放，弄得不可開交；二來當著財主的面，一口拒絕，怕往後大禍臨頭，也就祇好答應了。農夫說：「大人這樣發善心，小人沒有可說的了。雖然我這個房子是祖祖輩輩傳下來的，如今要搬，怪心疼的，但大人已經提出來了，還是聽大人的吧。不過，小人也有一個要求……」

「什麼要求？」

「我那塊地是我們父子辛辛苦苦幹了三年，才開出來的。我想從搬來的石頭裡拿去一塊大的留著，將來好給子孫們講講來歷。」

「是嗎？」財主翻眼一想，覺得整個石牆都變成了金子，拿去一塊，自己也不會吃虧，於是就同意了。

就這樣，財主的瓦房和農夫的茅屋調換了。財主恪守自己的諾言，牛車也給了，地也給了，房子也倒出來了。農夫也根據自己的要求，從牆角下拿去了那塊磨盤大的石頭。

可是沒有想到，這樣一換，那堵金光耀眼的石牆頓然失色。怎麼回事呢？原來，石牆還是石牆，只是那塊磨盤大的巨石是塊金子，它散射著的金光，照得石牆一片黃澄澄。據說，從這以後，那個貪得無厭的財主氣積成疾，臥炕不起。而那善良的父子住好房，年年五穀豐登，安居樂業。

在這個故事裡，農夫帶回家的石頭中有一塊是金石而引起財主垂涎，最後以換屋結束，但金石又在大家不知真相的情況下仍歸農夫所有。這樣的情節和上述「一石致富」一樣，祇是沒有套在「幼童治家」的架子上。可是，在細微末節方面，這個故事比「一石致富」處理得仔細。例如：這個故事裡的金石是在朝陽的照射下閃閃發光，就比「一石致富」中在月光照射下「像金子般的發光」合理。

其次，在「一石致富」裡，每人每天搬一塊石頭回家的原因始終沒有說明，石頭搬回家以後也祇是堆在院子裡，而且，自己常年耕種的田裡哪會有那麼多的石頭。在這個故事裡，這些就交代得很明白：農夫這一家是要利用工餘的時間開墾一塊多石的山坡地，所以每天從田裡幹完活回來就每人帶一塊山坡地的石頭回家。為什麼要辛辛苦苦地把石頭拿回家而不就近堆積或拋棄呢？因為要利用它砌牆。所以那塊金石就被扛到了農夫家裡。

四　結論

中國吉林省延邊朝鮮族自治州和韓國的北疆衹是一水之隔，那裡的朝鮮族居民有一百多萬❺，是十九世紀中期開始，從韓國本土大批移去的。在那裡，朝鮮族居民一直使用韓國的語文和保存著朝鮮半島上傳統的風俗習慣。

「金子和石牆」這則故事，是延邊朝鮮族自治州的一位朝鮮族居民在一九六二年講述的。由於和韓國本土流傳的「一石致富」有著相同的主要情節，「金子和石牆」應當是早年隨著韓國移民一同進入延邊地區的一則民間故事。從故事裡帶回石塊的動機和用途等說明看，「一石致富」交代不清，顯然有所殘缺，而這些殘缺都能在「金子和石牆」裡獲得解答。所以，「金子和石牆」不僅是源自韓國本土，並且還應當是「一石致富」中主要情節的早期面貌。

此外，「如何做一家之主」的故事重點，乃是說明一家之主要能避免浪費和使家中成員對家有責任感，而無關乎其年齡的大小，因此故事使用了「幼童治家」的架構。這個架構，在開頭幼童自稱衹有他才夠資格成為一家之主時，氣勢很好，暗示了故事將有精彩的展開。結果雖然說明了中心意義，但情節平坦，缺少變化和趣味，和開始時給人的感覺不能相襯。「一石致富」也採用幼童治家的架構，然而從「金子和石牆」的故事看，這個架構對它並不是必要的。

---

❺ 中國朝鮮族分布於吉林、黑龍江、遼寧等省，吉林省延邊朝鮮族自治州是主要聚居區，據一九八一年出版的資料，總人口約有一百六十多萬。

綜合以上的種種情形來說，「一石致富」顯然是「如何做一家之主」與「金子和石牆」兩個故事的合成品。它採用了「如何做一家之主」中幼童治家的架構，取其開始時的一鳴驚人，然後以「金子和石牆」的內容注入這個架構，取其富有趣味和到最後才說明究竟的情節，使整個故事兼有了兩者之長。美中不足的是，它在輾轉敘述的過程中，有了細微但很重要的疏漏。(一九八六年八月二十七日)

——原載於《木鐸》第十二輯

【後記】

㈠在一九八三年上海文藝出版社出版的《朝鮮族民間故事講述家金德順故事集》裡，有一則「金子變石頭」的故事(第三四六～三四九頁)，大意是：一個農夫領著三個兒子開荒，把荒地裡的石塊扛回家去砌牆。住在農夫後院的是一個富人，有一夜，他夢見農夫的石頭都變成了金子；天亮後，看見陽光照射下的那些石塊金光閃閃，整堵牆成了金牆，於是要用他的瓦房換農夫的草房。雙方交換以後，富人把石塊當金子拿到集上去賣，被人奚落了一頓，原來，那堵金牆祇是早上金黃的陽光照在石上使他產生的幻覺，因此就氣死了。這個故事的主要情節和前引「金子和石牆」相同，應當出自一源，但整堵石牆祇是因為晨光的照射而使富人幻覺為一堵金牆，不如整堵牆的金光來自一塊大金石而金石仍為農夫搬走的結局有趣，也更顯出富人的心勞日拙。

㈡前述延邊朝鮮族自治州流傳的「金子和石牆」故事，原始記錄人為何鳴雁女士，記錄時間在一九六二年。何女士是漢族，精通朝鮮語，在一九七四年曾再訪講述人，核對故事內容，前後所說，無所差異。

第四輯

談孝

——就所知民間故事印證其演進，並論AT980、980A和980B三型故事之分類

一

「孝」是子女感念父母養育之恩的報答行為，基本上有兩個層次：一是供給父母在生活上的物質所需，一是在供給物質所需外也有精神上的照顧。從儒家觀點看，子女對父母衹是提供物質以應生活所需是稱不上「孝」的，「孝」必須是物質和精神並兼的供養，而精神更重於物質，所以貧苦之家也有孝子。孔子在這方面的名言是「今之孝者，是謂能養。至於犬馬，皆能有養，不敬何以別乎？」❶孔子所謂的敬，就是一種精神上的照顧。

但是，「孝」並不是人類的天性，對它的認知與實踐需要教導和學習，而人類從不知孝養到知所孝養也有其演進的過程。依情理推測，在人類生活的發展過程中，早先必然有一段時期是生產工具不良，生產方法不善，以致生產力不高而不容易穩定地維持個人的溫飽。在這樣的環境中，年老體衰已無謀生

❶《論語・為政》。

能力者必然是家庭其他成員的長期負擔，於是有幾種情況會出現：一是年老體弱者被遺棄，他們會因食物不足而很快死亡；一是年老體弱者在爭奪數量有限的食物時力量不足而被殺；一是年老體弱者基於對子女的愛護而出走餓死以協助其子女渡過糧食不足之困境。這些情形，在不同層次的意義上，都是一種「棄老」的行為。這種行為普遍地不斷重複，便相沿成為一項習俗。

然而，到了人類的生產力有所提高、食物供應漸漸不成問題、生活條件也有所改善後，那麼無論是「老人自己出走」或是生產成員主動「棄老」都一定會停止，因為促成那種行為的因素已經消失。一旦基本的物質供養不成問題，進而講求供養之道便也是順理必然之事了。

這些推測，在人類學的調查上是可以有所印證的❷，在口耳相傳下來的一些民間故事裡也是可以有

❷ 劉守華〈從棄老到敬老〉：「普列漢諾夫於一九〇〇年前後寫成的《沒有地址的信》第二封信〈原始民族的藝術〉中，……對澳洲、非洲原始民族中間「頗為流行」的這種「遺棄或殺死老人」的現象作出了科學的解釋，說「原始人殺死老人，猶如殺死孩子一樣，……是由於野蠻人不得不為自己生存而奮鬥的那些條件」。由於當時食物缺乏，生存條件惡劣，「殺死非生產的成員對社會來說是一種合乎道德的責任」。……本世紀三十年代問世的一部民族學著作，英國喬治・彼得・穆達克所著《我們當代的原始民族》中也介紹，在大洋洲塔斯馬尼亞島上生活的塔斯馬尼亞人，「游蕩生活的艱苦使對殘廢者的照顧成為不可能。因此上了年紀的人，當他們衰弱以後，同伴們就祇留下一點食物而把他們扔下來等死」。見其《民間故事的比較研究》（北京，中國民間文藝出版社，一九八六），第七二頁。文中所引普列漢諾夫所述見其《論藝術（沒有地址的信）》漢譯本（三聯書店，一九七三），第八五～八六頁；穆達克所述見其《我們當代的原始民族》漢譯本（四川民族研究所，一九八〇），第一三頁。

所印證的，而且印證的層面可以更廣些，因為民間故事的形成有其社會背景，不同的背景下有不同的故事，而這種背景常常可以經由故事反映出來。

二

在北魏僧人所譯的《雜寶藏經》中，釋迦牟尼佛說了兩則與「棄老」有關的故事，其一如下：

過去久遠，有國名棄老。彼國土中，有老人者，皆遠驅棄。有一大臣，其父年老，依如國法，應在驅遣。大臣孝順，心所不忍，乃深掘地，作一密屋，置父著（其）中，隨時孝養。爾時天神，捉持二蛇，著王殿上，而作是言：「若別雌雄，汝國得安。若不別者，汝身及國，七日之後，悉當覆滅。」王聞是已，心懷懊惱，即與群臣參議斯事，各自陳謝，稱不能別。即募國界，誰能別者，厚加爵賞。大臣歸家，往問其父。父答子言：「此事易別。以細軟物，停蛇著（其）上，其躁擾者，當知是雄；住不動者，當知是雌。」即如其言，果別雄雌。

接著天神又相繼出了一些難題，如怎樣得知大白象重幾斤（置象船中，看船吃水多深，然後改置石塊至相同的吃水線，稱石即知象重），怎樣知道檀木棍的那一端是樹根部分（置棍水上，樹根部分因重而比較深入水中）等，都由藏身地室的老人一一指示方法。於是國王尊老人為師，並且廢止了「棄老」的法令❸。

---

❸《雜寶藏經・卷一・棄老國緣》。

釋迦牟尼說的另一則「棄老」故事是：

往昔波羅㮈國，有一貧人，唯生一子，然此一子，多有兒息。其家貧窮，時世飢儉，以其父母生埋地中，養活兒子。鄰比問言：「汝父母為何所在？」答言：「我父母年老，會當至死，我便埋之，以父母食分，欲養兒子，使得長大。」第二家聞，謂此是理。如此展轉，遍波羅㮈國即以為法。復有一長者，亦生一子，此子聞之，以為非是，即作是念：「當作何方便，卻此非法？」

長者之子想的方法是建議長者出門求學，充實知識，然後在長者年老該被棄埋時，在地下築室藏匿。這時有天神相助，出了四個問題考國王：「何物是第一財？何物最為樂？何物味中勝？何物壽最長？」如果不能解答，要取國王性命。國王懸賞徵求解答，長者之子奉長者之教而答曰：「信為第一財，正法為最樂，實語第一味，智慧命第一。」於是天神滿意，國王歡喜，長者之子乃力陳父母恩重，請廢惡法。國王可其請，下令國中，凡不孝父母者重治其罪❹。

當然，釋迦牟尼所說的棄老國未必真有那麼一個國家，但故事之設想不可能完全脫出人類的經驗，它必然有所假借。所以，故事雖然不真，但其背景構想已可反映出在人類歷史上大概是有一段任老人自生自滅時期的。而整個故事所顯示的，則是人們生活條件已有所改善而開始自覺「棄老」之不當，以及老人之可貴在其累積之學識及經驗，不可以體力之盛衰去衡量。

❹《雜寶藏經・卷二・波羅㮈國有一長者子共天神感王行孝緣》。

這樣的故事在阿爾奈——湯普遜(Aarne——Thompson) AT 分類中的類型號碼是 981，類型的名稱是「躲藏的老人智救王國」(Wisdom of Hidden Old Man Saves Kingdom)。這一型的故事起源甚早，流傳的地區也很廣，歐亞各地這一型故事的種種說法超過了三百種❺。一九八〇年在湖北省山城十堰市採錄到的一則這一型故事〈鬥鼠記〉還有實物附會。〈鬥鼠記〉的大要如下：

十堰市這個地方，古時某王公曾訂下法規，滿了六十歲的人要送進山上的「自死窑」自生自滅，因為「老人無用」。有一年，外國的黃毛子送來一隻有黃牛那麼大的「犀鼠」，要求鬥鼠，如果不能贏，要向他們稱臣納貢，否則就發兵來打。犀鼠十分兇猛，老虎也被鬥敗，王公十分著急。那時有個小伙子楊三，父親被送進了「自死窑」，他每天偷偷地送飯去給他父親吃，有一次談到了鬥鼠的事，他父親告訴他：「找十隻十多斤重的大貓關在一個大籠子裡，不餵食，貓子餓極了就會你咬我，我啃你，啃剩下最後一隻就是好樣的。你就好好餵養著，鬥鼠前三天停食。」楊三照著他父親的話去做，果然鬥敗犀鼠。王公要獎賞楊三，楊三說出真相，王公因此認識到「老人是個寶」，就廢除了送老人進「自死窑」的習俗。❻

❺ Stith Thompson, *The Types of the Folktale* (Helsinki, Academia Scientiarum Fennica, 1973), p.345.

❻ 全廷秀口述，一楠搜集整理。見十堰市民間文學三大集成編輯委員會編《十堰市民間故事集》(一九八七)，第一八三～一八六頁。

這個故事的特別之處是有實物附會，在故事流傳地區的山上有一岩洞，當地人說這就是古時的「自死窑」❼。這使故事有了極強的傳說意味，加強了它對人類發展史上曾有棄老習俗的反映功能。

同型的日本〈棄老山〉故事也有其特色，故事的大概如下：

古代有個風俗，人活到六十歲，就要被扔下山澗。說是上了年紀，什麼也不能幹了。有一個村裡，有個百姓，他的父親滿了六十歲，他祇好背上父親向山中走去。馱在兒子背上的父親，一路上特意折斷路旁的樹枝作為標記。兒子說：「爸爸，您這樣做，難道還想回家去嗎？」父親說：「不是。我是為了使你回去不迷路！」兒子聽了大為感動，又把父親背回家裡，偷偷藏在套廊下供養。

接著便是村民或國家遇到了難題，最後這些難題都由這位老人教他的兒子如何解決，使王爺認識到了老人的價值而廢止了棄老的惡俗❽。

與同型的其他故事相較，這個故事的特點是也表現了老人雖被棄而仍無怨地為子女著想的慈愛之心。這種出於天性的慈愛之心，或可稍稍印證在人類生產力不足時期老人為了子女而可能會有的「自棄」。

❼ 龍光華〈山鄉更多風土情——「十堰市民間故事集」序〉，在《十堰市民間故事集》第二頁（參見❻）。劉守華〈中國的「鬥鼠記」與日本的「棄老山」一文的註二，在其《民間故事的比較研究》第六九頁（參見❷）。

❽ （日）關敬吾編、金道權等譯《日本民間故事選》（北京，中國民間文藝出版社，一九八二），第四一三～四一四頁。

三

《雜寶藏經》中還有一則不能善待老父的故事，也是釋迦牟尼說的，大要如下：

從前，波羅㮈國有一個很不好的法規，父親年到六十，就給他一條舊毯子去看守門戶。那時有兄弟兩人，父親年滿六十了，哥哥就對弟弟說：「你去給爸爸一條舊毯子，讓他去看門。」家裡祇有一條舊毯子，弟弟就把它剪成兩半，把一半給了爸爸。哥哥問道：「為什麼祇給一半？」弟弟說：「家裡祇剩這一條舊毯子，全給了爸爸，將來別人要用就沒有了！」哥哥問他，將來誰還要用。弟弟說：「你老了以後，你兒子也會要你去看門的呀！」哥哥聽了大吃一驚，愣住了。於是兄弟兩人一起去見宰相，說明人皆會老，應該善待。宰相甚以為是，轉稟國王。國王也認為有理，就下令廢除惡法，要國人孝養父母。❾

在一九八〇年出版的《加德滿都故事集》中，有一則同類的民間故事，大意是：

從前有一個人，讓他的老父在田裡吃力地工作，自己卻躺著休息。為了確定老人沒有偷懶，他在老父頸上繫了一個小鈴，祇要鈴聲在響，他便知道父親確實在工作。有一天，鈴聲忽然不響了，

❾《雜寶藏經・卷二・波羅㮈國弟微諫兄遂徹丞相勸王教化天下緣》。

他趕過去一看，原來是他的小兒子把鈴鐺從祖父頸上解了下來。這人很生氣地責問孩子，為什麼把小鈴解下來？孩子回答說：「如果祖父整天在頸上繫著這個鈴鐺，鈴鐺會很快壞掉，那麼將來我拿什麼東西給你掛呢？」於是那人悚然驚悟，從此不再讓他父親下田工作了。❿

這一型故事的型號是980A，類型名稱是「半條毯子禦寒」(The Half-Carpet)，迄今仍在亞洲、歐洲和南美流傳，有十八種以上的不同說法⓫。故事所反映的是，人類在生活條件有所改善可以不必棄老後，起初並未善待老人，這也許祇是因為老人已沒有實際生產能力而不受重視，也許是受初脫困境時「既能活下來便得工作」的觀念影響。後來察覺那是對兒輩的不良示範，會使自己也受此待遇，乃思有所改進。

四

中國民間有一則三代婆媳的故事，大略如下：

有位中年婦女，對她年老的婆婆很不好，給老婆婆吃的是剩飯剩菜，用的那隻碗也既破又髒。她的年輕媳婦看不過去，勸說無效，就私下對老婆婆說，下次把那隻既破又髒的碗盛飯菜給她時，故意不要接住，讓它跌碎。老婆婆依言把碗跌碎後，她的中年媳婦大怒，正要責罵，年輕的孫媳

---

❿ Karna Sakya, *Tales of Kathmandu* (Kathmandu, House of Kathmandu, n.d.), p. 189.

⓫ 同❺，第三四四頁。

婦卻搶先氣呼呼地說話，表示她將來不能拿那隻碗給自己的婆婆用了。中年婦女一聽，默不出聲，從此便善待老婆婆了。⓬

這樣的故事，型號是980B，類型名稱是「劣器惡食養老父」(Wooden Drin king Cup for Old Man)，在東歐、南歐和印度等地也見流傳，故事中的角色或是祖孫三代，食具則是粗劣的木杯或木碗⓭。

這一型故事所反映的情況，顯然已經不是養不養的問題，也不是老年人是因為有得吃便也必須工作的問題；故事背景所透露的是人類發展又進了一步的階段，老年人坐享供養是當然之事，問題是如何心甘情願地好好供養了。講求如何供養，便是精神層面照顧的開始，也從此進入儒家所謂的孝道，奉養雙親便也從道德責任進而為生活藝術。中國、韓國和日本的大量孝子故事，都是人們講求如何孝敬父母以後才產生的。

五

還有一種在中國、韓國、日本和尼泊爾等地都流傳很廣的故事，大意是說：一人要拋棄他年老的父親或母親，叫他兒子和他一起用竹筐把老人抬上山去。棄置老人後，那人的兒子就收拾繩索和竹筐準備帶回去，那人告訴兒子不用把那些東西拿回家了，可是兒子回答說：那些東西帶回去是預備將來抬他來

⓬ 丁乃通《中國民間故事類型索引》(北京，中國民間文藝出版社，一九八六)，第三一九頁。

⓭ 同❺，第三四五頁。

這裡用的。這人一聽，頓有所悟，便和兒子又把老人抬回家去奉養了⓮。

這樣的故事，雖然也是「棄老」，但不能像981型故事（躲藏的老人智救王國）那樣反映或印證上古的「棄老」習俗，因為這人有所覺悟後，把老父或老母帶回家中似乎就一切解決了。如果「棄老」是大家遵行的習俗，那麼故事裡沒有顯示他違反習俗而受到的社會壓力以及這壓力如何得以解除。它也未能像980A（半條毯子禦寒）或980B（劣器惡食養老父）故事那樣反映「人類雖然不棄老但也沒有善養老人」或「應該孝養老人」的階段，因為故事一開始就是要拋棄老人，不是要善待或要孝養的問題。

在AT分類裡，還有一型980號的故事，類型的名稱是「不知感恩的兒子被他自己兒子的直率行動所譴責——留待老年」(Ungrateful Son Reproved by Naive Actions of Own Son: Preparing for Old Age)，但區分不當，以致和980A（半條毯子禦寒）故事混淆不清。在980號故事的標題下，沒有內容說明，祇寫了J121。案：J121是情節單元(motif)的編號，這個編號的情節單元就是「半條毯子禦寒」⓯。可是980A故事也是「半條毯子禦寒」，並且在內容大要之後也標明了情節單元的編號J121，所以980即980A，兩者之間便沒有了區別⓰。其實，就980號故事的類型名稱看，應該就是上述那則「逆子棄父，因為自

⓮ ⑴In-Hak Choi, *A Type Index of Korean Folktales* (Seoul, Myong Ji University Publishing, 1978), p. 292. ⑵Hiroko Ikeda, *A Type and Motif Index of Japanese Folk-Literature* (Helsinki, Academia Scientiarum Fennica, 1971), pp. 218–219. ⑶同❿，第一八七～一八九頁。⑷同⓬，第三一九頁。

⓯ Stith Thompson, *Motif-Index of Folk-Literature* (Bloomington, Indiana University Press, 1975), Vol. 4, p. 19.

⓰ 同❺，第三四四頁。

己兒子要學樣而驚悟」的故事，毛病出在誤標情節單元J121為其內容。可是，在湯普遜的《民間文學情節單元索引》裡卻沒有相當於980號故事的情節單元⓱，若是增列，編號應當是J 121.1.1.。(J 121.1.是相當於980B的情節單元)。980、980A、980B三者的構成模式都是「父親因兒子要學他對祖父的不當行為來對他而驚悟」，其間的區分在980故事是逆子惡意棄親，980A是兒子役使老父，980B是不孝子不好好供養雙親。茲為釐清三者之區分，重擬其類型名稱並附其相應之情節單元編號如下：

980　逆子棄親，因自己兒子要學樣而驚悟〔J121.1.1〕

980A　兒子奴役老父，半條毯子禦嚴寒〔J121〕

980B　不孝子破碗剩菜待雙親〔J121.1〕

六

由於AT分類對980號故事的處理有疏失，以致使用AT分類的各家都祇用980A而不列980，於是又造成了980A和980B二者的混亂。

如丁乃通先生的《中國民間故事類型索引》中沒有980，也沒有980B，祇有980A。980A的內容說明如下：

⓱ 見⓯。

一位中年婦女給她婆婆一個又髒又破的碗吃飯。她自己的年輕媳婦抗議無效。(a)於是這位青年媳婦請她好好保管這個碗。「這樣將來我可以用它給你盛飯呀」。(b)年輕媳婦叫老婦人打破這個碗，然後表示大怒，因為她將來不能拿它給自己的婆婆用了。這位中年婦女明白了這個暗示，就對老婦人好些了。或(c)父親帶著爺爺乘馬車到野外，把他拋棄在那裡，兒子請求父親保管好馬車，以便他有朝一日也可這樣做。[18]

顯然，這個說明中(a)和(b)都是屬於980B的故事，(c)則是屬於980的。

又如池田弘子女士的《日本民間文學類型及情節單元索引》中也沒有980號，其980A的內容說明如下：

(一)棄老。(1)古時習俗，人一到六十歲就要被棄置山中。(2)逆子棄老。(3)惡媳堅持棄老。

(二)老父或老母又被帶回家中。(1)老父或老母在被棄途中折斷路旁的一些樹枝，或是丟下一些小石細草之類的東西作為標記，以免兒子回程時迷路。老父常常寫詩敘述他曾經做了些什麼。兒子受感動，又把老父帶回家去。(2)孫子跟去山中，要離開時，小孫要求保有抬祖父進山的籃筐，他父親問他為什麼？孩子說：「等你老了我還要用它！」於是這人把老父又帶回家去。

(三)結局。(1)棄老習俗被廢除。(2)媳婦悔過。(3)故事續接類型981號（躲藏的老人智救王國）。[19]

---

[18] 同[12]，第三一九頁。

案：說明中(1)的敘述似乎不完整，如果「棄老」是以古代的一個習俗出現在故事中，那麼兒子被老父老母慈愛之心感動而又把父母帶回家中是無法導致此一習俗被廢除的，若是下接 981 號故事的老人智救王國，那麼是 981 號故事中增多一個老父老母表現慈愛子女的情節，並不是 980A 下接 981，因為 981 號故事可以無此情節，而它若不接 981 便不成為完整故事。至於(2)，故事在第二部分就完成了，那是應當屬於 980 號的。第三種的「惡媳棄老」似可與「逆子棄老」合一，也是屬於 980 號的。

又，書中 980B 的故事是逆子惡媳棄婆婆，婆婆被棄後得神仙之助，過著富裕生活，後來兒子媳婦的經濟情形惡化，媳婦也想像婆婆一樣得到神仙幫助，結果被燒死或變成老鼠。這樣的故事實非 AT 980B 之類型，似宜另立一號，以免混淆。

此外，韓國崔仁鶴先生的《韓國民間故事類型索引》中第 662 號類型是「逆子棄老於深山」，內容的說明如下：

(一)棄老習俗。(1)一人以布袋背著他年過六十的父親去山中棄置，他的兒子跟著同去。(2)當他要回家時，他的兒子去揀起了布袋。(3)那人對兒子說，布袋可以扔掉了。他的兒子回答道：「等你老了我要用它來背你呀！」

(二)那人聽了兒子所說，深為所動，便又把老父背回家中。[20]

---

[19] 同[14](2)。

[20] 同[14](2)，第二九二～二九三頁。

如前所說，「棄老」在這個故事中若是一項習俗，則這個故事尚未完成，因為還沒有解決回去後面對習俗的社會壓力。若說這樣就已經完成了，則是相當於 AT 980 號的類型，但書中以之相當於 AT 981 號（躲藏的老人智救王國）類型，則誤差就比較大了。（一九九六年三月二日）

——傳統文化與現代社會學術研討會（高雄，一九九六年四月六～七日）論文

對湯普遜《民間文學情節單元索引》中歸類排列的幾點商榷

一

從十九世紀德國格林兄弟在公元一八一二～一八一四年發表《格林童話集》開始，民間文學在科學化的採集基礎上，漸漸成了一門獨立的學科，世界各國的民間故事資料也不斷地大量增加，而對這些數量日益眾多的資料進行類型區分以便檢索和研究，也成為許多民間文學工作者所致力的工作，在二十世紀中葉，還舉行了不少國際會議討論此一問題。

目前，在各種民間故事的類型分類中，最具國際性的是由芬蘭學者阿爾奈 (Antti Aarne, 1867–1925) 初創而經美國學者湯普遜 (Stith Thompson, 1885–19?) 擴充增訂的 AT 分類法❶。湯普遜在公元一九二六～一九二七年擴充增訂阿爾奈的故事類型分類之後，覺得僅是故事的類型還不能滿足研究人員的需求，認為應該把整個故事的情節加以細分為各個小單元，這些情節單元 (Motif) 將更有助於研究人員對資料的

❶ Stith Thompson, *The Types of the Folktale* (FF Communications No. 184), Second Revision. Helsinki: Academia Scientiarum Fennica, 1961.

檢索和研究❷。經過多年努力，他終於在公元一九三二～一九三六年間完成了《民間文學情節單元索引》一書，後來他又對這書作了大規模的增訂，共計六冊❸。

湯普遜的《民間文學情節單元索引》一書收錄範圍極廣：在文學形式方面，除民間故事外，也包括了神話、傳說、寓言、笑話、敘事歌謠等記錄；在流傳地區方面，涵蓋了亞洲、歐洲、南北美洲、大洋洲、非洲各國的材料；在採集時間方面，則是古今作品兼容並取。因此，這書不僅是最早將民間文學情節單元較全面地細加分類的著作，也因其內涵具備國際性而為各國致力情節單元分類者所依用。

湯普遜將情節單元分為二十三個大類，每大類以A、B、C、D等字母表示（未用之三字母為I、O、Y）。大類之中，各分若干次大類，次大類下又分支類，支類之下再列細目；各類各目之情節單元都有一個號碼，號碼採用有小數點的方式，以利有新的情節單元時在適當之處插入。湯普遜所分之二十三大類的內容及秩序如下：

---

❷ Motif一詞，有人譯作「母題」，似乎有音義兼顧之妙，但實際並未譯明其意義，因為「motif」所指是一則故事中不能再加分析的最簡單情節，譯作「母題」使人誤會其中還有較小的「子題」。有人把「motif」譯作「子題」，意在表明其為最基本的情節。但是譯作「子題」會使人想到其上還有較大的「母題」，而一則故事固然可以由幾個「motif」組成，也可以祇有一個「mofit」，所以仍不妥當。今就實際所指，稱作「情節單元」。

❸ Stith Thompson, *Motif-Index of Folk-Literature*. Revised and enlarged edition. Bloomington: Indiana University Press, 1955, 6 Vols.

A0–2899. 神話、諸物起源 (Mythological Motifs)

B0–899. 動物 (Animals)

C0–999. 禁忌 (Tabu)

D0–2199. 變化、法術、法寶 (Magic)

E0–799. 鬼、亡魂 (The Dead)

F0–1099. 奇人、奇事、奇地、奇物 (Marvels)

G0–699. 妖魔精怪 (Ogres)

H0–1599. 考驗、檢定 (Tests)

J0–2799. 聰明人、傻瓜 (The Wise and the Foolish)

K0–2399. 機智、欺騙 (Deceptions)

L0–499. 天命無常、事有意外 (Reversal of Fortune)

M0–499. 預言未來 (Ordaining the Future)

N0–899. 好運、壞運 (Chance and Fate)

P0–799. 社會 (Society)

Q0–599. 獎勵、懲罰 (Rewards and Punishments)

R0–399. 捕捉、拯救、逃亡 (Captives and Fugitives)

S0–499. 乖戾、殘忍 (Unusual Cruelty)

T0–699.　婚姻、生育 (Sex)

U0–299.　生活的本質 (The Nature of Life)

V0–599.　宗教 (Religion)

W0–299.　個性的特點 (Traits of Character)

X0–1899.　風趣、詼諧 (Humor)

Z0–599.　其他 (Miscellaneous Groups of Motifs)

二

茲因分析六朝志怪小說之情節單元，取用湯普遜之分類編號，見有可斟酌商榷者數點，適臺北漢學研究中心舉行「民間文學國際研討會」，藉以提出，俾就正於方家：

㈠歸類不妥者：

⑴ F 681.為「飛毛腿」，其下 F 681.1.–F 681.9. 皆為各種不同方式之捷行者，而 F 681.10. 則為鋤田快手，F 681.11. 為刈草快手，接著的 F 681.12. 和 F 681.13. 又都是不同方式的捷行者，以「鋤田快手」和「刈草快手」置於 F 681.「飛毛腿」一類之中，顯然未妥。似宜歸入 F 699.「其他異能」項下，給予 F 699.2. 及 F 699.3. 新號。

(2) T 549.號是未立專類的各種生育 (Miscelleneous birth)，其下之T549.1. 為「植物因婦女之祈禱而復活」(Vegetable comes to life at woman's prayer)，然「復活」與「生育」非同類，不應列於「生育」項下。動植物之死後復活在「E」部 0–199 號，其中 E 63 號為「祈禱使復活」，則此「植物因婦女之祈禱而復活」當在 E 63 號之下設號。又，T 549.2. 為「棗莢變成孩童」，然「變化」與「生育」也非同類，此條也不應列於「生育」項下。人、獸、物三者間相互之變化屬「D」部，當於 D 431.「植物變人」項下給予號碼。

㈡排列不妥者

(1) E 15為「器官或四肢特異之動物」，其下自 B 15.1. 至 15.6. 六號分屬「頭」、「嘴」、「角」、「眼」、「鼻」、「腳」六項，B 15.7. 為「其他」類。「其他」類中又列十六支目如下：

B15.7. 其他

B15.7.1. 經年不睡之地獄守門犬，蛇尾，有三個頭。

B15.7.2. 三腿驢

B15.7.3. 金頭銀翅鳥

B15.7.4. 八叉尾之狐

B15.7.5. 人身馬頭獨腿食人獸

B15.7.6. 三尾龜

B15.7.7.　九尾豹

B15.7.7.1.　九尾狐

若依 B15.1.–B15.6. 之依器官或肢體為聚集有關情節單元之標準，則「其他」類中亦宜準之而行，然以「尾」特異於常態之狐、龜、豹並未排列一處。

(2) F 531 為「巨人」類。其下 F 531.1. 為「巨人之外表」，F 531.2. 為「巨人之身材」，「身材」項下，首列 F 531.2.1.「特高之巨人」。以理度之，「身材特高之巨人」與「身材特寬之巨人」皆為「巨人身材」下之次一範疇，應予以具有兩個小數點同級編號如 F 531.2.2. 之類。然而「身材特寬之巨人」卻編屬 F 532 號，超越「巨人之身材」，與「巨人」這一總類並列，茲織列於次，以顯其不當：

F 531.　巨人

F 531.1.　巨人之外表

F 531.1.1.　巨人之眼

F 531.1.2.　巨人之頭

F 531.1.3.　巨人之腳

…………　…………

…………　…………

F 531.2.　巨人之身材

F 531.2.1. 身材特高之巨人

…………　…………

…………　…………

F 532. 身材特寬之巨人

㈢失諸瑣碎而無實際意義者

有人批評湯普遜這部書雖然資料豐富，但是不夠簡約，使得研究人員在使用時既有不便之處，又時而感到不能盡如人意❹，過於瑣碎實在是主要原因。茲舉兩例於次，藉窺一斑：

⑴ F 531.2.1. 為「身材特高之巨人」，其下每一種身高皆列一號碼：

F 531.2.1.1. 巨人高十五呎、兩眼間廣三呎

F 531.2.1.2. 巨人高十五呎、足跡長六呎

F 531.2.1.3. 大洪水僅及巨人腳踝

F 531.2.1.4. 巨人身長橫貫全島東西

F 531.2.1.5. 女巨人身高為高個子的兩倍

像這樣一條一條細列，最明顯的缺失有二，一是檢索者必須花費較多時間逐條細看，而這些對

❹ 見劉魁立〈世界各國民間故事類型索引評述〉一文第六節「母題索引」，在《民間文學論壇》創刊號（北京，一九八二），第六三～六四頁。

巨人身高的敘述或形容往往並不具體，不過是極言其高，說不上有什麼意義。二是照這樣細列，則編號將無止盡地膨脹，因為凡是述及巨人身高者可能都要給一新號；以六朝志怪小說中言及巨人身高者為例，《博物志》、《拾遺記》、《搜神後記》、《金樓子》四書中共有材料十二條，無一可適用上引號碼者，合併其身高數字相同者，尚需增添九個新號❺。不如在F531.2.1.「身材特高之巨人」項下不再細分，既便於檢索，也便於容納新材料；若有必要，可分別在其出處之後，以括弧注明其高度，如：

F 531.2.1. 身材特高之巨人

《金樓子》11（長十丈），《拾遺記》4-7（長十丈），《搜神後記》7-4（長五、六丈），7-5（長丈餘），《博物志》1-1（長三丈），3-1（長一丈；長三丈五尺；長五丈四尺，橫九畝；長十丈；長三十丈），3-2（長三丈；長五丈，足跡六尺）。

(2) T586.1. 為「一胎多嬰」，其下則四嬰、六嬰等皆各列一號碼：

T586.1.1. 一胎四嬰

T586.1.1.1. 一胎六嬰

T586.1.2. 一胎七嬰

T586.1.2.1. 國王與王后有七子，都叫曼因。

❺ 材料及出處見後文所引，所據各書版本如下：《博物志》（晉、張華撰），《四部備要》本。《拾遺記》（晉、王嘉撰），《古今逸史》本。《搜神後記》（晉、陶潛撰），汪紹楹校注本。《金樓子》（梁元帝蕭繹撰），《古今小說大觀》本。

T586.1.2.2.　國王有六（七）子，都叫盧蓋。

T586.1.3.　一胎九嬰

T586.1.4.　連續四年一胎五嬰

T586.1.5.　一日產嬰四十

這樣因不同嬰數而各立號碼的缺失，與上舉巨人身材的例子相同，既瑣碎，又會使編號無意義地膨脹。此外，其排列與歸類也有不妥，如「一胎四嬰」為T 586.1.1.，「一胎七嬰」為T 586.1.2.，「一胎九嬰」為T 586.1.3.，都是有兩個小數點的號碼，則「一胎六嬰」的編號應當是與他們同級的，不應是隸屬於「一胎四嬰」之下有三個小數點的次一級號碼T 586.1.1.1.。至於「國王與王后有七子，都叫曼因」，和「國王有六（七）子，都叫盧蓋」兩條，因不是「一胎七子」，祇是「七子同名」❻，歸在「T」部也屬不當；而「七子都叫曼因」和「六或七子都叫盧蓋」各給一號碼，又蹈瑣碎且易膨脹之轍，不如總立一項「諸子同名」，將各條聚集在一個號碼下。

三

在中國的民間故事裡，有許多狐狸精、黃狗精、烏龜精、蜈蚣精之類的故事，大致都有著禽獸成精

❻ 這兩條的原文分別是：King and queen have seven sons, all named Maine和 King has six (seven) sons, all named Lugaid，都是愛爾蘭神話裏的情節。如果神話裏的這七個同名的孩子是一胎所生的，才可放在T 586.1.號之下，但文句中未見此意。

魅後以人的形態在人間作祟的情節，起源甚早。這種情節，在湯普遜這部《民間文學情節單元索引》的分類編號裡，很難歸類定位。若就動物變形為人的「變形」而言，可以列入「D」部的變形類。但是那些故事裡的動物成精而變人是暫時的，並且它們通常在故事開始時就是以人的形態出現，最後才顯出禽獸的本形。讀者看了故事固然知道原來那人是動物變的，可是故事裡敘述的祇是在起初出現的人最後變成動物逃走或死了，那麼究竟是「動物變人」(D 300–D 399) 呢?還是「人變動物」(D 100–D 199)?

從另一方面看，禽獸成精後固然可以變形為人，但這不是常態，它的本質還是禽獸。由於這類故事為數不少，為了更確切地表示情節單元的性質，並便利檢索，似乎宜在「B」(動物) 部中現有編號之後，於 B 800 以下，專設「動物精魅」一類，以全面統攝這一類的情節單元。(一九八九年五月四日)

——民間文學國際研討會（臺北，一九八九年八月）論文，原載於《漢學研究》第八期

論民間故事之整理與整理原則

一

口頭傳述的故事，若是照話直錄，必然有一些蕪詞冗句要梳理，但這種梳理工作以不影響原有的語言風格為基本原則。

其次，故事幾經傳述，或許有漏脫疏略之處，如語句意義不完整、情節單元殘缺、關鍵性之說明遺漏等等，這些情形有時模糊了故事的意義，有時損害了故事的完美。但是，這一類的故事有些可以揣摩出詞句的本意，有些可以推求出脫略處的原貌，在有所依據的狀況下應當酌予補足，祇要不涉及情節變動而喪失忠實記錄的原則。茲將卑南族口傳故事裡的這種情形和整理經過分類例舉於次：

㈠故事中多出了不必要的人物。造成這情形的緣故可能是因為遺漏了什麼，例如，〈鳥占〉故事的內容是一對夫婦帶著一個孩子上山去種田，因為路遠，當晚就住在那邊的工寮。第二天清晨他們聽到鳥叫，那種叫法是敵人將來的徵兆，於是匆匆結束田裡的工作，打算下午就下山回家。然而那時山上起了濃霧，他們祇得仍在山上過夜。到了晚上，果然來了兩名敵人，但他們誤聽妻子在工寮裡小便的聲音，以為工寮裡有九個人而急忙退走。在整個故事裡，孩子毫無作用，是多餘的人物。如果故事確實是這樣說的，那麼一開始祇要說有一對夫婦上山去種田就可以了，可是仔細推考一下，小孩並非多餘的，因為，起霧看不清路而下山固然危險，但住在工寮讓敵人攻擊可能更危險。若帶著孩子便不同了，帶著小孩在霧中摸索下山對小孩必然更危險，小孩應當是這對夫婦不得不冒險留在山上的主因，祇是說故事的人疏漏了，才顯得小孩是個多餘的人物。因此，筆者整理這個故事就補充了一句「帶著孩子摸索下山很危險」，與故事開頭的「一對夫婦帶著一個孩子上山去種田」相應。

但也有確實是多餘人物的情形，例如在〈熊外婆〉的故事裡，開頭說有一對夫婦，有著一對年紀還小的兒女，然後說這對夫婦要到山上去收取農作物，當天不能回家，到了晚上，來了一頭熊，冒充孩子的外婆。接下去故事的重心是在熊和孩子的鬥智上，對話間也一再提到了母親。最後是母親回家，看到了女兒被熊吃掉但兒子鬥智勝利的結果。全篇再也不見父親這角色的出現，也不見其可以發揮作用之處。就全篇設局言，夫婦同往遠地而留幼小兒女在家，不如祇有母親一人而不得不留兒女在家，於是整理時就把故事開頭的「從前有一對夫婦」改為「從前有一個母親」。

㈡故事中某些人物的行為動機原因不明，使讀者感覺不順暢。例如在上述的〈鳥占〉故事裡，講故事的人祇是說：晚上敵人果然來了，探知工寮裡僅有夫妻兩人和一個孩子，覺得把他們的頭斫下來帶回去不是難事。但是他沒有說明，為什麼那兩個敵對部落的人既認為斫殺對方不難卻又遲遲不動手，一直等到半夜，卻誤聽了小便之聲而退走。因此在整理時，揣摩情理，補了一個說明：「黑夜裡對方容易躲藏逃脫，所以準備天亮後動手」。又如在〈山羊的由來〉裡，兩名少女到樹下去納涼，但是樹蔭偏斜了，其中一人說，我們把除草工具弄成兩半插在頭上吧，結果工具變成了角，人變成了山羊。初聽或初讀這個故事，聽眾或讀者恐怕不容易很快將樹蔭偏斜和弄斷工具插在頭上兩件事的關係連起來，所以在整理時，便補充那名少女的說話為：「我們把除草工具弄成兩半插在頭上，當作樹枝，稍遮一點太陽吧。」再如在《拋綵球》的故事裡，富家美女拋綵球招親，不料接到綵球的竟是一名既窮且髒又生疥瘡的男子，女兒認命，但要那人在半夜去接她。婚後那人誤吃蜈蚣飯，意外地治好了疥瘡，又在別村挖到藏金，夫妻兩人就在那裡定居。過了一些日子，富翁去找他女兒，經過那村子，被他女兒看見，女兒不想見他，衹叫她丈夫好好招待，自己躲在廚房做菜，不出來。但她父親一吃菜就斷定這是他女兒做的，他女兒一定在這裡。最後，父女終於相見了。在這個故事裏，女兒認命後要那個男的半夜去接她，為什麼呢？可能是在各地前來的優秀求婚青年中竟然選得那樣一個男的，自覺懊喪沒面子，不願別人當面指點說笑，所以叫中選者在半夜來把她接走，可是在故事裡沒有說明。其次，父親去探看女兒，那時女兒女婿的情形已經很體面了，為什麼女兒不要見呢？是對父親有所怨嗎？當初是自己認命的，怨什麼呢？故事裡也沒有說明。因此在整理時，把父女兩人在失望懊喪之下要中選者半夜來接人的改為父親，不是女兒自己，並且說明是因為「女兒縱然認命，自己臉上還是不好看」，表示父親的嫌棄，亦成為女兒心中有怨的原因。

㈢故事中的敘述不連貫，雖然可以懂，但是讀來吃力。例如一九八八年一月麥金章講了一個小米的故事——從前用很少的米就可以煮一大鍋飯，為什麼現在不能了呢？他說：「因為有幾個婦女到山上田裡去工作的時候，他們家裡人讓她們帶米上山。有一些人打獵回來，看見家中不少米，心想，把這些米全部放下鍋去煮，究竟有多少飯？其中有一名婦女懷孕，煮的時候米溢出，滿屋都是，埋蓋了孕婦，流出屋外。」這段話的內容經過推繹以後是可以充分明白的：婦女到山上的田裡工作要帶著米，那表示在遠處長時間勞動，其中一名孕婦因而不能同去。婦女們出外工作的時候，打獵的男人回來了，看見家裡的許多米，想試試把全部米都煮可以煮出多少飯，不料米在鍋裡膨脹以後，很快就流出鍋外，充塞一屋，男人看見情形不妙，趕緊逃了出去，那位婦女則因懷孕行動較慢，被小米燙死埋蓋了。根據這個推繹，整理這個故事時就把上引的那段話貫聯如下：「有幾個婦女到山上田裡去工作，家中留下了一名孕婦，後來，上山打獵的幾個男人回來了，看見家裡有許多米，大家閒談說：『一粒米就可煮很多飯，如果把這些米都放下去煮，究竟會有多少飯呢？』於是他們慫恿留在家中的孕婦去煮。結果，煮的時候米飯不斷地往外溢，很快便塞滿了一屋子，埋蓋了那名孕婦，並且還繼續流出屋外。」

㈣故事中有時候會有前面漏說的事物後來忽然提到的情形，或是前面說的事到後來該提處卻不提了。例如在「為什麼要替產婦舉行禳除儀式」裡，一名被關在山洞裡的小偷逃了出來，坐風箏到了一處上空，看見一名孕婦在舂米，就把手中的長矛向她擲去，把她殺死，為孕婦舉行禳除儀式就是驅趕這個惡魔。但是在說到小偷把手裡的長矛向孕婦扔去之前，從來沒有說小偷有長矛，或是說小偷在那裡得到長矛，所以顯得非常突然。於是在整理時補充說明小偷在關他的山洞裡發現了一支舊矛，他用來弄斷綑他的繩子而逃走。

又如在〈百步蛇的故事〉裡，胡哲娥女士說：在她小時候，有一次，家人將一條百步蛇丟去荒野，不久來了一條大百步蛇在家門口豎著身子不動，嚇得她哥哥大叫救命，在田裡工作的人聽到了，急忙趕來，問他們對蛇做了什麼？接著胡哲娥女士就說家人給蛇吃烤肉，田裡趕來救援的人則對蛇說：「不要責怪他們了，他們那樣做是不懂事，請您原諒他們。」就敘述的過程看，從田裡趕來救援的人雖然問孩子對蛇做了什麼，但他並沒有被告知丟蛇的事，那麼他對蛇說「他們那樣做是不懂事」是指做了什麼呢？顯然他是被告知了丟蛇的事以後才那樣說的，祇是講故事人說漏了。所以就在那人問孩子「你們對蛇做了什麼」之後，補一句「我們說出了把蛇丟去荒野的事」。

又如在〈虎郎君〉的故事裡，老虎來求婚，媽媽要小女兒嫁給老虎。女兒走的時候，媽媽拿了許多芝麻給她，叫她沿路撒下，以便將來可以順著長出的芝麻去看她。可是後來卻不提媽媽要去看女兒，而是大女兒想去探望妹妹，成了有「呼」無「應」的情形。因此在整理時補充為：媽媽要去探望女兒，姐姐也想去，於是就讓姐姐前往。

㈤故事中非超現實部分的敘述有時不合現實情理。例如在〈一個女孩的故事〉裡說，薩瑪杜姑杜姑是從前一個部落的女頭目，當她還是嬰兒的時候，父母就相繼去世，她家的僕人虐待她，在颳風下雨天叫她去挑水。事實上，命令一個既不能完全懂話而且自己還無法站立或站穩的嬰兒去挑水，並不能表現虐待，祇能表現下令者是個白癡而已，其間或許有語意上的誤解，所以就把「當她還是嬰兒的時候」改為「在她幼年的時候」。

二

對於採錄到的民間故事，在發表之前要不要先「整理」的問題，近年來在民間文學界時起爭議。大家對於這個問題之所以關心，似乎是因為「整理」一詞的含義沒有明確的認定，「整理」可能成了整理者將故事情節依自己意思，或為順應一時趨向而進行刪改的代名詞，使民間故事失去了原來的趣味或原有的意義，當然也失去了民間故事的價值。像這樣名為「整理」，實際是進行改寫或再創作，那當然是另一回事了。

採集和保存民間故事的目的，不外乎欣賞、教育和研究。但無論是供一般大眾欣賞，或是選其合適者作為兒童和青少年的讀物，或是分類後作為研究材料，故事的辭意通暢總是最基本要求，而民間故事來自民間，民間之講故事者未必就是常常說故事的業餘故事家，那麼辭句可能冗沓，主要情節雖然完整而重要細節卻可能有所疏漏，或是急於交代主要情節而進入主要情節的過程卻沒有說明白，諸如此類的情形，在這次採集卑南民間故事裡都常常見到，對這類故事進行前述種種刷洗填縫式的整理，實際上是民間文學工作者所必須做的基本工作，其間所要釐清的祇是「整理」和「改寫」之間的差別：對故事祇是梳理冗沓的詞句及作填縫式的補述，並不改動任何原有的情節單元，這是「整理」，而且也是整理民間故事的基本原則。如果增添故事裡的情節單元，或對已有的情節單元有所改動，則都是「改寫」。

民間故事並非不可改寫，改寫民間故事也是一種創作方式，如果處理得好，它所呈顯的是改寫者的技巧和理念。「整理」則不然，經過整理的民間故事仍然是民間的，它反映的是民間的喜惡、習俗和智慧，也顯示民間的一些文化現象，二者不可混為一談，也不必混在一起談。

有些人對民間故事的整理，採取反對的態度，認為文字記下的故事若和錄音帶所錄稍有不同的便不算民間故事。這一態度的形成，源自杜爾松 (Richard M. Dorson) 對當年某些美國民間故事搜集人員的抗議。美國立國之初，原住民印第安人被限制在山區的保留地裡，由歐洲白人移民組成的美國雖然潛力雄厚，疆土日益擴張，但還是談不上什麼自己的傳統文化，兒童所聽所讀的神話、傳說和民間故事也都來自歐洲。久而久之，美國的教育人員和民間文學工作者漸漸起了自省：美國自己的民間文學呢？於是美國的民間文學工作者在本土展開了搜集活動，顯然，這時搜集人員的意識是要建立美國自己的民間文學，目的是讓孩童有屬於美國自己的民間文學可讀。但是，民間故事並非每一則都是細緻、有趣，或意義深長的。粗糙和涵義模糊的故事為數並不少，這些資料對研究人員有用，對一般讀者是引不起興趣的。於是有些搜集人員便對這類故事的情節加以增刪竄改，以符合他們自己的意思或想像。就民間文學工作者的立場，這種以民間故事為名而實際是個人改寫的作法，混亂了民間文學的內涵，對民間文學造成極大的損害。因此，美國的杜爾松在一九五九年正式提出抗議，指稱那種經過增改的故事不是民間故事(folktale)，而是假故事(Faketale)❶，杜爾松的抗議完全正確而且必要，可是他所指責的增刪竄改是對故事情節而言，所以，認為文字記錄的故事若和錄音帶所錄有所不同便不算民間故事也應當是指故事情節而言，不是指前述的應有整理工作而言。否則，今天的民間文學工作者祇要會使用錄音機就可以勝任了；採集來的故事，也可能根本與大眾的閱讀和欣賞無關，祇是供研究人員使用的一些材料而已，而民間故事一旦從民間採來以後，也就不容易再回到民間去了。（一九八八年十一月十五日）

——節自〈臺東卑南族口傳文學的採錄和整理——兼論整理之必要和原則〉，原載於《卑南族口傳文學選》（臺北，中國文學中國文學研究所一九八九）

❶ Richard M. Dorson, *American Folklore* (Chicago, The University of Chicago Press, 1959), pp. 3–4.

治學方法　劉兆祐／著

全書共分〈緒論〉、〈治學入門之必讀書目〉、〈研讀古籍的方法〉、〈善用工具書〉、〈重要的文史資料〉、〈治國學所需具備的基礎學識〉、〈撰寫學術論文的方法〉等七章，旨在為研治文史學者提供正確的治學方法。大抵治文史學者所應知的方法都已論及，適合大學及研究所同學閱讀。如能讀畢此書，必能獲得治學的正確途徑。

聲韻學　林　燾、耿振生／著

在國學的範疇裡，「聲韻學」一向最讓學子頭痛，雖然從古至今，諸多學者、專家投身其中，引經據典，論證詳確，然或失之艱深，或失之細瑣，或失之偏狹；有鑑於此，本書特別以大學文科學生和其他初學者為對象，不僅對「聲韻學」的基本知識加以較全面的介紹，更同時吸收新近的研究成就，使漢語音系從先秦到現代標準音系的演變脈絡清楚分明，各大方言及歷代古音的構擬過程簡明易懂，堪稱「聲韻學」的最佳入門教材。

當代戲曲【附劇本選】　王安祈／著

「當代戲曲」指一九四九年以降海峽兩岸的戲曲創作，是當代政治、社會、文化背景下戲曲劇作家情感、思想、美學觀的整體呈現。本書詳論大陸「戲曲改革」的效應及所引發的戲曲質性轉變，並論及臺灣七〇年代末以來的戲曲現代化嘗試；另有劇作的個別評析，及重要劇作唱詞選段和全本的收錄。作者試圖以編劇藝術、劇作析論為核心，呈現對當代戲曲的審美觀與詮釋態度。

俗文學概論　曾永義／著

本書為作者積年之研究成果。書中建構，時見新意。其開宗明義，商榷民間文學、俗文學、通俗文學三者之命義，並予以融通，以祛學者之疑，有名正則言順之深意。論述俗文學之各類別，首釋名義，次敘源流，據此以見概要；然後舉例說明其體製、語言、內容以見其特色和價值。可供初學入門之津梁，亦可供學者治學之參考。

中國文學概論　黃麗貞／著

內容論述中國從古到今各種文學體類，涵蓋詩歌、散文、楚辭、賦與駢文、小說、詞、散曲、戲劇，並選擇名家的代表作詮釋欣賞。清晰明白地呈現中國各類文學發展的歷史源流與脈絡，作家在其處身的時代、社會中所感發的情懷思想以及作品成就。同時，作者也將自己研究的心得新見，融入各章節中，使本書不但內容充實，搜羅豐富，更有獨特而精準的眼界與眼光。不僅可供相關科系研讀使用，愛好中國文學的人士更可以之做為進一步的參考。

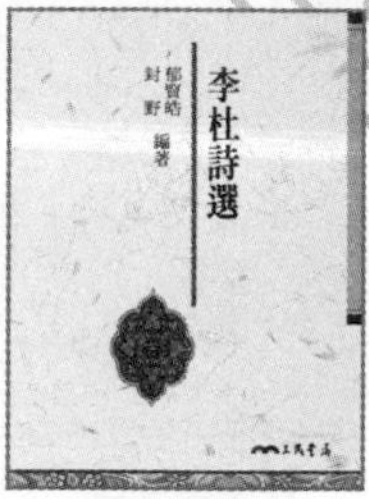

李杜詩選　郁賢皓、封　野／編著

李白與杜甫是中國古代詩歌史上最璀璨的兩顆明星，兩人同處於盛唐時代，又有深厚情誼，他們以各自特有的稟賦與成就，將中國詩歌藝術推上了頂峰。本書精選李杜詩各七十五首，多為代表性的作品，力求各體兼備，足使讀者能從中領略李杜詩歌的精髓。

蘇辛詞選　曾棗莊、吳洪澤／編著

全書選錄蘇軾詞七十四首、辛棄疾詞八十七首。入選作品，以豪放詞為主，同時也兼顧其他風格的代表作，以期展現詞壇大家不拘一格之風範。本書緊扣蘇辛時代背景，剖析入微，在展現蘇辛獨特風格之外，也力圖再現其心靈的歷程。注釋力求簡明地闡釋原文，賞析注重對寫作背景、思想內容與藝術風格的點評，集評則匯聚歷代對該詞的主要評論。前有〈導言〉，末附蘇辛詞總評、蘇辛年表，是集學術性、資料性與鑑賞性於一體的難得佳作。

現代散文　鄭明娳／著

本書為作者長期研究現代散文之成果，然與作者前此各種理論著作不同，避免談論玄奧之文學理論，特從各種不同角度切入現代散文核心，以散文實例分析文章之優劣，讀者可以全面認知現代散文諸種風貌，亦可單篇鑑賞散文特色。文字深入淺出，足以引導初學者進入現代散文堂奧，亦可為研究者參考運用，書中實例與分析並列，尤適合教學講授之用。

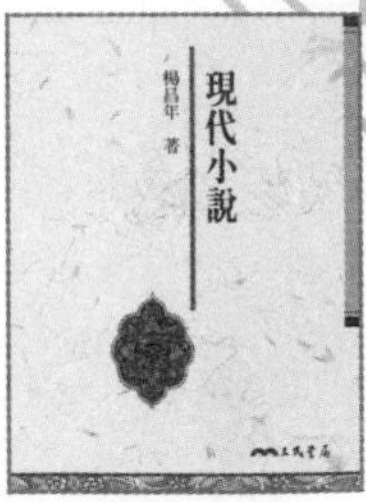

現代小說　楊昌年／著

著者系統地提供有關現代小說的理論說明、題材分類擷取的原則與示例、創作藝術講求的分項示例。具體指出創作指導途徑，自極短篇、意識流、小說體散文到短篇創作，提供七種創作手法，分別說明創作要領並示例析介。是有志於小說研究、創作者不可或缺的參考書籍。